中國近代史

古鴻廷　著

學歷：東海大學政治系畢業
美國北愛阿華大學社會學碩士
美國俄亥俄州立大學歷史學博士
經歷：新加坡南洋大學歷史系英制講師
及系主任
現職：東海大學歷史研究所教授兼所長
暨歷史系主任
中央研究院兼任研究員
美國歷史學會、亞洲學會、
新加坡南洋學會及中國歷史學會會員

三民書局印行

國立中央圖書館出版品預行編目資料

中國近代史／古鴻廷著.--初版.--
臺北市：三民，民78
4,255面；21公分
參考書目：面253-255
ISBN 957-14-0028-9（平裝）

1.中國—歷史—近代（1800- ）
I.古鴻廷著
627.6/8429

著作人 古鴻廷
發行人 劉振强
著作財產權人 三民書局股份有限公司 臺北市復興北路三八六號
發行所 三民書局股份有限公司
地址／臺北市復興北路三八六號
郵撥／〇〇〇九九九八—五號
印刷所 三民書局股份有限公司
門市部 復北店／臺北市復興北路三八六號
重南店／臺北市重慶南路一段六十一號
初版 中華民國七十八年十月
三版 中華民國八十三年八月
編號 S 62019
基本定價 肆元肆角肆分
行政院新聞局登記證局版臺業字第〇二〇〇號

ISBN 957-14-0028-9（平裝）

中國近代史 目次

序　言

有關我國近代史之著作，甚爲豐富，而中國近代史之範圍，涵蓋亦相當廣大。過去十多年來，由於在大學任教，講義、筆記累積漸豐，適應三民書局之邀，整理成册，充當大專學生修讀中國近代史之參考書。由於作者才疏識淺，錯誤之處在所難免，敬請先進，不吝指正。

本書共分十一章，自第一章之「鴉片戰爭前之中國」，到第十一章之「民國的建立」，將清末至民初此一時期之歷史發展作一說明，期冀讀者對近代中國所發生之史實，略有一簡明而清晰之瞭解。本書之完成，曾得陳春蓮、秦曼儀、張馥、張芳儀、蔡珍玉、蔡麗娟、楊志遠諸位同學之協助，特此致謝，惟書中之任何錯誤，皆由作者本人自行負責。

古鴻廷　于臺中大度山

民國七十八年九月一日

第一章　鴉片戰爭前之中國

第一節　清初政治狀況

清人入主中國後，其原有的政府組織十分簡陋，於是借用明朝制度，成立專制政府，皇帝爲最高統治者，其下有親王及內閣大學士輔佐。大學士四人，負責處理草擬詔命，整理憲典，參議大禮等政務；雍正初年設軍機處，完全由君主集權，奏摺可以直達御前，廷寄可以密封馳遞，遂削去內閣職權大部。軍機處內，大臣無定額，多則九人，少則四人，由大學士、尙書、侍郎等京官兼任，掌理軍國政務，直接對皇帝負責，其下有屬員章京輔佐。庶政由吏戶禮兵刑工六部負責。吏部掌考劾，戶部掌田賦，禮部掌五禮，兵部掌軍令，刑部掌獄法，工部掌建設。六部之中，每部設尙書、左右侍郞，滿漢各一人，盛京則設戶禮兵刑工五部，各有侍郎一人；此外尙有都察院、翰林院、宗人府、大理寺、理藩院、通政司、內務府、詹事府等。都察院長官爲左都御史，有二人，左副都御史四人，下有六科給事中、十五道監察御史等，負責考察官吏。翰林院爲學術機構，亦爲儲才之處，宗人府掌皇族事務，內務府掌皇室事務，理藩院掌理蒙藏事宜。

地方官制上，其設置頗不畫一。畿內順天府及滿洲之奉天府各設府尹、尹丞各一人，直屬於中央。總督、巡撫在明代爲中央臨時派往地方之差遣官，清代成爲常駐各省的最高軍政首長。本部十八省設有總督、巡撫、布政使、按察使、知府等。總督與巡撫爲各省長官，但直隸、四川二省設有總督，而無巡撫；山東、山西、河南三省則有巡撫，而無總督。總督管轄二省或三省，省設巡撫，負責政務，由於職權重疊，總督巡撫或有意見不合之處，但其自有制衡作用。布政使、按察使設於督撫之下，每省各一人（江蘇二人），一掌政事錢穀，一掌刑名按劾。下有道員，布政使之下爲分守道；按察使之下爲分巡道，各轄數州、府。此外尙有專司某種特定事務之道，如產鹽之處設鹽政或鹽運使。其下爲府縣，長官爲知府、知縣，一府轄數縣，知縣治理一縣賦役、訟獄、教化、治安。十八省外，如吉林、黑龍江、伊犂等，各設將軍，新疆、蒙古、西藏有參贊領隊理事辦事大臣。滿洲興起，多恃其八旗武力，以旗統民，亦以旗統兵，及征服日廣，續編蒙古及漢軍八旗。

清朝軍隊分旗兵、綠營和鄉勇。旗兵分屬八旗，入關後，八旗有京營、駐防之分，京營員負責戍衞京師，以滿蒙八旗爲限；駐防負責鎭撫地方，與漢人分城而居。綠營爲各省召募之軍隊，以漢人組成，旗用綠色，號爲綠營，負責維持地方治安，全國六十餘萬，由提督、總兵統率，並受督撫節制。後來又有鄉勇的出現，乃因旗兵、綠營已不能戰。鄉勇軍是招募而來，亂時編之成伍出戰，亂平則解甲歸農。

清代的統治策略，一切以集權、防範、壓制爲尙，此乃基於「非我族類，其心必異」的思想。有清一代的官制，雖以中央集權爲目的，但由於中國幅員廣大，交通不便，監督不週，組織不密，地方官常有大權。皇帝身爲滿人，初至中國，不諳中文，不曉政治制度，在勢必利用漢人之情形下任用滿人爲長官，藉以監督漢人。故軍機大臣多爲滿人，六部尚書侍郞名雖滿漢並用，而滿人常具實權。統兵將帥，自三藩之亂後，亦多用滿人，此後直至太平天國亂起，始破成例。地方官制上如督撫，基於互相牽制的理由，造成極爲複雜的組織，此乃管官而不治民。入仕的途徑依然沿襲隋唐以來的科舉。以八股取士爲方法卻更加嚴格。考試分三級：第一級爲童試，通過者爲生員；第二級爲鄉試，通過者爲舉人；第三級爲會試，通過者爲進士。康熙、乾隆時又舉行博學鴻儒特科。這些入仕之途，造就了人數衆多的士子，明清時人口遽增，形成社會流動的遲滯。清季任官又有廻避本籍，以免親友請託的習慣，是故地方長官不知民情風俗，不知建設，甚至不諳地方語言，而借重世襲的胥吏，只求相安無事，敷衍塞責而已。

至於官俸的給與，則多依明制。明制官俸多非薄，清沿襲之，世襲的王公歲俸較厚，百官則極爲微薄。在京與在外的官俸又有不同，如外官不給米，也無公費，於是得依賴額外的收入，或近於賄賂的餽贈。因此產生如火耗的陋規情形，雍正時便下令改收火耗等項爲國課。另外有別立名目，浮收稅款的情形，也相當普徧。

讀書而登科，乃是長久以來士人的最終目標。但是士子除了應試此一正途外，亦有循捐納之途而入仕的。清時人口大增，錄取更加困難，錄取後的分發更是不易，是故後補者衆，若非善於鑽營，常常難以得缺，於是納賄權勢之家，拜結師生同門，互通聲氣，吏治是以大壞。胥吏又多無俸給，於是營私舞弊、勒索敲詐、無惡不作者到處可見。相沿既久，人民常以官吏的貪狠如狼虎，遇事則多不稟報，而在宗族內解決。嘉慶二十四年（一八一九）疆臣陶澍曾上奏稱吏治八弊，詳論官吏需索無窮與官官相護的情形。眞可謂惡劣政治下難以避免的現象。

軍隊中的八旗與綠營，也有其積弊之處。八旗乃依軍旗的顏色而言，有正黃、鑲黃、正紅、鑲紅、正白、鑲白、正藍、鑲藍，分滿旗、漢軍旗、蒙古旗。兵有定額，初約二十萬人。駐京師者，如前鋒親軍等每兵月餉四兩，驍騎歲匠等月餉三兩，歲均支米四十八斛。步軍領催月餉二兩，步兵一兩五錢，歲支米二十四斛。教養兵月餉一兩五錢，但不支米。其家人不准另謀生計。男子均有服役義務，後來人口大增，一家三男，一人補甲，二人全無職業，全家全恃餉米謀生，生計遂大爲困難。旗人自居內地以來，環境上的改變，縱於逸樂的不在少數，乾隆時用兵已多用綠營，乃八旗軍的戰鬭力已不如往昔所致。綠營之中，駐巡京師者，馬兵月餉二兩，步兵一兩，米皆三斗；各省馬兵月餉二兩，戰兵一兩五錢，守兵一兩，米亦三斗。待遇上自不如八旗。兵士們以衣食艱難而自謀生計者非常普徧，平日勢難操練，綠營中缺額有六、七萬人，缺額之餉，爲營官所蝕，如此綠營素質，自然低落。

清朝統治權之眞正奠立，是在平定三藩之後，十七世紀的八十年代至十八世紀的九十年代，最稱盛世。康熙五十年（一七一一）以前，全國人口數已大增，除了中國倫理觀念及早婚習慣促成人口激增外，由丁口的報告數目視之，也可了解人口增加的現象。最初人民爲了避免丁稅的負擔，大都少報人口，官吏也不肯切實調查。康熙五十一年（一七一二）下詔永不加賦後，丁口數的報告，似乎較正確，不像昔日「凡巡幸地方所至，詢問一戶或有五六人，止一人交納錢糧，或有九丁十丁亦止一二人交納錢糧」。人口激增後，人民依舊以農業爲生，但是土地的分配上已嫌不足，政府又嚴禁人民往沿海島嶼開墾，於是貧民日衆，衣食日難。清初全國耕地，約六百餘萬頃，人口約一億，平均每人耕地約五、六畝；乾隆以至道光，耕地約七百萬頃，人口激增至三、四億，平均每人耕地不足二畝。康熙後期，國家歲入四千餘萬兩，十之七八來自地丁，即錢糧，次爲鹽課、關稅。雍正時歲入尙有盈餘。乾隆時，由於軍費浩繁，揮霍無度，已漸感支絀。嘉慶、道光兩朝，叛亂迭起，河決頻仍，在在需款，不得不額外加派特徵，直接間接均出於農民。農民收入，又來自土地生產，如今因人口激增，土地分配不足，又加上官吏搜刮，連年飢饉，爲了生存，只有鋌而走險。

人口過剩，隱伏著禍亂的根源，起而叛亂者，秘密會社便潛伏著民族意識而準備趁機反抗。清代主要的會黨，主要有三：即白蓮敎，三合會（或稱三點會），哥老會。其中支派十分繁多，名稱甚爲複雜。歷史最早者爲白蓮敎，早在明末的反元運動中，即以白蓮敎爲中堅，清朝初年，白蓮敎重張反抗異族旗幟，信者以農民爲多，分佈於黃河、長江下游一帶。白蓮敎的首領，最初以勸人向善、醫治疾病爲名，招收黨徒，黨徒原本多爲鄉間迷信極深的游民，加上白蓮敎藉著神怪的符咒及天文預知之說，使信徒更堅固其信仰，後來黨徒益眾，起兵叛亂，清政府嚴禁防患，才改名稱，但是依然秘密宣傳。天地會，一稱洪門或三合會、三點會。他們使用鄙俚粗俗的文字來宣傳，以避免官府及士大夫的注意，寫字或加氵旁，所以有三點會的名稱，如寫明爲「汩」，寫清爲「洕」，乃不承認滿清爲主宰，所以有去其頭，奪其主之意。三合會盛行於南方，其頭目有大哥、二哥、三哥、紅棍之稱，會員統稱草鞋。凡入會者舉行鄭重的典禮，名曰開堂，其中會規繁多，不遵守會規者即屬背誓，所用的符號暗語，非會黨之徒常不能了解。哥老會同樣也有迷信色彩，盛行於長江流域，也有自己入會的形式及暗語。

這些秘密會社的組成，主要是使會員同財共濟、同生共死，他們注重義氣，會規以患難相助爲本，但是也有地方游民加入其中，或有拒抗官吏的情形產生。人民安寧的無保障，游民眾多與官吏督導不嚴，均是秘密會社組成以及壯大的原因。歷代變亂，大都起於中衰之世。康熙以後的武昌兵變，即白蓮教所策動，雲南、浙江、福建與臺灣的叛亂，均為天地會所領導。如乾隆五十一年（一七八六）臺灣的林爽文事變。雍正年間，白蓮教、天地會也屢有變亂。乾隆年間，復轉激劇，白蓮教一度據有水陸要衝，扼有南北漕運的山東臨清，如乾隆末年劉之協之亂，劉氏乃白蓮教首領，事發逃逸，湖北、四川諸省奉旨捕捉，胥吏便趁機逐戶搜緝，多逞虐威，鄂川二省遂起而反抗，白蓮教徒助之，清廷終得重用鄉勇，以堅壁清野政策討平。嘉慶年間又有白蓮教別支天理教作亂，黨眾分佈華北各省。道光時代，天地會及猺、夷、回的擾攘更是幾無虛日。如道光十二年（一八三二）湖南的猺亂，道光五年（一八二五）回疆之亂。回疆自征服以來，朝廷委任滿員治之，後來長官連結土官搜刮回民，回人憤恨，回酋之子張格爾起兵作亂，清廷遣大軍討之，終得平定。清初面臨的另一壓力即是來自海上的威脅，海盜初為沿海善於駕舟之游民，以蔡乾勢力最大，其黨羽橫行海上，刼掠商船，清廷船隻不能敵，派阮元負責造大艦，配以大砲，使蔡乾數次犯浙未以得逞。後來阮元更用離間之計，蔡乾敗死，東南沿海遂稍見平靜。

清至中葉，國勢漸衰，對外政策上則本於傳統的思想，輕視外人，以天朝自居，鄙外國為夷狄，稱其人為番鬼。一方面我國的四鄰一向多為弱小國家，常來朝貢，文化上又不如我國，於是自然輕視外人。加上外人的種族、容貌、言語、飲食與風俗習慣又不同於中國，是故易於引起輕視厭惡的心理。早期的中外關係，便在這種自大的態度下發展，由於我國採取不利外人商業發展的措施，自然引起外人不滿，因而產生一連串的中外交涉。

第二節　鴉片戰爭前之中外關係

十七世紀時，廣州、廈門、寧波早有外船互市的情形，其中以廣州的稅收最輕，貿易也最發達。最初，清廷設立公行，劃定物價，禁止商人直接和外商貿易，外人若與中國貿易，必須透過公行處理。因爲廣州商業最發達，爲了便利徵稅與監督外人，乾隆二十二年（一七五七）詔定互市限於廣州一地。但是廣州通商，對外國人也有諸多限制，如夏秋是買賣季，可以住在廣州「十三行」的「夷館」，等到議妥貨價，必須回澳門過多。十三行是政府許可的牙行。由他們專攬對外貿易，並替政府辦外交，官吏的命令和外商的呈文，都由行總傳遞，外人不得與官吏直接交涉，不能進城和隨便出遊。行商一名洋商，其行曰洋行。嘉慶十八年（一八一三）粵海關總督德慶奏准設總商綜理行務，規定往後若有新商加入，須聯名保結，行商共十三家。道光九年（一八二九）有怡和等七行。監督延隆准新商試辦一、二年，由一、二商人具保承充，十三行遂復。行商設有公所，會商公共事務，負責管理外人，且對外商有指導的義務。外商所攜來的鴉片、棉花，中國輸出之茶葉、絲綢，初皆由其轉手，貨物之高低、供給之數量，由其操縱，並可抽貨款百分之三爲其歸還欠款，或補償損失之用，但這項款錢，後來卻歸官吏所有。

清代關稅很輕，但是陋規常數倍於正稅。正稅有船鈔與貨稅之分，船鈔乃根據船隻大小分爲三等，其法是測量船身之長寬，按其等級，以定其額數；貨稅也是十分輕。陋規有多至六十餘種，雍正時下詔禁止，但是官吏勒索依然。其中收入最豐者，乃屬海關監督，監督多爲皇帝親臣，管理商業，徵收稅銀，其品秩與督撫相等，不受其節制。外船駛往廣州，必須先由行商定稅金、規禮，然後才可入港，及船泊於碼頭，船主須報告貨物於行商，由其介紹，或供給房屋、貨棧、僕人等，貨物價值的高低，全由行商決定，外商也可因價低而拒絕出售，但爲了遠渡重洋的辛苦，多聽從行商的意見。外商從中國換取絲茶，中國法律規定每船載絲不得超過一百四十石。外船在黃浦三個月，被外商僱用之通事買辦皆得獲利，官吏、胥役也有賄遺。外商船不入港者，關稅和規禮可減半，而行商的佣錢，也有二千餘兩。

中國規定外商沒有購地置產權，其住宿辦公的商館，則屬行商的產業，租金取價低廉，外商每於冬季入住。粵官管理外人，也訂有條例。乾隆時，粵督李侍堯對於洋人深懷疑忌，於乾隆二十四年（一七五九）奏請設法防範。乾隆帝遂採用李侍堯奏請的所謂防範外夷五事，頒行一種限制外商的規則。清政府公文書對於公行皆稱洋商，乾隆時命洋商必須將規則向外國商館宣布，自此一直實行到鴉片戰爭，不過時有修改。最後由盧坤、祈𡎴、彭年進呈章程八條，時間在道光十五年（一八三五），其要點如下：

㈠外國戰艦不得入虎門以內。

㈡外國婦人，不可偕來商館，商館內不得儲藏銃礮槍械或其他武器。

㈢外船僱用之領江及買辦人員，須在澳門同知衙門註册，由該衙門發給執照，隨身攜帶備查。

㈣外商僱用僕役人數，有一定限制。

㈤外人住居商館者，不得任意乘船出外遊行，僅於每月初八、十八、二十八等三日，得往各花園及河南寺廟散步遊玩，但須翻譯隨行，如有不當行爲，翻譯須負責任。

㈥外人若欲陳訴，須由公行代呈，不得自由向官廳進稟。

(七)公行有指導及保護外人之責，不得負外人債務。

(八)外人每歲在廣東商館住居經營商務，須有一定期限，事畢卽須退去，如不歸國，只能在澳門居住。

這些對外人的限制，必須遵守規則，尤其是向官廳直接進呈更在禁止之列，凡事均受公行員的抑勒。公行員的專利權，旣由官廳取得，也不能不事事聽官廳的指揮，於是大小官吏與公行員互相勾結，外商對於這種通商情況，自然十分不滿意，一旦有機會，便想以其他的方法來解決目前不合理的通商條件。

第三節 鴉片戰爭前之中英交涉

中國與世界各國的通商關係，以葡萄牙最早，西班牙次之，荷蘭、英國最遲，其中又以英國與中國的通商關係最密切。十八世紀的百年內，英國的海上勢力已然凌駕各國，對中國的通商已經躍居第一位。乾隆十六年（一七五一）外國商船來到黃埔的，總計十八艘，其中英船九艘最多。乾隆五十四年（一七八九）外國商船赴粵的，增至八十六艘，其中英船更佔了六十一艘。在歐洲大陸上，能與英國匹敵的只有法國，但是法國仍然不能推翻英國海上的優越勢力。在中國的通商，除了英國以有增無減的勢力進展外，其次則爲美國。同時英國又有東方的印度爲其根據地，美國則無，是以在華商業始終以英國居首位。

十六世紀後期，葡萄牙、西班牙與荷蘭在東方的活動已十分頻繁，英國同時也想謀求一條通往中國、印度的道路，但多無所成。十七世紀後的英國對華貿易已日有進展，一躍而居於西方國家對華貿易的領導地位。既然英國在華的商務變得十分重要，自然不滿中國公行的浮收苛徵。洋商最感痛惡的不外是「規禮」，亦即官員、胥吏、以及書辦、巡役、家人、通事對洋商的榨取，名目繁雜，爲數不下於正額。由雍正五年（一七二七）的統計來看，每船約須繳納一千八百餘兩，洋商的負擔顯然是十分沈重。行商與洋商之間也不斷發生債務、凶案、兵船等類似的糾紛，乾隆二十三年（一七五八）即曾發生過行商虧欠英商數目甚鉅的一筆債務，但英人控追，卻未得要領。康熙二十八年（一六八九）發生中外凶案，事件乃英國水手擊斃華人，英船不顧而去，中國一向不准外國兵船入港，但也有英國兵船闖入的情形，幾乎造成爭端。

英商爲了避免廣州的濫收規費，屢次想往厦門、寧波發展，但皆不如所願。但東印度公司依然想開通北部口岸，尤注意寧波，乾隆二十年（一七五五）東印度公司曾派通曉華語的洪任輝（James Flint）前往，寧波地方官皆熱誠接待，但次年卻遭北京及廣東當局反對。乾隆二十四年（一七五九）廣州成了唯一的通商口岸，但是公行或行商仍然負有商務與政治的雙重責任，行商獨握中西貿易之權，獨負管理洋商之責，但卻獨享商務之利。英國的商業既然位居對華貿易的首位，但是與其他各國一樣，均與中國保持無約的關係，卻更希望中國的門戶開放，以免日益擴展的貿易受阻。自十八世紀末期以來，至一八四二年的鴉片戰爭爲止，英國不斷地尋求改善中英貿易的途徑，其中最重要的交涉有：在乾隆五十七年（一七九二），英國首次遣派特使馬戛爾尼（George Lord Macartney）來華，清政府照例以貢使對待。清初時，凡葡萄牙、西班牙、荷蘭等國派遣來華的特使，中國均視爲貢使。但是中英雙方均爲了覲見禮節而發生爭議，馬戛爾尼除了爲促進中英商務關係，也爲了進一步促使中國更了解西方文化而來。但是交涉之餘，雙方在觀念上是南轅北轍，不愉快的事件愈來愈多。

馬戛爾尼帶了官吏五十餘人，水手八百餘人，並帶了價值一萬三千多磅的禮品，英船上掛著「英吉利貢使」的旗子。英國想請求的事項，主要有數點：一是請准派人留京，照料買賣學習教化；二是請准在寧波天津交易；三是請照俄羅斯例在京設立貨行；四是請准在舟山附近小島居住，並請給廣州城外小地方一處；五是請減稅；六是請准英人傳教。乾隆帝見譯出表文後震怒，責夷使所請皆不可行，乾隆並敕諭英王：「……爾國王表內，懇請派一爾國之人，居住天朝，照管爾國買賣一節，此則與天朝體制不合，斷不可行。……若云仰慕天朝，欲其觀習教化，則天朝自有禮法，與爾各國不相同。爾國所留之人，即能習學，爾國自有風格制度，亦斷不能效法中國，即學會亦屬無用。」「天朝撫有四海，惟勵精圖治，辦理政務，奇珍異寶，並不貴重。爾國王此次貢進各物，念其誠心遠獻，特諭該管衙門收納。其實天朝德威遠被，萬國來王，種種貴重之物……無所不有……並無更需爾國製辦物件。特此敕諭。」

雖然馬戛爾尼來華的目的並未達到，但是已了解到中國的虛實。他與中國官吏接觸、了解中國軍隊，更目睹了中國民間貧困的情形。他回國後發表了使華日記，認爲中國不是一個有實力的大國，不能和新興的大英帝國抗衡。

英國第二次遣使來華的時間是嘉慶二十一年（一八一六），特使是阿美士德（William Pitt, Lord Amherst），主要使命爲確定東印度公司在粵權益，中國不得任意停止貿易，英人得自由與華商買賣，推廣口岸。阿美士德等人於是年七月初抵天津，中國政府依然視爲貢使，但恐怕又發生禮節問題，清政府特派人員赴通州，敎以跪拜禮儀，若能如儀，則可帶領來京城，但英使仍然堅決不肯聽從，又以禮服國書未到爲由，希望稍緩時日。招待大臣奏稱英使行至宮門病倒，嘉慶帝不明實情，命副使入見。但清臣又奏副使也病倒。嘉慶大怒，說英使如此傲慢，有侮辱之意，於是敕令英使返國。敕諭上寫道：「此後勿庸遣使遠來，徒勞跋涉。朕今放遣來使，各歸其國，宥其罪戾，用顯高厚。」是後中英雙方齟齬有加無已，不但英國遣使赴華交涉的目的沒有達到，反而使清廷更認爲英使侮視「天下共主」，雙方交惡的結果，英國遂放棄遣使赴華談判的念頭。

中英雙方的交惡在北京以外之處仍然繼續進行著，如道光十年（一八三〇）的番婦案，中國對洋商的限制之一是禁婦女入商館；此年東印度公司人員携眷坐轎，入住夷館。粵督爲了防止外人久居不去的理由，限洋婦當日離去，中英雙方的關係便在彼此不能協調下繼續惡化。此時，海運大開已三百年，中英的接觸已兩世紀，彼此互感不滿。英國在十九世紀初期，工業革命已漸次完成，市場需要開拓，原料的需求更是日益迫切，雖然英國已掌握了制海權，道光四年（一八二四）又佔領了具有戰略意義的新加坡，控制了東入太平洋的海道要衝，所以對中國的門戶開放更是迫切需要，無論中國是否情願，已是勢在必行。

嘉慶十八年（一八一三）英國國會通過決議案，取消了東印度公司獨佔東方商務的專利權。過去英國的東方貿易，由倫敦商人組成的東印度公司獨佔，利益歸其獨享，十八世紀時英國因工業革命而帶來的自由貿易與放任學說，促使英國取消了東印度公司商務特權。但是仍准許商人在印度自由貿易，東印度公司對中國貿易仍可專利二十年，至一八三三年滿期。廣東政府知道東印度公司解散的消息，大班（東印度公司負責人）取消，深恐散商（港腳商）不易管理，兩廣總督盧坤命公行轉知英商，寄信回國，囑英國另派「曉事大班」，到廣州管理英商及經辦事務。一八三一年，英國國會改選，工商業城市獲勝，一八三二年新國會通過自道光十四年（一八三四）起，廢止東印度公司在華的特權，所有英國臣民均得於印度洋、太平洋地區自由經商貿易，並設商務監督於廣州，代理以往公司大班的職責，管理在華英商，並有裁判權和徵稅權。

道光十三年（一八三三），英王派任議員、海軍將官出身的律勞卑（William John Napier）爲首任駐華商務監督，並派左右副監督各一人，中英關係，遂由東印度公司的對華關係，轉變爲英國政府的對華關係。律勞卑赴華的目的，主要是要求中國增加通商口岸，議定商約。律勞卑居住在廣州，其管轄的區域原本限於廣州、黃埔，但後擴增至虎門外之伶仃島。英王有鑑於昔日中英交涉之不快，遂諭令律勞卑在交涉時必須本於和善勸說的原則，也需遵守中國法律，不得因交涉而引起華人的恐懼與惡感。

道光十四年（一八三四）七月十五日，律勞卑等抵澳門，先乘兵艦往虎門之穿鼻島，再改搭船入廣州，二十五日，船抵廣州。時粵督盧坤早在二十一日聞知律勞卑乃爲貿易而來，命行商轉告「如欲來省，須待先行奏明請旨」。但律勞卑等仍率先來省，雙方的爭執點仍是中國以天朝自居，不滿英人以平行款式文書與中國往來。盧坤的立場是：「封面係平行款式，且混寫『大英國』等字樣。中外之防，首重體制，該律勞卑有無官職，無從查其底裏，即使實係該國官員，亦不能與天朝疆吏書信平行。」律勞卑則認爲：「聲言伊係英國監督，非大班人等可比，以後一切事件，與各衙門文移來往，不能照舊由洋行傳諭，伊亦不能具稟，祇用書文交官傳遞。」雙方針對「公函」與「稟帖」產生不同的意見，盧坤認爲英人若不改「公函」字樣爲「稟帖」，則不肯接受其投書，而律勞卑亦決意不肯改，雙方堅持未下。盧坤乃以律勞卑擅自進入廣州，不守法令，若不退出，則當受重罰。同時粵海關更重申夷人章程，而更嚴其條例。律勞卑態度亦更堅決，一切概不置理。

八月八日，行商勸律勞卑暫返澳門，律勞卑不從。八月十日，行商約同英商開會，討論解決的辦法，但英商聽從律勞卑的命令不肯赴會，粵督更下令律勞卑必須退居澳門，律勞卑認爲一切事件當與衙門往來，不能接收傳諭，也不能具稟，決定拒絕返回澳門。行商於是稟告總督停止英商買賣。盧坤以爲律勞卑是「居心抗衡，不遵法度，若不重加懲處，何以肅國體而懾諸夷？」九月二日，正式封艙，撤退夷館買辦、通事與雇役。律勞卑認爲「中國向以情理服人，不尙武力」，於是派兵船入黃埔，但是英方也不願意貿易久停，與盧坤談判，英船離開黃埔，且恢復中英貿易。綜觀此次中英交涉，雙方的癥結只是在於歷史背景與立場的不同，盧坤不了解西方，律勞卑也不了解中國，各執己見，但是中國對中英關係的看法，也是保持著謹慎的看法。廣州封艙之後，道光曾諭知盧坤，「但能無傷大體，毋庸過事苛求。」兵船進入省河後，仍囑其不可張惶，肇啟邊釁。道光帝也命令整飭貿易，杜絕苛擾，使夷情悅服。盧坤也請求釐剔海關弊端，中英雙方雖未觸及問題的根本，但是中國還是認爲不應輕啟戰端，以免生事。

英王委任律勞卑爲商務監督，乃應粵官之意，粵官以爲派來的人只是如大班式的領袖，負責管理英船的水手而已。但是英國卻命律勞卑以公函通知總督，律勞卑本身又不依照慣例，直入商館，要求總督以平等相待，總督遂處於困難的地位。商務監督被委任來華，英國既不發給證書，又不事先通知北京，中國方面必然呈報朝廷此事，又加上其駐廣州，向無舊例。中國的北京政府本於輕視外人之心理，又不知國際關係之變遷，以爲只要按照舊例，便可將其駁斥。但是當時英國國勢，不弱於中國，律勞卑來到中國後所受的挫折，深受刺激之餘，報告英國外相：「凡與中國交涉，當以武力爲後盾，否則徒耗時日耳。」律勞卑在廣州時已身染重病，竟至不起。

律勞卑一死，監督之職由前任東印度公司大班德庇時（John Francis Davis）接任。德庇時在華頗久，精通華語，熟悉中國情況，及爲監督，改採消極的靜默政策，以俟政府的指示。總督盧坤命行商知會英商，轉告英王派大班前來粵，德庇時置而不理，勸商人維持現狀；但商人多主張以武力政策改善待遇，請英國派全權代表，率領礮艦，要求撤懲盧坤，賠償損失，加開口岸。

羅白生（Sir George Robinson）隨後代理德庇時之職，羅白生爲德庇時屬員，自然繼續遵守其政策，英商自然不服。道光十六年（一八三六）十二月，查理義律（Charles Elliot）繼任正監督，義律自信本身外交手腕，放棄過去兩年的靜待政策，由行商轉遞稟帖於兩廣總督鄧廷楨，請求前來省城，自稱爲在華最高長官。但鄧廷楨仍以其爲夷目而非大班，仍須先暫住澳門，迨奏明得旨，再來廣州。道光十七年四月，義律始至廣州，報告其經過給英國外相巴麥尊，巴麥尊訓令他不許再用稟帖，並須直接遞送公函，不許由行商代轉，義律只得返回澳門。此時鴉片問題已日趨嚴重，義律希望以武力處置來打破僵局，卻沒有得到明確的訓令，海軍少將馬他倫（Rear-Admiral Maitland）就在道光十八年（一八三八）七月從印度艦隊中率領兩艘英艦抵達廣東。鄧廷楨在一次意外事件後，允許一名團長在那次海戰中正式向這位英國海軍少將道歉。義律認爲這在中英交涉中是一個很好的先兆，英船遂於十月初返回印度。

英商自東印度公司特權取消，得自由貿易於中國，而中國只許其貿易於廣州，英人認爲商業上的機會太少，加上稅無一定規則，住居商館又諸多限制。其中最令英商感到不滿的是廣州貿易仍然操在行商之手，英船來華貿易又日漸增加，爭取茶絲的貿易且多於以往，英商處於不利的地位下，自然厭惡行商的專利。但就清廷而言，允許外人通商，乃出於皇帝的天恩。乾隆在答覆英王喬治第三時的詔書中說：「天朝之領土廣大，物產豐富，皇帝不愛珍物奇玩，無需外貨。」後來俄船入廣州貿易且受處罰，原因是「俄人已得陸路通商之權，不應再沾天恩也。」當時中國對外商來華貿易的看法，可以自稱深悉外夷一切伎倆的林則徐爲代表，林氏曾說道：「從前來船每歲不及數十隻，近年來至一百數十隻之多。我大皇帝一視同仁，准爾貿易，爾纔得沾此利，倘一封港，各國何利可圖？況茶葉大黃，外夷若不得此，卽無以爲命，乃聽爾年年販運出洋，絕不靳惜，恩莫大焉。」當時國內人口激增，生活艱難，教難迭起，禍亂時作，政府又時時以遵守祖法爲先，但時當世界各國的交通、關係日益密切之際，清政府閉關自守，輕視外國的態度，自然引起外交上的諸多困難。尤其是不許公使駐京，廣州大班不許與長官直接交涉。在缺乏解決困難的途徑和方法的同時，也種下了日後嚴重的禍根。

第二章　中西衝突與鴉片戰爭

第一節　鴉片貿易與中西衝突

鴉片傳入中國的年代，最早始於唐朝，起初是用來治病的藥物，病人食後，頗見神效，但食用時間一久，則成爲一種上癮的痲醉品，無法間斷。早在明萬曆年間，臺灣土著便開始把它與煙草混合吸食，並把它傳到東南沿海。鴉片在中國，舊稱罌粟、波畢、或稱阿芙蓉，回人攜其種來華，種植於甘肅、雲南諸省，而大宗鴉片，則來自印度。最初葡萄牙人壟斷了東方的貿易，販賣鴉片於中國，後來英國東印度公司決定爲自己在印度創造一個鴉片獨占事業，販賣鴉片來華的數量遂由葡人轉到英國東印度公司之手。當時中國人對鴉片則受到水煙、旱煙的影響，改食爲吸，自此而後，吸者日多。

雍正七年（一七二九），雍正詔禁販賣熟煙與開設煙館，但是葡萄牙人繼續從印度的港口像達曼(Damao)和臥亞（Goa）等地，以藥品名義少量帶進來。據估計，當時輸入鴉片，年約二百箱（一箱通常重一百四十磅）。乾隆時對販賣鴉片於內地的商人，處以重罰，但亦未見成效。英國東印度公司以其獲利之厚，在印度實施獎勵種植，運入中國的鴉片遂日漸增多。鴉片運到了廣州，關督視爲貨品處理，徵稅後運入貨棧，由行商轉賣。嘉慶元年（一七九六）下詔禁止鴉片買賣。東印度公司爲了保持他們在茶葉壟斷貿易中的利益，決定不再直接向中國輸入鴉片，但是仍然在加爾各答的公開拍賣中把鴉片賣給私商，再由他們在港腳貿易中把它零賣到印度以東之處，包括中國在內。據統計，從嘉慶五年（一八〇〇）到嘉慶二十三年（一八一八），經過澳門運送到中國的鴉片，每年幾乎超過四千箱。這期間，嘉慶也重申禁令，外商不准輸入，農夫不得種植。廣東鴉片之販賣則與往昔迥異，以往洋船到了廣州，必先取得行商保結，保其必無夾帶鴉片，然後准其入口，但當時官吏洋商莫不視爲具文。如今鴉片到了廣州，關督不徵稅金，外商除了出售於澳門，或帶到黃埔出售。販賣的華人賄賂官吏，上自總督，下迄胥吏，無不視爲致富的重要來源。

從鴉片的銷路來看，道光年間鴉片已流行全國。其社會原因則爲：我國人口自明清以來持續不斷地增加，工商業皆不甚發達，人民家居者，無適當娛樂以調劑身心，閒居無聊之餘，乃吸食鴉片用以消遣寂聊，加上鴉片被傳聞爲具有療效的藥品，於是吸煙進爲朋友應酬的消費物品。一旦煙癮已深，鴉片遂成其第二生命，不惜拋棄一切所有，以過一時之癮。官員胥吏則視其爲致富之源，且勾結奸商，包庇轉運，甚者更自吸食。洋商之所以販賣鴉片來華，完全是取其厚利，而中國的官吏更是藉著禁鴉片之名，向外商索取賄賂。所以鴉片在中國的銷售數量，據道光十八年（一八三八）的統計，約有四萬零二百箱運送來華，而同時間內，估計全國吸食鴉片者約二百萬人，幾乎腐蝕了中國大部分的中上階級。

鴉片大量輸入，使中國發生白銀枯涸之危險。白銀外流的結果，銀價遞增。外商初來中國之時，帶銀買絲、茶，但鴉片銷售日廣，遂改運鴉片。嘉慶四年（一七九九）粵督覺羅吉慶奏言：「以外夷之泥土，易中國之貨銀」，請禁買賣鴉片。嘉慶二十三年（一八一八），爲禁止白銀外流，粵海關總督限制洋商帶銀三成回國。嘉慶末年，一兩紋銀約合制錢七百文，到道光十五、六年（一八三六、三七年）則需一千三百文，道光十八年（一八三八）每銀一兩則易制錢一千六百餘文。鴻臚寺卿黃爵滋奏曰：「自道光三年至十一年（一八二三—三一），歲漏銀一千七、八百萬兩，自十一年至十四年（一八三一—三四），歲漏銀二千餘萬兩，自十四年至今（一八三四—三八）漏至三千餘萬之多。此外福建、浙江、山東、天津各海口，合之亦數千萬兩。」（籌辦夷務始末，道光朝二）另一方面，就道德方面觀之，吸煙實爲罪惡——破壞家庭的幸福，社會之治安。禁煙的動機，除了道德觀念外，背後還有著經濟問題因素所在。

自道光元年（一八二一）到道光十五年（一八三五）之禁煙政策，可說是全部失敗，外來鴉片逐年有加無已，內地銷路也愈流愈廣。道光十四年（一八三四）粵督盧坤曾上奏，意圖試探朝廷對鴉片問題的處理辦法。道光十六年（一八三六）太常寺少卿許乃濟爲免紋銀出口，上奏弛開煙禁，以貨易貨，「至文武員弁士子兵丁等，或効職從公，或儲才備用，不得任令沾染惡習，致蹈廢時失業之愆。」「其民間販買吸食者一概勿論。」並許其種植罌粟。道光帝將其奏議下於廣東長官，長官奏稱可行，而內閣大學士兼禮部尙書朱樽與兵科給事中許球則持異議反對。道光十八年（一八三八）六月黃爵滋上奏請求禁煙，其禁煙理論多偏重於經濟方面，其對鴉片輸入與白銀外流二者關係，解說最爲透澈，請求限期戒煙，犯者死罪。道光帝因而下諭盛京、吉林、黑龍江等地將軍及各省督撫各抒所見，迅速具奏。疆吏復奏的結果，或贊同死罪，或反對嚴刑，其中無一人主張弛禁。復奏中以湖廣總督林則徐的立論最徹底，他說鴉片「流毒天下，則爲害甚鉅，法當從嚴，若猶泄泄視之，是使數十年後，中原幾無可以禦敵之兵，且無可以充餉之銀，興思及此，能無股慄！」道光帝遂決定從嚴禁絕，下詔：「各直省將軍督撫，趁此整頓之時，同心合意，不分畛域，上緊查拏，毋得稍行鬆勁。其販運開館等犯，固應從重懲辦，即文武官員軍民人等，吸食不知悛改者，亦著一體查拏，分別辦理。」京中也有王公因吸煙而革爵罰俸的例子，顯示出朝廷禁煙的決心。同年十二月，派遣湖廣總督林則徐為欽差大臣，命赴廣東，會同兩廣總督鄧廷楨查辦海口，節制水陸各師。隨後朝廷又命令粵督鄧廷楨、廣東巡撫怡良等，與林則徐通力合作以清弊源。可見道光帝對禁煙的決心與希望之迫切。

道光十九年（一八三九）三月十日，欽差大臣林則徐抵達廣州。林為官一向清正果決，朝廷決議禁煙之時，正任湖廣總督，在其所轄境內，搜獲煙鎗三千餘桿，土膏一萬餘兩。有民婦上疏稱謝者，疏中詳言鴉片之害及禁煙之法。及林則徐被任為欽差大臣後，朝廷任以便宜行事大權，以徹底禁煙為決心，林且詔示外人「若鴉片一日未絕，本大臣一日不回，誓與此事相始終，斷無中止之理。」迨林則徐抵粵後，徹底實行禁煙政策，調查與行動同時進行，首先舉行「觀風試」，集合廣州粵秀、越華、羊城三書院的學生數百人於考棚，開列四個問題試之：㈠列舉鴉片囤積之處，及開設者姓名。㈡列舉出零星販戶的姓名。㈢就本身耳目所及指出一切，不必具名。㈣提出如何斷絕鴉片流毒的辦法。林則徐就此次測試所得的資料，分別撤職舞弊的緝私人員韓肇慶及其串通舞弊的官吏。另外也實施嚴禁吸食的辦法，首禁的是士人，次及水師，再次始及一般平民。接著林則徐進行封艙與收繳鴉片的工作，三月十八日傳諭行商伍紹榮等，發交諭帖，命轉諭各洋商公司人等，限三日內向夷人取得永不夾帶鴉片的甘結回覆，「如有帶來，一經查出，貨盡沒官，人即正法」。

當時英國商務監督義律住於澳門，三月二十二日得知欽差諭帖，命令虎門外英船駛往香港，由兵艦保護，致抗議書於澳門同知，文中謂欽差大臣藉端勒索。英方將採取堅決應變的態度。後義律乘船前往廣州商館，林則徐下令工人退出商館，並不得供應食物給外人。外人被迫自己烹煮飲食，洗滌用具等瑣事。但據美國人的記載，夜間仍然有供給食物給外人的情形存在。二十五日，義律請求發給英船牌照，以便前往廣州，但林則徐限定外人必須先交出鴉片。二十七日，林則徐再諭洋商繳煙，內容首論天理，鴉片應當禁絕，違背天理應死，而論天理則應儘速繳煙；二論國法也應速繳鴉片，因爲中國法令嚴盡鴉片，且優待夷人，而今夷人販賣煙土，使內地人民受害；三論人情，除了鴉片外，洋人在中國的貿易尚有三倍的利益，不必因鴉片一事而閉市；四逑時勢，顯示政府禁煙的決心。義律遂通告英商，目前爲了生命安全，由商務監督代表政府，繳交鴉片給中國，凡有鴉片的商人，必須確實報告鴉片數目，且用稟帖報告欽差大臣。共繳出鴉片二萬二百八十三箱（共重二百數十萬斤），約價值三百萬英磅，銀洋一千兩百萬元。繳交鴉片已得到暫時的解決，但困難的乃在得到外人的甘結聲明，保證以後的來船永遠不敢夾帶鴉片，最初外商答稱自願不售鴉片，而且無權干涉商業或管理其他商人，而中國應向政府直接交涉事務。

英商所繳交的鴉片，存放在虎門附近，林則徐本欲將收繳的鴉片送往京師覆驗，但御史鄧瀛以爲「廣州距京，程途遼遠」，十分不便，道光帝下令「率同文武官共同銷毀，俾沿海共見共聞，有所震讋」。林則徐得到聖旨後，開始進行銷燬工作，但是深恐有人再使用火燒煙土後的餘燼，於是在海灘高處挖開兩個池子，前有涵洞，後通水溝，先由溝道引水入池，撒入鴉片忌物——鹽，再投入鴉片，撒下石灰共煮，使成沸湯，如此一來，顆粒盡化。等到退潮時候，啟放涵洞，隨浪送出大海，然後用清水洗涮池底，不留雜餘，如此共花費二十三日才全數銷燬淨盡，而且每天有文武官員負責監視，以防偷漏。

最初義律住在商館時，使用的稟詞還算恭順，離開廣州後，還派員妥議章程，林則徐也派員前往，並贈送茶葉一千六百四十箱。但義律一抵達澳門後，心無所懼，六月五日，呈稟給林則徐，聲稱船隻已入港口，「須俟奉到國王批諭方可明白轉飭，或蒙格外施恩令在澳門裝貨，感戴靡既」。此時義律已表示不肯商議章程，拒領茶葉，而且對往後的批諭，皆不接收。但是各國船隻仍然照常貿易，貿易走私如故，其中又以美國最爲活躍，而英國貨物大多假借美國船隻輸入中國。七月七日，發生林維喜案，英國水手酒醉行凶於九龍尖沙村內，將村民林維喜以木棍毆成重傷，次日不治死亡，經村民指爲英國人所爲，粵官下令義律必須交出罪犯，起初義律不理，後來才懸賞調查凶犯及暴行證據，並出款一千五百先令爲撫恤死者家屬，判定嫌疑犯人的罪責。林則徐隨後派兵駐紮香山，以便控制澳門，禁止以食物供給澳門船中的英國人，撤退英人所雇用的買辦工人，命令葡國官吏驅逐英人。英人共五十七家，被迫住在船上，深感不便。此時由史密斯所率的一艘軍艦來到廣東，義律趁此機會，致書給澳門葡方，要求重返澳門居住，但是被葡人所拒絕。九月四日，義律率領兵船及武裝商船駛近九龍口岸，以索取食物爲理由，突然向我國商船開礮，然後強行購買食物離去。此時義律對禁止中英貿易，帶來英商的損失慘重，感到必須有協調的必要，於是漸漸改變思想，林則徐也同時奉命不可冒昧行事，雙方藉由葡萄牙官吏從中傳達，彼此接近。剛好英船葛號（Thomas Coutts）船主華納（Captain Warner）認爲監督義律的禁令，有越出職權嫌疑，所以置之不顧，於十月十五日，駛入黃埔，自動具結貿易。林則徐以爲英商已經就範，又奉朝廷不必顧慮商業的命令，於是改採堅決的態度，二十五日，下令義律交出林維喜一案的罪犯，並諭停泊於外海的船隻，須於三日內入港，或者駛離中國，否則放火燒船。義律怕英船繼華納行動，具結駛入黃埔，於是命令海軍艦長史密斯（H. Smith）設法阻止英船進埔。史密斯率兵艦二艘，駛向虎門，義律也同行。十一月二日，抵達穿鼻島，要求取消焚燬英船的命令，准許英人居住岸上。次日，水師提督關天培率兵船二十九艘前往查詢，史密斯命其後退，得不到答應，英船便開砲攻擊，雙方激戰兩小時，英方兵船一艘受損，英人死傷不詳，我國兵船被毀三艘，死亡的士兵有十五名，中英鴉片戰爭的序幕於是展開。林則徐聲稱英艦戰敗逃去，不值得繼續追勦，據林報告，英兵有落海的，經附近漁艇撈獲帽子三十一頂，四日、八日、十日等小規模戰爭有六次，均獲全勝。

中英兩國戰禍的促成，從中國方面來看，則出於官吏知識的幼稚及貧乏，舉林則徐的奏摺或許可以了解到當時官吏對中外貿易的看法。林則徐曾經奏告皇帝：「內地茶葉大黃，禁不出洋，已能立制諸夷之命。」後來到了廣州，又上奏說：「茶葉大黃兩項，臣等悉心訪察，實爲外夷所必需，且夷商購買出洋，分售各路島夷，獲利尤厚。」可見大臣也相信外人好利，所以不能斷絕與清朝的貿易關係，林氏既然心中存有成見，認爲外人不敢隨意挑釁，命令士兵船隻包圍商館，切斷外人一切供給來源。居住在商館中的外國人，無一不處於驚慌的情況。等到義律禁止英船入港後，林氏又上奏說：「義律之勒令夷船聚泊口外，仍爲圖賣新來鴉片，恐被進口搜查起見，夷情詭譎，如見肺肝，即無別滋事端，亦不得容其於附近口門，占爲巢穴。」林維喜一案發生後，林氏禁止英國人不得居住澳門，認爲英人在缺乏糧食、淡水的情況下，「此一端，即足以制其命」。又以爲中國一旦封閉港口，停止中外貿易後，英貨必然無處可賣，加上英國本土距離中國太遠，出兵不易，英國內部政治不安下，絕不敢窺伺中國，即使發生戰爭，中國也無所畏懼。此時剛好九龍英人槍殺士兵一事已傳報於朝廷，道光帝下令林則徐：「既有此番舉動，若再示以柔弱，則大不可。朕不慮卿等孟浪，但誡卿等不可畏葸，先威後德，控制之良法也。」穿鼻戰役之後，林則徐又奏稱：「小戰六次，無不勝利。但知悔悟，儘許回頭。」道光帝則命其不可如此，恐失體制，但又下令林則徐任兩廣總督，以防備英國人。林則徐最初採取堅決，後來改採退讓態度，完全是留心中外實力，了解戰爭沒有十足把握的結果。

朝廷在處理中外糾紛方面，也無法分辨傳聞與事實間的差距，清帝所知道的僅是海軍交戰而不是戰敗，而且也認爲該與英國人停止貿易，將他們永遠逐出中國的時候了。林則徐已向朝廷解釋，外國船艦太大，以致於不能在中國的河流中行駛，他們的水手也不能在陸地射擊，除了槍之外，夷人水手不知道如何使用拳頭和劍，他們的腿也用布固定地綁住，以致伸屈極端不便，因此，說他們的力量能被控制，是毫無困難的。道光二十年（一八四〇）四月，林則徐又上奏告訴皇帝，已經利用漁戶燒燬漢奸船隻共二十二艘，除燒死溺斃外，還生擒十名漢奸，如此可以使英人喪膽。當時的情況是，英船還在香港，而清廷水師也不敢駛出虎門，林則徐所稱只是漢人自相殘殺而已。清廷在軍事上所做的準備，是在虎門修築砲臺，廣州附近砲臺曾由鄧廷楨修築，林則徐也曾命令鑄造大砲，但其他沿海諸省，則多無準備。事實上，英國人是佔了壓倒性的優勢，他們在印度的基地提供了軍隊和補給，在中國海岸有當時最新的武器，淺而通風的鐵製汽船，所擁有的野砲準確強烈，可致人命。甚至他們的戰術也較好，清廷一度擅長於圍攻戰鬪，一貫保持使用大砲來鞏固沿海要塞，代替面對集中於正面的攻擊，而英國則是在海軍火力掩護下登陸，用訓練有素的縮小隊形戰術從側翼攻擊，以便奪取砲座或破壞敵人陣線。

相反地，清朝的軍隊人手不足，訓練差，軍力由二十四個滿、漢、蒙各旗招募組成，都是一些無用的守備部隊，在全國各戰略據點由滿洲將軍負責指揮。在戰爭期間，清廷曾使用各種不同的方法去補救這些缺點，其中之一是募組地方團練，林則徐在廣東尤其強調用這種解決方法，他堅信熱愛地方的鄉勇能以此熱誠來擊敗任何敵人。

第二節　鴉片戰爭

清朝無法有效地對抗鴉片戰爭的第一擊時，危機的消息正傳到英國。英國遠在歐洲，當時傳遞信息，順風的話需時三個月，慢則六個月。義律的報告與商人請願書抵達倫敦後，英國外相巴麥尊（Lord Palmerston）以此作爲對華政策的根據。道光十九年林維喜案和穿鼻海戰的消息再次傳到倫敦，英國政府對華的措施有了明確性的決定，城市和工商界的領袖都主張出兵中國，政府內的議員也主張宣戰。英方主戰的理由，大抵是中國侮辱了英國國旗，妨礙商業，強取財產，必須出兵以求將來安全上的保障，以及外交上的平等。但是英國國內也有反對政府的意見，認爲中國人不熟識英國國旗，政府也不該向中國輸入鴉片這種毒物。由於反對勢力薄弱，國會最後通過宣戰政策，決定派軍艦陸軍來華，同時命令於道光二十年（一八四〇）六月，封鎖廣州。英國女王任命喬治懿律（George Elliot）爲專使，義律爲副使。

中國停止貿易一事，就中國而論，自然有利，禁煙時期各國商船（英國除外）進口突增，白銀外溢情形一變為白銀輸入，清廷於是相信停止貿易是一項有效的政策。就英國而論，則弊多於利，英印政府歲入總額的六分之一是對華貿易所得，中國停止貿易，使英政府損失六分之一的收入。而英國對華正當商業，如茶、棉毛、紡織等貿易，遂突然停止，銀行利息上漲，進而影響到英國布匹對印度的輸出，因為英國布匹在印度大部分的消費，是靠鴉片的收入而支付；茶的銷售利益又被美國奪去，國際間商業上的競爭，威脅到英國既得的商業霸權，英國所以發動侵略中國的戰爭。

義律在封鎖廣州後，曾發出中文通告書，譭謗林則徐，還勸告中國船隻向英船停泊處貿易，英國可以負責保護。當時英國海陸軍在中國的實力已經大增，軍艦十六艘，大砲五百四十尊，武裝汽船四艘，運輸船二十七艘，陸軍共有四千人。英國軍艦十分高，汽船又屬新式裝備，行動迅速，兵士都佩戴槍枝。反觀中國的海陸軍情形，實在落後英國太多，中國軍隊的砲火，屬於百年前的舊式，而且形狀笨重；陸軍有弓箭、刀劍、長戟、鳥槍等，兵士愛用弓箭，不習慣用鳥槍，因為怕萬一不小心，火藥爆發，十分危險。中國的將領多無軍事知識，士兵又缺乏嚴格訓練，兵額不足外，火藥也多屬劣質貨品。一般官方購買火藥，照往例是一斤三分，而時價則要一百六七十文，商人多以劣貨充數。

懿律當時被任命為印度水師提督，又是對華談判全權大臣。廣州封鎖後，他率領軍艦來到浙江，離開廣東的原因，不是顧慮林則徐的軍隊，而是奉行英國北上的命令，因為在廣東的中英交涉，已經毫無進展。同年（道光二十年）七月四日，英艦駛抵舟山羣島，要求定海鎮將張朝發獻砲未成，於是發砲陷城，知縣姚懷祥自殺。英國以出兵作為脅迫交涉的手段，但主要仍在促成議和的完成。八月，英使乘艦入渤海、北河，要求清廷派官員照會，直隸總督琦善奏報朝廷，道光帝允許接收，十五日，派人收其公函，內容說明中國最先貿易時不實行禁煙，官吏收受規禮，包庇買賣，後來又恐嚇繳交鴉片。這次英國要求中國答應五項原則，一是賠償貨款；二是洗清誤會，平等待遇；三是割讓島嶼；四是還清欠款；五是賠償費用。三十日，琦善接見義律，義律提出全權證書，要求琦善承認，否則開火且封鎖北河。琦善以天津靠近京畿，被迫讓步。義律堅持中國賠償鴉片煙價，但是朝廷也認爲不可，琦善的回覆是經由欽差大臣的查辦，必可得到滿意的解決。最後雙方商議的結果是，「即以所言爲定，俟到粵再行商議，條件未妥之前，不能撤兵。」九月，英艦才首肯南下。

定海縣失守後，朝廷才警覺到局勢嚴重，命令浙江巡撫烏爾恭額交部議治罪，因爲事前不但沒有準備，臨事又張惶失措，以致「夷船駛至定海縣，縱令三四千人登岸滋擾」，提督也受到處分。最初英船抵達北河時，琦善已經明瞭中國的船砲不敵英國，所以主張安撫議和，提出的理由是，英人無法與朝廷直接談判而受到委屈，停止商業，更使其面臨破產的危險，繼而鋌而走險，如今他們已經有後悔的意思。但是後來琦善又稱說英夷十分強橫，不是中國所能對抗，若不設法退兵，敵船可能已經駛抵通州。朝廷的態度也是忽硬忽軟，最先禁止下面轉達夷情，後來又下詔可以接收英國的公函，而且表示「該督隨機應變，上不可以失國體，下不可以開邊釁，總期辦理妥善，毋負責任」。朝廷所以改變態度，乃是認爲只要接受英人訴寃，便可相安無事。如果戰事持久，沿海各省必須設防，調兵遣將，須付出很大代價。林則徐時在廣東，對於英方封鎖廣州，並捉去不少中國船隻，除了上奏表示憤怒之外，也沒有其它解決辦法。朝廷決定與英國議和。此後，林則徐也不斷有奏章給道光皇帝，但是道光帝對林則徐的信任由其硃批中可見，是已經開始動搖了。如八月，林則徐上奏報告煙禁情形，硃批上寫著：「外而斷絕通商，並未斷絕，內而查拏犯法，亦不能淨，無非空言搪塞，不但終無實濟，反生出許多波瀾，思之曷勝憤懣，看汝以何詞對朕也。」十月，林氏上奏聲稱「英夷不能持久，煙禁必當維持，不可覊縻，中有他國效尤，更不可不慮」，道光帝的批答是：「汝云英商試其恫喝，是汝亦敢效英夷恫喝於朕也，無理可惡。」當時琦善已被任命欽差大臣前往廣東，而林則徐、鄧廷楨則奉旨革職，詔書上寫道：「本年英夷船隻，沿海游奕，福建、浙江、江蘇、山東、直隸、盛京等省，紛紛徵調，縻餉勞師此皆林則徐等辦理不善之所致。」對於英方公文，道光帝則希望藉著臣下的轉奏，得以「洞悉夷情，辨別眞僞，相機辦理」，邊臣裕謙上奏說明不敢隨意代奏夷書，得到道光帝的回答是「顧小節而昧大體，必致僨事」，巡撫烏爾恭額還因爲未傳遞夷書，而奉旨拏問治罪。

英使返回定海後，因爲無法適應島中潮濕氣候，紛紛染病，駐守的士兵，最初均有飲酒的習慣，後因染病，長官下令禁酒，但病人未見減少，死者多達四百餘人，佔總數的十分之一。義律商請兩江總督伊里布釋放被浙官捉去的英人，因爲英人被囚於木籠，備受虐待，伊里布僅允許改善待遇。英方才又答允與伊里布議定浙江休戰，十一月十五日南下，二十日英船抵澳門，次日以白旗投寄信函，但受到砲擊，轉請澳門同知遞送，直到琦善道歉才算了事。和議初時，義律稱病返回英國，而和議的關鍵主要在賠償煙價和要求割土地兩項，英方索價煙費二千萬元，雙方爭執許久，最後決定以六百萬元成交，分五年交清；另一項要求則是割讓香港，義律認爲英商住在船上，十分不方便，琦善向朝廷報告中說：「其島環處眾山之中，可避風濤，如或給予，必致屯兵聚糧，建臺設砲，久之必覬覦廣東，流弊不可勝言」，拒絕英人要求。道光二十一年（一八四一）一月六日，義律提出最後通牒，仍舊失敗，決定於次日軍艦砲擊虎門外沙門大角砲臺，轟毀其砲臺，打敗中國水師。八日，義律再提出三項條件，限三日內答覆。琦善只得答允割讓香港，其它口岸則不開放。二十五日，親赴虎門與義律協商，議定草約如下：㈠割讓香港，中國仍可在此徵稅。㈡賠款六百萬元，先交一百萬，餘分五年繳清。㈢平等待遇，國交平行。㈣中國陰曆正月十日後廣州開市。㈤釋放浙江被俘英人。㈥英軍退出大角、沙角砲臺，交還定海。此乃西人所謂的穿鼻草約。琦善締結此約，實遠勝於後來的南京條約，其見解也高於時人，訂定此約，乃是迫於形勢，無可奈何，他曾上奏朝廷描述廣東情形：「地勢無險可扼，軍械無利可恃，兵力不固，民情不堅，戰撫兩難，商之將軍、都統、巡撫、學政及司道府縣，暨前督林則徐、鄧廷楨等，僉稱藩籬難恃，交鋒實無把握。」和議完成後，琦善割讓香港，伊里布交還英俘，英軍交還砲臺、船隻與定海。

道光帝所以主和，乃由於誤解所致，最初以爲罷免林則徐即可平安無事，但是等到英方要求賠款割讓土地時，才又主戰，他以爲「若不乘機痛剿，何以示國威而除後患？」深信英夷雖然船堅砲利，但一旦登岸，則無用武之地，下令調兵備戰，命伊里布嚴加防守，等琦善報來交涉的經過，更下諭：「償款開放商埠，均不准行，逆夷或再投遞字帖，亦不准收受，並不准再向該夷理諭。……儻逆夷駛近口岸，即行相機剿辦，朕志已定，斷無游移。」道光帝更命伊里布乘機進攻定海，英艦砲轟虎門外砲臺後，又認爲對付英人「惟有痛加剿洗，聚而殲旃，方足以彰天討，而慰民望。」授御前大臣奕山爲靖逆將軍，楊芳、隆文爲參贊大臣，調派湖北、四川、貴州、湖南、雲南士兵六千人，加上前次派兵的四千人，合計一萬人，吉林、陝西省的長官也預備出兵。琦善被迫議和後，答應英方要求，並上奏自辯廣東形勢危急，訂約實屬無奈，道光帝怒不可遏，硃批痛加申斥：「朕斷不似汝之甘受逆夷欺侮戲弄，迷而不返，膽敢背朕諭旨，仍然接遞逆書，代逆懇求，實出情理之外，是何肺腑，無能不堪之至！汝被人恐嚇，甘為此遺臭萬年之舉，今又摘舉數端，恐嚇於朕，朕不懼焉！」下詔革除琦善大學士職，拔去花翎，交部議懲。浙江方面伊里布屢次上諭，告以事實上的困難，不敢出兵，道光帝更感憤怒，硃批上：「無能誤事，不遵朕旨，惟知順從琦善，蓋自有肺腸，無福承受朕惠也。」等到和議成後，伊里布歸還英方俘虜，英軍全數由定海撤退，道光則聲稱是廣東省聲討英人罪責所致。伊里布奉旨入京，交部議懲，其職由裕謙代替。英國方面，巴麥尊認為義律不遵守訓令，疏忽於債欠、行商、軍費及將來的保障等，四月，內閣決議，否決草約，罷免義律，以樸鼎查（Henry Pottinger）代替。

朝廷調派到廣東的士兵，先後有一萬六千餘人，靠近廣東的，都已先行駐紮進入，琦善更是繕修砲臺。義律於二月二十日，傳命軍艦備戰。二十三日，戰爭開始，靖遠、鎮遠、威遠諸砲臺先後失陷，關天培及游擊麥廷章戰死，中國方面死傷四百餘人，虎門各隘所列大砲三百餘門，加上林則徐所購西洋砲二百餘尊，均為英兵所佔。英艦砲火猛烈，時稱較中國砲射程遠一二里。英艦駛入黃埔江內，炸毀林則徐購置的兵艦，湖南兵應戰也失敗。朝廷知曉戰局不利，派齊愼為參贊大臣，再調廣西、湖南兵前往支援，琦善則與林則徐、鄧廷楨共守廣州城，以白旗求和。三月五日楊芳到廣州，此後琦善赴京請罪，廣東戰事改由楊芳主持。楊芳自始即為主和份子，他曾上奏稱「英兵距城二十里，擬以棉花浸桐油燒毀賊船，利用水勇，斬獻渠首，乃戰不勝英軍陷城外砲臺」。城中十分恐懼，人心惶惶，楊芳無奈，再向義律請和，隨後到八月樸鼎查抵華前，共發生了戰事數起，廣州一戰，淸兵約三萬五千人，死傷與潰散者已不知凡幾。奕山再度求和，粤民組織「平英團」攻擊英軍，其英勇還勝過清兵，就單只南海番禺兩縣團勇卽達三萬六千人，晝夜操演，義律也知內河有備，未作報復。此後英軍退兵，奕山以爲海防可從此無事，宣宗也確認從此可以天下太平，永無戰爭之禍。

八月十日，樸鼎查抵達澳門，其所接受的命令，確實詳明，十三日，通知廣州當局，說明義律已革職回國，由其接任領事職務，且言卽將北上訂定和約，但希望照去年八月在天津所提的各項要求辦理。奕山遣派余寶純接見，以謀阻止樸氏北上，而英船已駛出兵艦十艘，大砲三百三十六門，陸軍二千五百餘人。二十五日，致書厦門長官，要求獻出砲臺城邑。總督顏伯燾主張攻戰，曾召募兵勇，建築砲臺，但一遇英兵，立卽潰散失守，顏伯燾收整敗兵，召練新兵，力謀恢復。道光帝同時調派軍隊到福建，命令不准接收夷書，夷人來則一律格殺，各省嚴防，下詔：「向來議者，皆以彼登陸後，卽無能爲，乃今占據厦門，逆燄仍然凶惡，是陸路亦不可不加嚴備」，道光帝至此才知敵方也有陸軍，於是調兵二千，增防天津，並派大臣赴天津、山海關視察防務，命奕山必須乘虛進攻香港。九月六日，英船開出厦門，留船守鼓浪嶼，艦隊停泊於定海海面，二十六日，開始攻擊定海。最初朝廷不滿琦善的議和，道光帝另派兩江總督裕謙爲欽差大臣，統兵防浙。裕謙遣總兵葛雲飛、王錫朋、鄭國鴻駐守定海。十月一日，定海二次失陷，三位總兵均力戰而死。

十月九日，英艦駛近鎭海，十日進攻，裕謙及提督余步雲力戰不能守，裕謙自殺，余步雲敗逃而去，鎭海失陷。十四日，英軍不戰而得寧波，居民自稱降民。鎭海失守傳到朝廷後，道光帝授奕經爲揚威將軍，侍郎文蔚、副都統特依順爲參贊大臣，牛鑑爲兩江總督，怡良爲欽差大臣，主持福建軍事，分調各省駐軍，前往增援。英軍佔寧波後，派船到慈谿測量水路，城內官兵全部逃散，衙門被毀，罪犯逃出監獄，情形一片混亂。英船更往奉化、餘姚，情形一如慈谿，樸鼎查按兵不動，等待支援，返回澳門。中國方面則望恢復失陷的浙東，奕經駐紮蘇州，支援的軍隊年底才到。道光二十二年（一八四二）二月奕經抵達杭州，會同參贊，計畫作戰方略，準備同時攻取寧波、鎮海、定海，使英軍措手不及，不能兼顧。三月十日，開始進攻，大敗而退。英軍於寧波、慈谿等地毀壞曾住兵勇或屯存火藥的房屋廟宇，十五日，進陷慈谿，火焚清兵大營，追殺甚慘。道光帝得到奏報，才了解到戰爭已無把握。浙江巡撫劉韻珂上奏稱英人「砲火器械無不猛烈精巧，爲中國所不能及」，所以不能再戰，請道光帝再起用伊里布。道光帝便轉變心意，命伊里布往浙江軍營效命，並下諭對所有捉獲的逆夷、漢奸均不准釋放或殺害。

四月，英軍後援到達浙江。五月，英軍全數開出寧波，亦撤出鎮海士兵，奕經自誇謂英軍乃恐懼逃走，但僅隔數日，乍浦的警報又傳來，乍浦乃江、浙兩省間海防重鎮，其地有防兵六千人，雖經一番苦戰，乍浦在不敵下失陷，英人曾讚許其地人民勇敢奮戰，失陷後，生還者多自殺身死，婦女也投井自殺。杭州曾派兵支援，但乍浦已經失陷。道光帝以一日而城失陷，防兵不能力戰而不悅，因爲定海曾經苦戰六個晝夜。六月八日，兩江總督牛鑑得知英船駛近吳淞，其砲臺雖有老將陳化成駐守，仍然親往指揮。英艦砲火猛烈，牛鑑知曉事已不可爲，先行逃去，陳化成戰死。十九日，英軍不戰而取下上海，二十日，英船自黃埔江駛抵松江，測量水勢而返，牛鑑則聲稱將其擊退。二十三日，英艦駛往上海，其時樸鼎查已率援兵趕到，英國計畫先取鎮江，以斷絕南北運河的交通，這時加上援兵的來到，實力大增，共有軍艦二十五艘，汽船十四艘，大砲七百二十四門，陸軍一萬多人。樸鼎查調配軍隊留守香港等地，留以作戰者共六千九百人。七月六日，英船抵達劉河，駛過福山、江陰，均未遭受抵抗。十四日，駛近鎮江，鎮江爲當時交通要道，駐有旗兵一千多人，由海齡統率，參贊大臣齊愼也率兵來援，與牛鑑共同協商防務情事，決定以旗兵守城，支援軍負責作戰。二十日，英艦開始攻擊，應戰士兵失敗而退，旗兵登城拒戰，最後鎮江城破，士兵多自殺身死。英船再往北駛。二十七日，有英船兩艘停泊於南京附近的八卦洲。八月九日，英艦隊直抵城下，和約乃成。

鴉片戰爭的結果是締結中英南京條約，在英艦簽字，中國代表爲耆英，英國代表爲樸鼎查。於道光二十二年（一八四二）九月六日由道光批准，十二月二十八日由英政府批准。道光二十三年（一八四三）六月二十六日在香港互換，全文共十三條，主要者如下：㈠開放廣州、厦門、福州、寧波、上海爲通商港口，許英商貿易，眷屬居住。英國需派領事管理商賈事宜。㈡割讓香港，由英國治理。㈢賠償煙費六百萬元，商欠三百萬元，軍費一千二百萬元，共分四期於道光二十五年（一八四五）前交清。英軍暫駐定海、鼓浪嶼，等款項交清，五口通商後才撤兵。㈣廢止行商制度。㈤放還俘虜，赦免替英軍工作的中國人。㈥五口進出貨物，中國公佈公平劃一的稅率，售往內地的英貨不得加重課稅。㈦兩國往來文書，一律使用平等款式。

此次中英戰爭，主和派重要人物，在外疆臣先有琦善，後有伊里布、耆英、牛鑑。宣宗本人意志薄弱，和戰本無意見，而最後影響其走上投降道路的則爲大學士軍機大臣穆彰阿。道光帝最初看見耆英等人所議定的和約，大爲震怒，穆彰阿卻表示：「兵興三載，糜餉勞師，曾無尺寸之效，剿之與撫，功費正等，而勞逸已殊，靖難息民，於計爲便。」宣宗不得已聽從。事實上耆英所議訂的條約，乃兵敗之後，強敵逼臨城下，爲時勢所迫訂定，因爲如果和議決裂，則不堪設想，加上當時仍處閉關時代，不知國際大勢與外交手腕，又缺乏締結條約的學識與才能，所以只有聽命於人。和議經過多日商議才完成，一方面奏報條件給道光帝，另一方面則譯成中文。英方記載中國代表未曾批評或增減條約上的字句，唯一的希望是和議早日完成，英船儘早離開南京。和約簽字後，全國輿論譁然，漢人大學士王鼎則反對穆彰阿主和的態度，每見穆彰阿，常厲聲責罵，以其與秦檜、嚴嵩同類，感嘆不用林則徐。

此次戰爭，我國通稱爲鴉片戰爭，以其由於繳交鴉片爲導火線所引起。外國歷史學家則認爲原因複雜。就整個事件作一綜論可以了解戰爭何以發生，以及失敗的原因。印度輸出鴉片，徵收重稅，是英政府的大宗收入之一，英國對商人運鴉片來廣東，宣稱是爲了經濟上的原因，船長有下令禁止商船偷運者，英方以其干涉商人企業爲理由，將其遠調，後更以所繳鴉片爲財產，要求中國賠償損失。清廷自戰敗後，威信大失，但禁令依然存在，有些官吏不知其屬於內政，不敢隨意付諸實行。戰爭之所以失敗，在於不知曉英國情況，其海陸軍實力勝過中國許多，中國又自信太過，造成禍端無法挽救的地步。戰爭所帶來的損失，主要由於對國際知識的幼稚無知，和議後，耆英、伊里布等人均爲當時清議所不容，尤其是軍機大臣王鼎反對最烈，曾在道光帝面前指責穆彰阿誤國，帝反指責他，王鼎於是憤恨自盡。

戰爭失敗的原因，在當時亦有歸罪於漢奸的說法。英軍來華，地理不熟，收買漢奸供其驅使，在戰爭期間對英軍幫助甚大。奕山初至廣州，曾經奏稱：「夷匪專用小恩小信收拾人心。……省城大小衙門俱有漢奸探聽信息，轉送夷人，每紙賣銀二十圓。」此後戰爭奏報中多有漢奸助攻引路接應的記載，所以英人在南京和約中規定中國不得對漢奸治罪。漢奸或有賣貨物給英軍，或有爲其工作者。形成的原因乃國內人口浩繁，生活艱難，大多數的人民，未有接受教育的機會，久處於專制政府之下，喪失了民族精神，不關心國家榮辱成敗，所以有爲英軍工作而對本國不利情事，在漢奸的心目中，認爲這只是一時的職業，同時可多得酬勞。

道光二十三年（一八四三），即中英南京條約締結後的一年，七月二十二日，耆英與樸鼎查在香港簽訂五口通商章程，共十五條，重要者如下：㈠英船進口當天報告英方，轉請海關抽驗，卸貨納稅。㈡英船進口每噸只需繳銀五兩。㈢五口進出口貨物，按新定稅則（百分之五）納稅，各項規費，絲毫不得增加。㈣英商與華商交易，如遇中國欠債商人實已逃匿無跡，或已身亡產絕時，中國政府不負賠償之責。㈤英商控告華民，應向管事官報告；若有華民赴英官處控告英人，管事官應一律調解勸息。若雙方爭訟不息，雙方官吏會審，各依本國法律治罪。㈥五口各准停泊英國官船（兵船）一艘，以便管事官約束水手人等。

另外在同年十月八日，耆英與樸鼎查在虎門簽訂條約，稱爲中英虎門條約。此項條約事實上是中英南京條約的續約，共二十條，重要者如下：㈠中英只限五口通商，華商英商債欠，官方可代爲追討，但不保證賠償。㈡英商攜帶家眷只限五人，不准進入內地。㈢英人在五口自行租地建屋或租屋居住，但不准在界地外別有租賃。㈣設有新的恩惠，英國與各國可同樣享受。此卽最惠國待遇。㈤雙方互不包庇逃犯。㈥各港口允許停泊兵船一艘。㈦英商若與華商勾同漏稅，英商貨物沒收，華商需受懲罰。㈧華商在香港貿易，由五口發給牌照，在香港辦貨，由香港發給牌照。㈨未超過一百五十噸的裝貨小船，每噸繳銀一錢。

耆英在簽約後，曾經自誇本身的外交手腕，他說：「從來撫馭外夷，但當計我之利害，不必問彼之是非，惟不可因其情辭馴順，積存大意，致墮其術。」耆英本人見解是從實際經驗所得來，但他的國際知識畢竟十分有限，根據五口通商章程第五項規定，給予英人領事裁判權。根據第六項規定，英國兵船可以停泊通商口岸，從而開創外國兵船有內河航行權的先例。根據虎門條約「設有新恩惠施於各國，將許英人一律均霑」的規定，就是所謂利益均霑，中國只要允諾任何國家一項利益，英國都可同樣享受。所有領事裁判權、協定關稅、租界、片面最惠國待遇，英人均一一取得，眞可謂不平等條約，耆英和協助他的黃恩彤並不了解這些條款損害國家主權極大，反而以爲有許多便利，中外人民各按本國法律管理，不失爲公道辦法，只要英國不庇護漢奸，他們已經感到滿意。明定關稅，中國稅收實際上比以前增加盈餘，以後也可避免再生爭執。劃定租界，對外人可便於防範。利益均霑，可免某一國獨佔，又可施恩各國。過去的中西關係，一切操之於中國，今後幾乎事事由人，可說是西力衝擊中國，鴉片戰爭所帶來的中西糾紛後的諸多問題。

第三節　鴉片戰爭的歷史意義

鴉片戰爭，表面上是因爲禁止鴉片問題而引起，是中英兩國間的戰爭。但就戰爭的意義上說，可稱爲中西文化的衝突。因爲中西人士，對於國家政治，及一切社會生活的觀念完全不同，才產生許多不易解決的糾紛來。中西觀念不同點主要如下：

一、國際社會觀念的不同：所謂平等的國際社會觀念，是近世才有的產物。中國自秦漢以來，便有天下定於一尊的大一統國家觀念。最早在春秋戰國時代，羣雄稱霸並立，似已具有近世歐洲平等國際社會的形式，但是各個諸侯的上面，還是有一個虛名的周天子。古代所謂天下，意思就是全世界，自秦始皇統一中國後，這個天下統於一尊的觀念，更爲具體化。但在長期的歷史事實上，這個自稱具有掌管全文明世界的天子，並不能宰制全人類，因有許多不服王化所管轄的偏遠地區人民，於是把天下劃出華夷界限。自秦漢以來，漢民族的文化區域愈擴愈大，華夷的界限線，也愈推愈廣。因爲有了這種根深蒂固的觀念，在一般中國人的想法中，對西方各國派來請求通商修好的專使，一概以貢使對待，對於互派公使駐京，平等交際的請求，一律嚴詞拒絕。因爲在中國歷史上，除了在周天子下面的魯、衞等國可以稱兄弟以外，漢與匈奴和親，宋與契丹互約兄弟，都被視爲莫大的恥辱；何況對這些碧眼赤髮的洋人，豈可屈辱尊貴，輕易打破華夷的界限。歐洲在羅馬帝國時代，也構成了一個天下統於一尊的世界國家觀念，但是自羅馬帝國崩潰後，多數的封建國家，都變成民族國家，然後漸漸成爲民族平等的國際社會，雖蕞爾小邪，在國際社會中，都認爲有平等的資格。英國在海外有廣大的殖民地，已成爲一龐大的帝國，自然不肯接受中國對其不公平的對待。

二、經濟生活觀念的不同：歐洲自從十一、十二世紀十字軍東征後，學習到印度、阿拉伯人經商的方法後，重商主義才漸漸影響到西方，成爲國民經濟生活的中心。到了十九世紀，工業資本主義日益發達，國際貿易更變成國民經濟生活的命脈。中國因爲拘守「不貴異物」、「不寶遠物」的所謂「經訓」及重農輕商的偏見，對於國內的工商業者尚且視爲「末業」，何況含有破壞華夷界限的危險性的國際貿易，當然更不重視了。但是人類社會經濟生活的範圍，有趨於擴大的自然傾向，卽使在中國，西北陸路和東南海疆，夷漢互市的情形，也相當普徧。不過在中國的士大夫眼中看來，這些夷漢貿易的歷史事實是根據古先聖王的「懷柔遠人」的政策，並非國民經濟生活所必需，但是假如夷人不遵照約定，侵擾中國的政教，便應當閉關絕市，以嚴夷夏之防，互市是夷人取利，中國並未從中獲利，絕市可使夷人受害，中國則不受影響。這種觀念，在清代中葉以前對外交涉的文件中，隨處可見。

如林則徐給英王的檄文中說：「………如茶葉大黃，外國所不可一日無者也，中國若靳其利而不恤其害，則夷人何以爲生。又外國之呢羽嗶嘰，非得中國絲斤，不能織成，若中國亦靳其利，夷人何利可圖。其餘食物自糖料薑桂而外，用物自瓷器綢緞而外，外國所必需者，曷可勝數。而外來之物，皆不過以供玩好，可有可無，旣非中國需要，何難閉關絕市。乃天朝於茶絲諸貨，悉任其販運流通，絕不靳恤，無他，與天下共之也。」由於林則徐有如此看法，在中英對抗中，他很有把握地對道光帝說，中國的「茶葉大黃兩項爲外夷所必需，……果能悉行斷絕，固可制死命而收利權。」中國把互市看成一種柔遠政策，不認爲國民經濟生活所必需，所以對於外商，動以奸夷目之，對於本國人民到國外貿易，往往視爲奸民。西方人則認爲互市對於雙方都有利可圖，所以不了解中國當局爲何要有種種的限制，妨礙自然的國民經濟生活。

三、法律的觀念不同：造成鴉片戰爭的直接糾紛問題，就是圍禁商館、勒令具結，及林維喜案發生後禁止供給英人柴米食物等數件事。英人對於這幾件事，認爲完全是無理地強暴非法情事，但在林則徐及當時的中國人士，則認爲正當而且合法。英人認爲法律與政令應當有一界線，政府隨便一個命令，不能立刻構成新罪名，法律上行爲的責任，應該只限於當事者，不得隨意加諸於當事者以外的人；構成法律責任的事實，應當具有充分的證據，不可專憑片面之詞，在犯罪事實尙未明確以前，不可隨便剝奪人的身體自由權，或危及其生命。英國人具備這種觀念來判斷林則徐的行動，所以無處不覺得他的所作所爲，都是強暴非法的行爲，如勒令寫「貨盡沒官，人卽正法」的甘結，卽有隨便入人於罪之嫌；圍禁商館，斷絕柴米食物的供給，是不待責任事實的明確，隨便將責任加諸一切外人，無故剝奪外人的身體自由權，危及外人的生命，所以都是不合法的行動。

在中國專制政體下，所謂「皇言如綸」，皇帝的諭旨，可以構成新法律，可以變更舊法律。官廳的行爲，只要得到皇帝諭旨的明白認可或默許，也可以成爲法令。帶有關防的欽差大臣，尤其可以「便宜行事」、「先斬後奏」。由於皇帝的話幾乎就是法律，既然如此，只要有皇帝的諭旨，或根據皇帝的明許或默許，可隨時制定新的規定。至於法律上行爲的責任問題，雖然有「一人犯事一人當」的俗語，但是在中國的法律習慣上，所謂「連坐」的範圍，往往漫無限制，一人有罪，連累一家、一村、一鄉，甚至有族誅的情形發生，找不到犯人問地保，是十分普偏的例子；這種辦法，本意是含有「以威止姦」的警惕訓示，要免除連坐的危險，便須以整個相關的人，家族、鄰里及一切關係人，不要作姦犯科。由這種以威止姦的觀念，構成法律上一種連帶責任的觀念。皇帝的諭旨，既然認爲販賣鴉片是一種犯罪的行爲，林則徐又是欽差大臣，可以便宜行事，所以勒令英方具結，自然也視爲合法。圍禁商館，不許一切外商出入，就是要他們負連帶責任，掃除一切犯罪的違禁品。

在清朝官吏心目中，義律既然是英國的「夷目」，對於販賣鴉片的英夷，更應該負起連帶責任。中國商人，拖欠外商的債務，中國官方曾由府庫撥銀代償，表示中國當局對於中國商人的行爲，尙且負責，爲何英國夷目，對於英夷的行爲，不應負責呢？所以連義律也圍禁於商館之內，若英商不繳交全數鴉片，便不許離開商館。林維喜既然是被英夷船上水手打死，英夷不肯將凶犯指明交出，便是包庇罪犯，自然也應該負連帶責任，義律尤其應該負起全責，而且按照「嘉慶十三年之先例禁絕柴米食物」，又有什麼不合法的呢？當時中西法律觀念上的差異，才會產生諸多不易解決的中外糾紛。

由上述種種觀念不同的衝突，造成連續不斷的衝突事件，終至以砲火相見，訂定南京條約。但是這種衝突的根本問題，依然存在，不曾解決。因爲當時的中國人，還是認爲中國爲世界文化的中心，不承認西洋夷人也有什麼可稱爲文化的，不承認西洋礮火的威力是可以勝過文化的威力，只認爲此次的屈辱是歷史上偶然發生的事。但在英國人眼中，則把所謂遠東古國的實力看穿，而且在此後的中英關係發展上，堅信使用強硬政策是保護在華英人利益的唯一途徑。

第四節　中美、中法商約

一、中美望厦條約：中英南京條約簽訂後，道光二十三年（一八四三）七月三十一日美國公使顧盛（Cushing）率領軍艦四艘，由美國出發，次年二月二十七日抵達澳門，美國在中國的貿易，僅次於英國，見中英簽訂南京條約後，也想與英國同享五口通商貿易，於是遣使來華。顧盛知曉中國不願使節入京，於是去函給兩廣總督程矞采，說明奉總統命令携帶國書前來中國商議條約。四月九日，道光帝命耆英前往廣東，與顧盛辦理交涉事宜，因爲對英戰爭失敗後，不願再輕啟戰端，所以諭令「切勿開砲打仗，所需淡水食物，准其購買，但不准一人登岸。」爲應付美使要求，又頒給耆英欽差大臣關防，以示愼重。五月三十日，耆英到達廣州，六月十日，到澳門，居住在澳門的望厦村，次日卽與顧盛會談。耆英的目的在阻止顧盛北上赴京，最後顧盛應允不赴京，但有一個附帶條件，就是「他日西洋別國，倘有使臣進京後，則凡所有本國使臣到中國者，均應以格外恩禮，款待北上。」

道光二十四年（一八四四）七月三日，耆英與顧盛於望厦村簽訂中美望厦條約，又稱中美五口通商章程，原約三十四條，凡英國所獲的權利，美國同樣享受，要款如下：㈠美國在中國所納的稅，不得多於他國。㈡准許美國人民在廣州、福州、厦門、寧波、上海五口居住貿易，並設領事辦事。㈢美國人民在五港口居住，准其租賃民房或租地建屋，並設立醫院禮拜堂及墓地。㈣兩國人民若有爭鬭訴訟，中國人由中國官廳審訊，美國人民由領事審訊，依本國法律治罪。㈤商船進口並未開艙，限兩日出口，不徵收貨稅船鈔。㈥商船在中國某地若已繳納稅款，進口時，得免重徵。㈦本條約十二年後修改。

二、中法黃埔條約：中美望厦條約簽字時，引起法人繼起的興趣。道光二十四年（一八四四）八月十三日法國公使剌勒尼（M.J. de Lagrené）率領兵船八艘抵達澳門。清廷仍派耆英代表交涉。法國在交涉中所採的狡猾政策較美使顧盛尤甚，表面上願接受與英美同樣的權利，但是又要求互換公使，割讓虎門以便法國代替清廷防備英國，另外索取琉球、舟山，允許法國人在中國境內自由傳教等。法國當時所提要求，除商約外，耆英均予以拒絕。至於堅持中國對天主教弛禁，耆英則表示同意。中法五口通商條約共有三十五條，要款如下：㈠廣州、福州、厦門、寧波、上海五港口通商。㈡法國在中國可派領事軍艦保護。㈢出入貨物照現行稅則納稅，不得索取規費，亦不得走私違禁。㈣准許在五港口賃屋租地。㈤人民訴訟，各依本國法律判決。㈥中國若與他國交戰，法船仍許通行。㈦中國人若將法國禮拜堂觸犯毀壞，地方官必須拘提重罰。

中國與英、美、法三國簽約後，各國續起要求。清廷後續與比利時、瑞典、挪威等國仿照望厦條約條款簽訂商約。綜合這段時期清朝與各國簽訂的條約要點如下：

一、**最惠國待遇**：道光二十三年中英虎門條約最先記載有關最惠國待遇的規定。即中國若與甲國締結條約，約定此條款後，一旦中國又給予締約的乙國以政治上，或商業上的利益，甲國也可以同享，即所謂利益一體均霑，機會平等。列強藉著最惠國待遇條款，在中國爭權奪利，破壞中國的主權。中國嚴重的損失乃在片面上的互惠，而非類似歐美國際條約，雖然也有最惠國條款的規定，但是只限於商業範圍的互惠，而無歧視或不平等的待遇；反之，中國則與各國約定，今後大皇帝「設有新恩」，「各國一體均霑」，損失不可謂不大。

二、**領事裁判權**：即所謂的治外法權，南京條約尚未明文規定此項約定，中英五口通商章程，始規定兩國商人爭執的解決方法，虎門條約約定互相交換罪犯，望厦條約訂有明顯的條款，到後來的煙臺條約才成爲今日所稱的領事裁判權。領事裁判權的內容及範圍是，在中國締約的國家與人民、財產，若與中國人或其他國人發生糾紛，居於刑事或民事的被告地位，不受中國官吏的審理或中國法律的裁判，依被告者國家的法例，由領事或法官受審；中國人若居於被告地位，而外國人向領事報告，則由領事會同中國官府解決；外國之所以如此要求，乃認爲中西法律懸殊，中國的法律、法庭、監獄均未改善。

最初顧盛來廣東時，疾病正在廣州流行，羣眾則認爲是顧盛帶來的流行病所引起，於是憤而發生暴動，美國人因防禦而殺死一名中國人；耆英請顧盛交出罪犯，卻被以自衞無罪拒絕，而且告訴耆英：「行於土耳其之治外法權，當適用於中國。」望厦條約、黃埔條約均載明此款，於是外人在中國得享有領事裁判權。外國人赴他國，必須遵守當國的法律，外國人在中國位居特殊地位，實非公平，更不當以中國法律不良爲藉口，更何況世界各國法律原本就多不相同。外國人享受此權利後，犯罪受審已不再由中國負責受審，列強又常以商人兼任領事一職，判案及判定常常無法執行，罪犯逃脫、浮浪無賴者於是有恃無恐；中國人更有投靠外國人以求保護，而不接受傳訊的情形。交通便利後，貿易激增，外國人赴內地遊玩、貿易而與中國人發生的糾紛也層出不窮，訴訟案件便愈來愈多。雙方爭執處，往往需要法律專家來解決，英美雖然在中國設有法庭，領事負有保護僑民商業的責任下，判決易帶情感，可能導致判案不公。少數僑民認爲中國官吏無法干涉，常常販賣違禁品，爲害中國甚鉅；更遑論在中國設法庭，爲害中國主權的嚴重性了。

三、關稅：廣州海關稅收，一向有規定，依據船隻大小繳納船鈔。道光二十年（一八四〇）四百二十噸的船，必須繳納二千六百多兩銀子，道光二十三年（一八四三）虎門條約規定每噸必須繳銀五兩，若按照新稅計算，前面所例舉船隻只需繳銀一百八十多兩；又規定七十五噸以下屬於小船之列，每噸只須繳進口稅銀一錢。望厦條約則另外訂定，船在一百五十噸以上，必須繳銀五錢，此規定又較以前更輕。外國船隻在中國沿海有貿易權，也是從中美望厦條約開始，其中規定在中國已納過船鈔的貨船，可將未銷售完的貨品往其他港口運送，憑單可以不用再繳稅；按照國際慣例，沿海商業貿易，只有本國商人才可經營。至於貨稅的規定，中英雙方決定以值百抽五來繳納，英國官員必須負責擔保商人納稅與防止私漏的情形產生。中美協約中並無禁止私漏的規定，而且變更稅則一項，必須與美國官方商量才可決定。

四、兵艦航行權：依國際慣例規定，一國的領海、內河爲主權所在的統治區域，外國軍艦不准隨意自由航行。中英五口通商章程中，允許英國兵船停泊五口保護商業，約束水手，入港口時，兵船只須先通報海關，可以不必繳納船鈔稅。望厦條約，耆英允許美國軍艦駛入中國「口岸」。辭意含混，實指五口通商口岸而言，但是後來英法聯軍之役時，法船擅入大沽口，又引用上文要求駛入北河。列強兵船得以航行中國內河，實在是中英鴉片戰爭後，所帶來嚴重的後果之一。

五、修約：望厦、黃埔條約，瑞典、挪威的商約均載有修約的條文。虎門條約上雖沒記載，但英國要求與各國同享十二年修約的權利。咸豐四年（一八五四）南京條約已到十二年修約的時期，廣州主持外交的是總督葉名琛，葉名琛對外國人一概不肯接見，朝廷命其拒絕外國修約的要求。列強乃以中國官吏不遵守條約修約的規定，如期會商，而且相信各國若無兵力相逼，恐怕無法達到修約的目的。後來因爲修約上中西雙方的爭執，以至中國在天津條約後，改訂稅則上相當困難。中國也不曾利用會商修約之時，改訂前約爲互惠條約，實屬可惜。

鴉片戰爭後，英國所獲得的權利，各國莫不享受其利，而且還有超出英約範圍之外的。朝臣疆吏只求辦理上的便利，致喪失了中國主權而不自知。由於國際知識的幼稚，海關稅則協定、領事裁判權等對中國的損害實在甚大。其中教案也是清季重要問題之一，釀成後來嚴重的中外糾紛。最初天主教盛於清初，雍正二年（一七二四）後，禁教始嚴。鴉片戰後，顧盛要求中國允許美國教士在中國傳教，但望厦條約允許設立醫院、禮拜堂於五口。法國乃一天主教國家，早先其國神父受政府贊助，到中國宣傳教義。道光二十四年（一八四四）剌勒尼請求耆英廢除禁教的命令，宣稱天主教乃一勸人爲善，而非邪惡的宗教。耆英認爲中國信徒有藉教爲惡情形，所以懲罰其罪。經剌勒尼請求後，又表示可以「弛禁」，但剌勒尼希望可以取得皇帝懿旨，以免教徒繼續被捕。同年十二月二十八日，皇帝下詔弛禁，允許在通商港口建築教堂，聽任中國人入教與否，後來基督教亦與天主教享受同等待遇。中國准許外人傳教，天主教神父多往內地傳教，基督教牧師則傳教於各通商口岸，後來各省多有傳教士到達，來華的教士於是大增。這些教士以犧牲服務的精神，宣傳福音，信徒日衆，他們採行的方法是醫治病人，濟救貧苦，教育青年，由於多操方言以廣徠信徒，信教者又多屬市井小民，有些學者往往輕視他們，互不往來。後來許多天主教神父利用中國官吏的心理，及條約上的權利，偏袒教徒，當時民衆民智未開，易受煽動，致釀成教案。以上未嘗不是弛禁後所帶來清季內部動亂的嚴重後果之一。

第三章　英法聯軍之役

第一節　修約交涉

中英南京條約訂立後，中英雙方爭執並未因此解決，中國方面認爲英國人蠻橫無理，英國人則以爲中國人日益仇外，而且跡近挑釁，違反條約。五口通商口岸開放不久，英方則怨言不斷，主要有四項原因：

㈠口岸的限制：對華貿易額雖然增加，尤其是鴉片，大爲暢銷，但工業成品的輸出則距英國工商界的希望甚遠。英國希望中國開放全部口岸，期望貿易額能迅速增加。

㈡鴉片的禁止公開買賣、吸食：名義上鴉片可以進口，且不徵收關稅，但仍不准人民自由販賣、吸食。英方希望使其成爲合法行爲。

㈢教士僅止於五口的活動：基督敎雖然弛禁，但敎士的活動僅限於通商口岸，對傳敎的事業有莫大的障礙，應准許傳敎士進入內地，並給予優待。

㈣國交平等的有名無實：公使不能與中國的中央政府直接交往，總辦夷務的廣州欽差大臣，遇事又多所推拖，照會又常遲遲不覆，甚至想會晤也不容易，不得已北上上海、天津，也不得要領。所以希望公使可以入駐北京，經常與中央大員接觸。美、法的希望與英同，而以英國的迫切最殷，因爲一旦公使入駐北京，可以防止俄國人的陰謀活動。

英國以在中國的商務發展仍無法進一步提昇爲由，要求修約；中國徵收的稅銀，是依鴉片戰爭前的貨價爲根據，十年後物價減低，而海關徵收稅銀如前，英商抱怨不已，英政府依據虎門條約的最惠國待遇條款，要求中國履行修約。中美望厦條約規定十二年修約，英國雖然沒有修約的規定，但是卻利用「利益均霑」的條款，要求修約。咸豐四年（一八五四），距南京條約的訂定已滿十二年，當時未滿修約期限的美、法兩國，以利害相關，從旁協助英國。此年，三國代表去函兩廣總督葉名琛，要求修約，葉名琛以無修改的必要拒絕，葉名琛常以尊國體而輕視外國人，自其就任以來，對外國使臣均不加理會。英、美、法三國代表抵達廣東後，根據國際上的慣例，要求謁見。葉名琛以公務繁瑣拒絕，自稱天朝大臣，無法接見外夷使者。美使麥蓮（Robert M. Mclane）以謁見無望，轉往上海，商請兩江總督怡良，投遞證書到北京，又被拒絕，雙方的誤會於是日益加深。英美代表便直接到上海與兩江總督交涉，起初英美領事遞送修約內容，被江蘇巡撫吉爾杭阿退還。同年八月，麥蓮謁見怡良，表示願意幫助中國平定太平軍之亂，但請開放鎮江貿易，設上海關口於吳淞。英使包令（John Bowring）也要求接見，表示若不允許其要求，便去天津。

怡良上奏雙方交涉情況，咸豐皇帝的敕諭是：「夷人詭譎成性，明知通商事宜，胥歸粵東辦理，輒赴各海口妄肆要求，現已諭怡良令該夷等，前赴粵東聽候查辦，著葉名琛仍遵前旨，設法開導，諭以堅守成約，斷不容以十二年變通之說，妄有覬覦，並諭以天津海口，現因辦理防堵，兵勇雲集，儻該夷貿然而來，船隻或有損傷，轉致自貽伊戚。至該督接見夷酋等儀文，仍當恪守舊章，無得以該夷等有相待稍優之請，稍涉遷就，以致弛其畏憚之心。」皇帝心意堅決，交涉自然不易。三國使者也堅持修約，請求多開口岸，而且可以幫助中國驅逐當地盜匪，同時命令商人補繳上海欠稅，想示好於清廷，無奈清廷疑忌外人，交涉失敗。同年（一八五四）十月，英美二使北上，抵達大沽口時，由長蘆鹽道文謙接見，咸豐皇帝以其居心叵測，命令文謙「與之接見，務須折其虛驕之氣，杜其詭辯之端，萬不輕有允許」，交涉當然沒有進展。交涉之事，後改由長蘆鹽政崇綸辦理，英使提出要求，共十八款，要點如下：㈠公使駐京。㈡准英人自由至內地遊歷貿易。㈢開放天津為通商口岸。㈣兩國官吏會晤，用平行禮節。㈤修改稅則，准許鴉片進口。㈥免除厘金，使用各式洋錢。㈦准許英人住於內地，購置地產，保護其生命財產。㈧減輕廣東茶稅。㈨准英人如約進入廣州城。美使也提出要求十一條，內容與英使約略相同。咸豐皇帝認為英美公使「所開各條，均屬荒謬已極，必須逐層指駁，以杜其無厭之求」，但願意秉公處理民夷相爭案件，減少上海欠稅及廣東茶稅等，命令英美使節返回廣東與總督會商。英美法三國公使離開大沽，返回廣東，並報告本國政府，聲稱若無兵力相助，修約恐怕難以達成。

咸豐六年（一八五六）三國公使於廣東再請修約，遭葉名琛拒絕。美使伯駕（Peter Parker）再與怡良交涉，怡良認為外國所謂船堅砲利，全屬虛辭恐嚇，而且「中國兵力足制逆賊死命，毋庸借資夷力」。中國疆吏昧於外交與國際局勢的結果，遭致英法聯合出兵中國，使中國遭受更大的損害。

第二節　英法軍事合作

咸豐六年（一八五六）十月八日，發生亞羅船事件。亞羅號（Arrow）商船，船主是中國人，為了防患海盜而向香港英國政府註册，懸掛英國國旗，於此日駛抵黃埔，巡河水師千總某巡查船上竟懸有英旗，以為是奸民藉英旗以自護，於是拔下英旗，船長愛爾蘭人抗議無效，千總某逮捕華人十二名離去。當時巴夏禮（Harry S. Parkes）為廣州領事，包令為香港總督，巴夏禮向葉名琛抗議，葉名琛以亞羅船為中國人所有，其所持護照已超過一年期限，逮捕的水手又都是中國人，拒絕其抗議，但願交回不是海盜的九名水手，但巴夏禮堅持不可。十月二十日，巴夏禮親往香港，會商總督，決定採行積極行動，向葉名琛提出最後通牒如下：㈠禮還水手。㈡正式道歉。㈢擔保以後不再有類似事件發生。㈣限於二十四小時內答覆，逾時則將自由行動。最初葉名琛答應送還十人，巴夏禮以為不可。葉名琛再派員送十二名水手於領事館，巴夏禮、包令故意刁難說：「此水師事，當送水師提督舟中，若併送千總來，乃受。」葉名琛大怒之餘，將十二名水手關入獄中。十月二十三日，英艦砲轟黃埔砲臺，二十七日，英艦駛近廣州，攻擊總督衙門，轟毀城牆，靖海門、五仙門及部份民房，葉名琛號召鄉團，並通知知府蔣立昂出城會議，商議未果，但決定調兵二萬守舊城。英軍以未奉政府命令，自動退兵；葉名琛於是以大捷上奏，聲稱：「夷匪傷亡四百餘名，並將該夷水師大兵頭殲斃。」

中英戰爭開始時，美法領事均表示同情英國，但是未得政府訓令不敢相助，只得保持中立。十一月，美國領事離開廣州商館途中，乘坐船艦受到砲擊，美艦於是發砲應戰，攻毀砲臺五座；葉名琛以開罪二國，必定得不償失，致書道歉美使，事情才算平息。亞羅船事件發生之前，英國正因土耳其問題，在近東與俄國發生克里米亞戰爭，受制之餘，對中國不主張用兵。亞羅船事件發生在克里米亞戰爭結束後，英國已無近東問題的牽制，於咸豐六年（一八五六）十二月，批准了包令對廣州的攻擊。巴麥尊派前任加拿大總督額爾金（Lord Elgin）爲特使來華。

天主教開禁後，法國教士活動頻繁。道光三十年（一八五〇）洪秀全以拜上帝會起兵，三年亂事中，遍及長江流域。當時法國天主教神父熱心於傳教，等到天主教弛禁後，更違約潛入內地。西藏、湖北、直隸等地皆曾逮捕教士，送往廣東交其領事管束等情事。咸豐三年（一八五三）太平軍在廣西之亂正烈之時，神父馬賴（Auguste Chapdelaine）前往廣西西林傳教。咸豐六年（一八五六）二月，馬賴被西林知縣處死，罪狀是糾結拜會，勾結亂黨。法國領事認爲中國官吏虐殺無辜神父，而且法人犯罪必須交付領事審判，要求懲辦縣官，被兩廣總督駁斥。總督回答法使葛羅（Baron Gros）：「無馬神父其人，祇有惑眾拜會搶擄姦淫之林八馬子農等，月日又不符合。」雙方各執一辭。時值法國拿破崙三世在位，保護教會甚力，同時正想向東方揚威，爲了確立法國對天主教的保護權，準備與英國共同要求中國修約，以促進商業。當時亞羅船事件尚未傳抵倫敦，英國已準備與法國共同出兵中國，外相更商請美國國務卿合作；美國政府基本上贊成英法計畫，但以必須與參議院商決爲由，婉謝其請。亞羅船事件傳到英國後，內閣不惜解散反對勢力的下院，而進行其侵略政策。咸豐七年（一八五七）委任額爾金爲全權專使，法皇詔委葛羅爲使臣，額爾金奉命領兵前來東方，途中因爲東印度公司的軍隊叛亂，印度總督請求派兵支援。七月，英軍在額爾金的統率下抵達香港。

同年八月，英艦封鎖廣州，起初，英國準備加強軍事壓力於華北，由於在香港的英國人均稱禍源起於廣東人民的傲慢，於是力請攻取廣州，以示英軍不畏懼中國團練。十一月，葛羅抵達廣東東部，認為馬神父被慘殺，十分不公，必須由總督負起全責。俄使普提雅廷（Count Putiatin）同時抵達香港，聲稱除了率兵北上，別無解決辦法。英法二使商議結果，決定對廣州用兵，十二月十二日，二國兵船駛入白鵝潭，額爾金、葛羅分別對葉名琛發出以十日為限的通牒。額爾金列舉不肯開放廣州、亞羅船事件及修約等問題處置失當，宣稱英法聯軍的合作，要求派員議商開放廣州，軍隊進駐河南，以作為擔保條件的實行。葛羅要求懲辦西林縣官，撫卹西林被害的教士，餘略與英牒同。十四日，葉名琛回文將其一一駁斥，而且同時奏報朝廷，稱已不屈的態度。美國此時派列衞廉（William B. Reed）來華修約，葉名琛同樣拒絕接見。咸豐皇帝認為葉名琛「熟悉夷情，操縱得宜」，命令「務將進城賠貨及更換條約各節，斬斷葛藤，以為一勞永逸之舉」，正不知後患仍舊無窮。二十四日，英法二使致最後通牒於葉名琛，明言將攻廣州城；葉名琛仍持原意。二十八日，英、法聯軍以軍艦及砲火攻城，廣州守兵於城上架砲應戰，團練持矛或鳥槍禦敵，均大敗逃去，次日城陷，英法聯手，並得部份華人之協助，如香港的苦力為其出生入死；小販時以小船販運食物供應船上士兵，使聯軍在戰爭中無後顧之憂。

英、法聯軍攻下廣州城後，駐防都統命令開啟西門，使人民得以遷徙他方。英軍為了示好於廣州城民，勸民不必驚擾，且分兵巡城，嚴禁殺掠。英軍進入總督衙門後，得見葉名琛的奏摺與皇帝的硃批，始知葉名琛的報告無不粉飾誇張，曲解事實，以附會其輕視外人的心理，所以決心逮捕葉名琛。葉氏自城陷後，微服出奔粵華書院，後更移居於左都統署花園的八角亭，咸豐八年（一八五八）一月五日被俘，巴夏禮將其轉送印度首府加爾各答。葉名琛其人剛愎不撓，但是卻受限於世界大勢與輕視外人的成見，無法運用外交上適當的方法，觀其對外的行動，均是咸豐皇帝的指示，自從朝廷嚴懲主和的大臣以來，排外顯然是唯一的政策，無怪乎葉名琛頑固地堅持排外。相傳葉名琛對於軍機大事的取決，均相信其父扶乩的乩語，當聯軍危急中國時，乩語顯示十五日後便可相安無事，不料廣州竟以一日短暫的時間失守。時人皆以其頑固迷信而誤國一事，嘲笑葉名琛「不戰、不和、不守、不死、不降、不走，相臣度量，疆臣抱負，古之所無，今亦罕有」，雖然不盡準確，但是也可說明葉氏乖謬剛愎的情形。咸豐皇帝得到奏報，立即將葉名琛革職。

英兵進入廣州城後，盡括總督署中財物，有庫銀五十二箱，元寶六十八包，銅幣裝滿一屋，並有貴重衣物與珍寶，因爲庫銀寶物太重，雇用遊民搬運，英兵離去後，遊民湧入署中爭奪衣物，廣州城頓時陷入無政府狀態。英法使節決議釋放被俘的巡撫柏貴，並得到柏貴願意合作的承諾。此年（一八五八）一月，柏貴恢復舊職，其下有三人輔佐，即英法人各一位與巴夏禮一人，其中只有巴夏禮一人會說中文，於是掌握統治廣州的大權，凡是巡撫貼發的佈告必須有委員的圖記，一切行政均受委員們監督。此時，咸豐皇帝已另派黃宗漢代替葉名琛的職位，聯絡紳民驅逐夷人離開內河，御史何璟由城外用兵。柏貴上奏表達英法二使的要求，若朝廷不派大臣商議，則不撤兵。咸豐皇帝才知道官兵的兵器已繳，英、法士兵分守城門，中國官吏已根本無自主餘地。兩江總督何桂清爲了避免廣州事件影響上海商業，減少稅收，於是向外商說明廣東事由廣東解決，並且奏報朝廷。咸豐皇帝下詔：「如果悔罪退出省城，尚可寬其既往，儻負固不悛，即調集兵勇，驅逐出城，再與講理。」由於交涉失敗，英法二使與俄使普提雅廷、美使列衞廉共同引兵北上，計英艦十餘艘、法艦六艘、美艦三艘、俄艦一艘。四國公使同時也照會大學士裕誠；額爾金要求公使駐京、加開商港、改訂稅則及傳教，並請清廷委任全權大臣來上海議訂新約；葛羅聲稱同意英使的要求；列衞廉說明來華經過，要求改訂新約，假如清廷拒絕，將和各國專使一同北上；普提雅廷則表示由於外國公使不得與朝廷公文往來，以致交涉困難，引起誤會及戰端，希望公使得以入京，清廷也必須解決困難。四國公使的照會由江蘇巡撫轉遞兩江總督何桂清，這時太平軍已佔有南京，朝廷指示身兼欽差大臣的總督黃宗漢辦理夷務事宜，命令朝臣不准私收外國公使的函件。英法美三國對於俄使宣稱將往黑龍江勘定疆界一事，均表不滿，決定北上。

四月，四國公使船艦抵達大沽口，直隸總督譚廷襄早已奉旨於天津設防，四國公使投書希望朝廷派員赴天津或北京商議，限期六日答覆；請譚廷襄代遞公文，朝廷的回答是中國從無便宜行事的官吏。此後法使再投公文，表示若仍不派欽差大臣參與會議，則「執行王命」，意味著發動戰事來解決交涉的困難。其間，譚廷襄曾與英法公使會面，但是英法公使以譚氏無全權大使身份拒絕會商。咸豐皇帝下命譚廷襄不准增開口岸，對於俄使建議代辦槍砲一事，表示「中國從不與各國海外爭鋒，器械亦尚可恃」；見到美國國書中有「朕」字，硃批著：「夜郎自大，不覺可笑。」譚廷襄起初主張強硬戰爭態度，在與美使會議時，上奏請求加開口岸以滿足夷人要求，咸豐皇帝允許在廣東、福建各開一處口岸及改定稅率外，其他均予拒絕，如公使駐京，長江開放，禁止提出討論；美使列衞廉大失所望，英法二使態度更見強硬，想以武力達到目的。

五月二十日，英法二使照會譚廷襄，聲言將往北京與全權大臣議和，法使引用黃埔條約，表示軍艦可以駛往天津，又致最後通牒給大沽口砲臺守將，要求二小時內交出砲臺，受到守將拒絕，英法聯軍於是攻陷大沽口，清軍守兵萬餘人，激戰一半則潰走逃散，英方死傷二十二名，法兵死傷八十八名。聯軍繼續北上天津，譚廷襄自請治罪，上奏美俄二使仍然願意調停，咸豐皇帝才稍讓步，表示除了公使駐京及內地傳教以外，尙可斟酌辦理。聯軍抵達天津後，搶奪漕米九百餘石，秩序一時大亂，譚廷襄請朝廷另派職分較崇高的大臣來天津會商。朝廷於是派僧格林沁赴通州一帶防守，大學士桂良、吏部尙書花沙納前往天津查辦。聯軍入駐天津後，一時君臣均深信「民可禦夷」，認爲「夷人畏民甚於畏兵」，但是聯軍入駐望海樓後，咸豐皇帝才感嘆：「住房，不聞民有起而阻之者，人心若是，可勝浩歎！」

第三節　四國天津條約

六月二日，桂良等人抵達天津，於海光寺接見英使，桂良因無證書可與英使交換，奏請朝廷頒給欽差關防，等到清廷送去欽差關防，會議才得以召開。此次天津會談的交涉由英議員李泰國（Horatio Nalson Lay）及威妥瑪（Thomas Francis Wade）辦理，李氏時任上海海關職員，二人精通華語，因而得以狡猾得逞於談判。額爾金任命李泰國爲實際談判代表，此後直到條約簽字，額爾金未再與桂良、花沙納會面，一切由李氏身擔大任。六月六日，雙方會商，李氏聲稱中國必須允許公使駐京，才能在天津議事，否則開仗。爭執最烈的是長江通商、內地遊歷等問題，英國堅持開放全部中國，清廷則顧慮到英人假若深入腹地，將會與亂黨勾結，李氏於是負氣而去。六月十一日，李氏與威妥瑪前來，表示本日若不再允許，「卽帶兵直入京師」，恭親王奕訢等主張用武力解決外人的蠻橫，奏請捕殺李泰國，卽可平安無事。當夜，桂良照會額爾金，表示可以酌辦長江通商及內地遊歷二事，公使駐京則緩期再議，對於傳敎、緝拿海盜、商訂稅則各款，均大抵允許。桂良被迫答應夷人要求，另一方面奏報朝廷：「將來儻欲背盟棄好，只須將奴才等治以辦理不善之罪，卽可作爲廢紙。」對於本身被迫答應要求，聲稱：「奴才等願以身死，不願目覩凶燄，擾及都城，再四思維，天時如此，人事如此，全局如此，只好姑爲應允，催其速退兵船，以安人心。」

咸豐皇帝無可奈何，終於批准久懸未決的公使駐京問題，但是規定一切遵照中國制度，包括跪拜禮節及不得携帶眷屬等。六月二十六日，中英天津條約簽字，次日中法條約成立。四國公使在天津的談判，以俄使普提雅廷的要求最不費力，輕易地達成願望。桂良曾在中英交涉時向普提雅廷乞援，普氏表示如果訂定俄約後，卽可向英法說合，六月十三日，中俄條約簽字，內容大抵是往來照會，使臣進京，海口通商，兵船停泊，領事裁判權等，雙方約定一年內換約，查勘未定邊界，明訂「日後淸國若有重待外國通商等事，凡有利益之處，毋庸再議，卽與俄國一律辦理施行。」美使列衞廉與桂良於六月十四日正式談判，十八日條約簽字，除了無邊界一款外，俄約中的主要條款均包括在內；關於使臣進京一事，明訂遇有要事，每年到京暫住一次，如將來他國使臣到京居住，美國一律照辦，長江通商與內地遊歷爲美國主要的希望，約內未有明文，但利益「一體均霑」一款，已包括一切。

四國條約訂定後，英法軍艦由天津南下，雙方說明改訂稅則會議於上海舉行，上海爲當時通商要港，貨價高低及海關稅則，均有紀錄可查。俄使以本國商業在中國無足輕重，返回俄國外，英法美三國公使則南下上海。咸豐皇帝批准條約，實非得已，三國船隻南駛後，咸豐皇帝仍想有所挽回，認爲中國可以使海關免稅，但是外國必須放棄公使駐京、長江通商、內地遊行、賠償兵費後才交還廣州等四項要求；派桂良、何桂清前往商議。但桂良等人則不以爲然，認爲不徵收出入口貨稅，利柄將盡歸英人，我國必將民窮財盡。此時廣東團練軍與英法軍的衝突仍未有間斷，七、八月間，英法軍屢次屠殺鄉民，官府繼續激勵團練，額爾金要求將兩廣總督黃宗漢革職及削減粵紳權力，否則上海會議作罷。桂良通知黃宗漢停兵，不久卽予撤任。咸豐皇帝得奏，得知四項條件，毫無把握，下諭：「朕派桂良等前往上海，又命何桂清會同商辦，豈眞專爲稅則計耶？……試思桂良在津，濫許所求之事，據奏思日後挽回，若至今仍無補救，不獨無顏對朕，其何以對天下！」桂良與咸豐皇帝的誤解乃起於對國際知識的貧乏，對外人於內地遊歷，所以反對的理由在於外人得以藉此偵探國內的情形，可能貽害無窮。

修訂稅則會議，只由英方委員與桂良等商議，當時英國操縱著中國國際貿易的三分之二，中英兩國經濟來往關係，最爲密切。英方威妥瑪表示卽使寬免稅課，條約也不能放棄，並且必須先開立漢口、鎭江等處碼頭，拒絕江蘇布政使王有齡所提變更駐京等事。額爾金改向桂良商議，桂良仍請各國公使暫勿駐京爲交換條件，額爾金答允再行商議，乘兵艦北上直抵漢口。咸豐帝十分憤怒，不得已答應十一月關稅章程上簽字，公使駐京、口岸、傳敎等均成爲條約中的一部分。美法條約亦如中英條約。四國條約中，以最惠國待遇使四國得享諸多權利一項，影響中國至深，其內容條文大略如下：

㈠公使駐京：由於我國史上絕無公使駐京的例子，清廷與朝臣又不諳曉國際上外交的慣例，對於英國的要求，堅決反對。反對的理由還包括著諸多因素，因爲北京乃一國的首都，若允許夷酋留駐，則有失朝廷尊嚴，而且夷人駐京得以探聽朝廷旨意，進而有所要挾。外人則謂雙方爭執不斷，是由於廣東地區總督的奏文，多屬虛辭，曲解事實，以致公使不得直接與北京政府交涉，辨明眞僞，而引起戰端。由於中美、中法條約上載明其公使可因要務，暫住北京；所以桂良堅持拒絕英使駐京，因一旦英使駐京，美法兩國公使也得以享受同等的機會；額爾金對桂良等的提議也不作任何讓步，中英交涉的困難日益艱鉅。國際上外交的慣例是由大使或公使負責解決國際間的誤會與爭執，正由於中英雙方缺乏一個適當的溝通管道，造成交涉終無所成，釀成戰禍。

㈡關稅：南京條約中成立協定關稅，協定關稅乃一國與締約國共同議定稅率之後，非經各方同意，不得刪改或隨意增加。西方列強在我國均享有最惠國條款的待遇，如果多國同意我國增加關稅以解決經濟上的困窘，只要有一國不允許改訂，便維持原先稅則；甚至發生物價變動，也不得修改百分之五的海關稅，此點對於關稅自主的原則實在破壞無遺。關稅自主是一國主權的表現，如今由於協定關稅的訂定，無法提高稅率以保護我國的工商業，國庫的收入也無法增加。天津條約成立後，根據貨價改訂稅率，仍是值百抽五，十年一改，但輸出的絲茶及輸入的鴉片不在其限。減少商船每噸的課銀數目，凡是船隻一百五十噸以上，每噸改收四錢，以下則每噸一錢，四個月內駛往他港售賣者，不再徵稅。英國根據條約，領事又負有協助中國官吏徵收英商貨稅的義務，商人遇有不公平的待遇，也可報告領事，由其提出抗議。但外使仍然以關稅苛重，釐金瑣繁爲不便，向桂良議決，決定洋貨入口每百兩之物納稅銀二兩五錢，免去雜稅，於是外商運輸洋貨於中國，得以免除苛捐。

㈢口岸：南京條約中，規定開放廣州等五口爲通商口岸，這些口岸均在長江以南，北方各省與長江沿岸均未設有商埠地點。外商認爲商業仍受到限制，要求增開通商口岸，以多得商業上貿易的機會。咸豐八年（一八五八）四國天津條約訂定後，中國開放牛莊、登州、漢口、九江、南京、鎭江、臺灣、淡水、潮州（汕頭）、瓊州。咸豐十年（一八六〇）增開天津，此後長江以北的海港及沿江要埠均開放爲通商口岸。長江口岸中以鎭江開放最早，次爲九江、漢口，南京則在內亂剿平後，外商才來貿易。這些已經開放的通商口岸，均駐有領事以保護僑民；凡是赴未開放的口岸貿易者，船隻一律充公沒收。

㈣傳教：鴉片戰後，來中國傳教的教士限制在五口通商口岸內。中俄天津條約規定允許傳教，中美天津條約也有規定。但教士必須攜有護照，才能進入內地傳教，官廳必須保護教士，教徒也不許受到虐待。咸豐十年（一八六〇）中國答應交還天主教教產。中法條約中，允許神父有內地置產權，同治四年（一八六五）法使與總署大臣議定章程，承認內地教產屬於教會所有，私人不許購置，他國教會可依最惠國待遇的條款，享受同等的權利。此後教士深入內地，宣傳教義，租買地產與建築教堂。傳教士到中國的目的，多本於服務救世，有的甚至設置醫院以廣招信徒，影響中國頗深，但是由於東西文化在根本觀念上的不同，造成溝通上的困難。中國官吏輕外的心理，文人頑固的保守思想，加上愚民的迷信，引起誤會者多。但是也有一部分教士，爲了爭取更多的信徒，以致收容無賴，保護罪犯，教徒甚至藉此聲勢欺侮百姓，其中尤以天主教爲甚，引致日後無數的紛擾。

㈤賠款：天津條約規定賠償商業損失二百萬兩，軍費二百萬兩，法國軍費二百萬兩，一律由廣東省籌措。規定交款之後，歸還廣州。美國因商館損失，也接受五十萬兩的賠款。

㈥鴉片：自中英鴉片戰爭以來，鴉片買賣大爲暢銷，但是中國方面仍不主張弛禁，英國代表屢次奏請，均未得到解決。中英通商稅則會議時，英使再度提出弛禁的要求，中國當時正值內亂，財政上匱乏，於是答應英方請求。雙方協議進口鴉片改稱「洋藥」，每百斤繳納三十兩銀，運入內地者必須再繳厘金，外商可於通商口岸出售「洋藥」，運入內地則由華商負責。清政府雖然自雍正七年（一七二九）起，禁止鴉片買賣，但是英國仍然透過小型貿易商（Country dealer），如怡和洋行，買賣集中於孟買，走私到中國的鴉片。但是卻一直到清末光緒三十二年（一九〇六）清廷才正式立法禁食鴉片。這期間鴉片成爲貪官污吏敲詐的工具，也同時殘害了無數的中國民生。

(七)遊歷：天津條約中規定外人可以於內地遊歷，但規定「英國民人，准聽持照前往內地各處游歷通商，其執照概歸領事發給，而由地方官蓋印」。假若未持執照，或是犯有不法行爲，則由中國地方官吏轉交最近的領事治罪，途中不准虐待處罰。在通商口岸百里之內遊歷，則不必持有執照；執照不許發給水手。

天津條約尚有領事裁判權、最惠國待遇及禁用夷字等規定。清政府迫於聯軍的威脅，不得已勉強批准簽字。公使駐京、內地通商遊歷均是先進國家認爲理所當然的事，但是由於國際知識的貧乏，竟至答應外國船隻駛入內河，以致損及國家主權。除了販賣鴉片外，英商也希望進入內地販售食鹽。長江自兩湖以下各省，屬於兩淮食鹽的銷售區，每年正課、雜項與商民所得，約値數千萬兩，如果販鹽一項爲英人所得，勢必影響到商人及人民的生計，中英雙方爭執之下，決定英方將食鹽列入違禁貨物品之內。

朝廷在聯軍用兵之時，一律堅持強硬態度。最初聯軍南下後，僧格林沁要求參辦失職大臣，譚廷襄於是奉旨革職查辦，僧格林沁移軍設防，建築砲臺，設木樁以防輪船，牛皮以抗火箭（時子彈名），調集騎兵與水師以迎擊聯軍。廣東團練不斷與英、法軍衝突，也得到朝廷的默許。上海會議後，了解到商議已無法廢止，咸豐皇帝憤怒之餘表示：「前曾經疊次諭知，如果該夷北來，我兵必先開砲。條約內既未定有天津口岸，卽非該夷應到之處，我若用兵，並非理屈。」又命令桂良將朝廷態度使英法知曉，但桂良上奏說明英人表示「不怕」中國用兵。大將勝保也持戰議，上奏：「夫犬夷惟利是視，各國之所謂使臣，皆該國之奸商。彼國王止令其出外講利，恐亦未必盡知其尋釁興兵，堂堂天朝，無故而示弱於彼，果何謂歟？……凡有一切要求，盡拒不納，……不然，卽請皇上赫然震怒，或擒殺其酋，或縛解其眾。」雖然其建議不爲朝廷所接受，但是由此也可想見朝野在態度上的強硬。

第四節　戰火重燃與北京條約

依照天津條約，自定約之日起，以一年爲期限，經雙方政府批准後，在北京換約。一年後，卽咸豐九年（一八五九）三月，英法兩國派公使前往北京換約，六月二十日抵達大沽口，當地官吏請其改由北塘登陸，英使普魯斯 (Frederick W. A. Bruce)、法使布爾布隆 (M. de Bourbaulon) 以爲中國故意刁難，二十三日兵艦深入中國防守區域，我國炮臺開炮轟擊，英法軍死傷不少，兩公使只得退回上海。此時俄使因進京換約不成，南下上海。美使由海道進京，因不願行跪叩禮，沒有謁見咸豐，在國書轉交後便南下。

決裂的原因是英艦強行通過白河，前往天津。白河是中國的內河，天津並非通商口岸，英艦絕無權利通行。普魯斯等以爲取得大沽是輕而易舉的事，不料竟受到挫敗，中國設防等事，早已通知對方，不可輕易闖入，普魯斯等不理，以致引起白河衝突。清廷有過去年大沽之役的教訓，當時太平天國聲勢尚盛，自然無意挑起戰端，只是不滿意天津條約而已。前方主帥僧格林沁於英艦開始行動之後，雖然痛恨其驕妄，起初還按兵不動，直到英軍攻擊砲臺，才加以還擊。捷報傳到朝廷，咸豐皇帝一方面命恒福與英使接觸，如有轉機，仍然允許在北京換約，同時下令移駐北塘。直隸總督恒福奉命照會外使換約，但英法公使沒有接受。兩江總督何桂清通知上海外商，不必恐慌而停業，另外與英法接洽和議。清廷與大臣此時正認爲大沽勝利是「二十年未有之快事」。兵部尚書全慶疏上奏：「正當乘僧格林沁既勝之後，厚集兵力，大伸天討，挫彼凶狂；該夷遠越重洋，勢必不能持久，待其窮蹙，取前議而更張之，以絕其覬覦之心。」主戰派在大沽口這場意外的勝利下，無異火上加油。咸豐見英法軍敗退後，沒有進攻沿海，以爲中國已經得到勝利。同年八月，清廷片面廢止天津條約，對以下四項：公使駐京、長江開口通商、外人內地遊歷、賠款，更是深惡痛絕。這四條並未列入中美天津條約，八月十六日，美國公使華若翰 (John E. Ward) 已如清廷所請，輕車簡從，以進貢使節的身份，取道北塘入京換約。清廷要求英法公使亦循此例行事。

因爲英法聯軍在大沽敗北，倫敦議會中有人開始懷疑派遣公使駐節中國，是否有當。但外相約翰羅素 (John Russell) 力持己見，認爲英使駐節中國乃屬必要，英國輿論相當激昂，認爲阻止使臣的大沽守將，是奉清廷密旨，清廷應負啟釁的責任。英國議會通過英政府的出兵案，咸豐九年（一八五九）十一月聯合法國出兵，以強大的遠征軍力遠征華北——法國派出六十艘以上的軍艦，軍隊六千三百人；英國則派出一百四十三艘船艦，軍隊一萬零五百人，加上自香港下層社會招募而來的廣東苦力二千五百人。英法的全權大臣，額爾金與葛羅（Baron Gros），拒絕所有於上海談判的請求。咸豐十年（一八六〇）二月法軍先到香港。六月英法聯軍北上，先攻取舟山爲根據地。八月二十一日，迅速攻陷防衞森嚴的大沽砲臺，二十五日佔領天津。僧格林沁大軍退守通州張家灣，聯軍直趨北京，僧格林沁與扼守通州的勝保都打了敗仗。咸豐帝不顧羣臣「堅守京師」的請求，逃往長城外的熱河避難，臨走前，特派其異母弟奕訢留守北京，督辦和局。十月五日聯軍繼續前進，六日進攻圓明園，十三日佔北京。額爾金與葛羅爲了等天津運來的彈藥，乃與清廷虛與委蛇。這時巴夏禮已被拘禁三個星期之久了，清廷決心要處死人質，除了巴夏禮及其他十二人釋放得免一死，其餘皆遭殺戮。額爾金與葛羅乃決定嚴厲懲罰咸豐本人，將咸豐的夏宮——位於北京城東北方的圓明園——在大肆刼掠後，縱火全部焚燬。

奕訢在圓明園被燬後，才承認英法的要求，由桂良、恒祺輔佐他談判北京條約。俄使以善於利益玩弄的手法，同時向聯軍與清廷進言，希望中國同意他們在東北土地的主權，再與奕訢一同與英法二使交涉。清廷先賠恤金五十萬兩，再行談判。十月二十四日，奕訢與英使交換天津條約，並簽訂中英續增條約九款。二十五日奕訢與法使交換天津條約，並簽訂中法續增條約十款，此卽中英法北京條約。中英北京條約九款如下：㈠中國皇帝對咸豐九年六月大沽事件表示歉意。㈡英使駐京或隨時往來，聽候英國政府命令。㈢賠償軍費八百萬兩，規定每三個月一期，由海關提出收入五分之一扣繳。㈣加開天津爲通商口岸。㈤清廷准許華民到外洋各地僑居或工作，不得禁阻。㈥割讓九龍司海岸一部分給英國。㈦前年所訂天津條約，換約以後，立卽實行，新約從簽字日起，不待批准，卽行照辦。㈧清廷將天津、北京條約命令各省督撫刊刻公佈。㈨條約刊刻公佈後，英軍撤離北京。大沽砲臺、登州、北海、廣州等處，迨賠款付清後交還。中法北京條約十款，與中英北京條約大致相同，除了無割讓土地的條款外，另外規定中國開放天主教禁，許法國傳教士在各省租買田土，建造房屋。

十一月一日法軍撤離北京，十二月九日英軍才撤離北京。次年賠款全部償清，英法天津、廣州等地駐京，全部撤退，英法交還廣州。此後中國以天津條約爲藍本，與各國繼續訂約者，有中德和好通商條約、中荷天津條約、中丹天津條約、中比通商條約、中意北京條約、中西天津條約、中奧通商條約等。

第五節　英法聯軍之役的影響

天津條約、北京條約簽訂後，英法所有的要求完全達到。清廷更掌握了在內有戰亂、外有侵略的局勢下，保存清朝利益的辦法。條約中原先規定必須等太平天國之亂敉平後，才准英國在長江貿易，然而聯軍撤出華北時，清廷卻允許英國超越鎮江至漢口從事長江貿易。會有這種超出條約的特權乃因中英雙方各有所圖，上海商人要求英國進入中國廣大的內地市場，額爾金等可藉此滿足這個要求；而長江貿易的稅在上海徵收，與太平軍交戰的中國地方政府正可依賴此項增收的關稅。但是從此中國卻受到不平等條約的束縛，由於有領事裁判權，外國人犯法，中國不能過問；協定關稅下，中國不能自主；加上最惠國待遇條款的規定，外國所得的特權，完全變成中國條約的義務。

不平等條約以砲艦外交揭開序幕——用海陸軍的武力強制訂定，外國列強在中國獲得了極可觀的主權認可。這些特權都是在咸豐十年（一八六〇）建立的：領事裁判權、通商口岸租界區的自治、外國軍艦得航行中國領海、外國軍隊可進駐中國土地、外國船隻可在沿海貿易並航行內河、依條約限定關稅等。往後幾年，外國又陸續增加了權利與特殊利益，進一步削弱了中國的主權。外國的優越勢力——商業、財力、軍事、工業、技術——都對中國的傳統社會、政治、文化造成愈來愈大、極具破壞力的衝擊。回顧外國在中國初步獲得特權的過程，可以發現清廷在當時所處的環境，當時中國與西方強烈遭遇時，正值叛亂四起，清廷的軍事與行政力量已分散不能集中，內亂導致了外患的嚴重性；另一方面，清朝一向對外國的實況一無所知而又有意的拒不接受外國的一切，而且不願與外國平等往來，到後來不得已只好受不平等條約的束縛。

在經濟方面，有一項外人享受的權利，卽關稅的管理權。當太平軍起義時，清軍已被驅除出境，稅收官吏隨著逃亡，但租界上的商業照舊進行，無人徵收關稅，於是英法美三國領事會商辦法，決定由各國商人將應繳關稅，交由各該國領事館代收。太平天國平定後，各國領事將代收稅款交給清廷，但所交稅款數目，較滿清官吏過去所收的超出甚多，清廷驚異之餘爲了增加收入，決定任用外人主持關稅事務。數年後，清廷設立關稅署，任用英人赫德（Robert Hart）爲總稅務司。在赫德的管理下，海關業務發展至各通商口岸，所有海岸的測量、燈塔的維持、航業的改進，皆由稅關處理，稍後並成立郵政局。中英雙方並有一協定，若是英國商務在中國繼續佔有優勢，中國海關卽由英人繼續管理，郵政局由海關劃出成立獨立機構後，則由法人管理。英國在北京駐有公使，在各通商口岸置有領事，皇家海軍的砲艦在近海，所以中國海關稅務司在英國監督下由中英兩國密切合作自是完全合理的事；而且歷史上也不乏任用非中國人管制中國人對外貿易的先例。

清朝在英法聯軍之役以前的對外交涉，皆由各省處理。中央則由理藩院辦理。北京條約之後，依恭親王的奏請，於咸豐十一年（一八六一）設立總理各國事務衙門（簡稱總理衙門或總署），設立衙門的用意，就爲專辦通商事務，後來，除辦理對外交涉外，兼管海關、同文館、購置軍艦等事宜，逐漸演進成爲外交部，依恭親王之原意，該衙門之設立，爲一臨時性機構，一旦日後洋務有所轉機，卽可撤除。總理衙門成立之後，咸豐派恭親王與大學士桂良，戶部左侍郎文祥等負責該衙門的事務，頒給關防，挑選滿漢司員各八人仿軍機處組織，後因事務繁雜，增用額外人員，次年，大臣奉旨在總理衙門行走者，增至七人，最多時曾達十一人，其中多爲六部堂官及兼軍機大臣者，一般而言，總理衙門之大臣，對外知識不够，而人數太多且權責不淸。在總理衙門之下，設置通商大臣，首先，朝廷命崇厚爲辦理天津、牛莊、登州三口通商大臣，後來改稱北洋通商大臣；命江蘇巡撫薛煥辦理廣州、厦門、寧波、上海、潮州、瓊州、臺灣及長江三口通商大臣，後來改稱南洋通商大臣。這兩個大臣的地位，卽地方上的外交官。

咸豐十一年（一八六一）八月，咸豐皇帝駕崩，同治皇帝卽位。同治時期，平定太平天國之亂，中國當時的上層份子，他們一方面視個人利益與清室興亡爲不可分，另一方面組織團勇維持地方秩序，除了曾國藩外，羅澤南、胡林翼、劉蓉等人，都爲了挽救朝廷的危亡和文化的衰替，將素樸而具有力量的儒家理念付諸實行。曾國藩爲清代自強運動的倡導者，其目的爲了使中國自立於世界，與列強並駕齊驅。同治二年（一八六三）曾國藩派候補同知容閎出洋購置機械，爲我國最早的留學生。淸廷對外人觀念的改變，以及同治年間一連串的新政——自強運動，均是自鴉片戰爭到英法聯軍之役，淸廷得到教訓後，思以自強救國的種種積極的行動。

第四章　清季之內亂

第一節　內亂的時代背景

鴉片戰爭失敗，南京條約的締結，使中國農村經濟與社會秩序發生重大的變化，爲激發太平天國之亂的主要因素。人口的激增，華中、華北地區的大水災，政治的腐敗，軍備的廢弛，則助長內亂的擴展。以下便由政治、經濟及社會各方面的背景，說明內亂形成的各項因素。

清季政治上的腐敗，主要在財政的匱乏與吏治的敗壞。政府的收入，以田賦、鹽稅、關稅爲主。田賦自清初以來卽規定「永不加賦」，由於正賦不得加增，道光二十五年（一八四五）後，每年欠收約在數百萬兩以上，政府以鹽稅補貼，採行鹽專賣政策，由商人包運轉售。民間卻有鹽梟偷運情事，百弊叢生。關稅收入，一年約計四、五百萬兩，而清廷自嘉慶以來，內亂不斷，於用兵及阻塞黃河決口上，花費甚大。政治上，由於賣官鬻爵與官吏的貪污自肥，吏治更加敗壞。清人入關之初，便有捐納的例子，順治六年（一六四九）戶部以軍旅繁興，歲入不敷所用爲由，決定開啟監生吏典捐納的途徑，此在中國入仕的途徑上稱爲「異途」；反之，由科舉考試進入官場的稱爲「正途」。康熙、雍正兩朝西北用兵，均藉捐納以補國用的不足。鴉片戰爭時，朝廷調派軍隊，軍費大爲增加，南京條約賠款二千一百萬元，道光皇帝曾以籌款爲慮，清廷得以如期繳清賠款，主要靠官吏的設法搜羅以及朝廷捐官所得，道光皇帝以紋銀不敷流通，農民納稅負擔加重，計劃開採銀礦，道光二十八年（一八四八）下命四川、雲貴、兩廣督撫確實查勘所轄境內的礦產，但是最後仍然未曾開礦。實因境內銀礦少，開採時又使用舊法，工本太貴，獲利太少而作罷。

吏治敗壞，民生困苦，朝臣蒙蔽而不敢上奏，以致積弊愈深。劉蓉曾經表示所奏必須審愼檢選：「今時弊之積於下者，不必盡聞於上，其聞於上者，又必再四詳愼，不甚關於忌諱，然後敢入告焉。公卿大臣又必再三審處，不甚戾於成法，然後勉而行焉。則夫弊所及除之端，蓋無幾耳，而禁令之不行，抑又如此，則是天下之弊，終無釐革之日也。」章學誠、洪亮吉二人在白蓮教爲亂時，目睹官吏逼民爲賊之餘，深有所感，章學誠認爲其中的弊端是「上下相蒙，惟事婪贓瀆貨，始則蠶食，漸至鯨吞，初以千百計者，俄而非萬不交注矣！俄而萬且數計矣！俄而數十萬百萬計矣。」洪亮吉也認爲「今日州縣之惡，百倍於十年二十年以前……，有司……無事則蝕糧冒餉，有事則避罪就功，府縣以蒙其道府，道府以蒙其督撫，甚至督撫即以蒙皇上。」章洪二人言論雖稍激烈，但實際上仍可去除時弊，可惜政府不能用，以至於弊病愈多。鴉片戰爭時，統帥疆吏無不蒙飾上奏，和議後，上下仍然不明瞭實際發生的狀況，造成外交上重大的損失。在內政上，吏治敗壞帶來嚴重的民生問題，劉蓉在談論當時全國的時政時，說到：「今天下之吏，亦衆矣！未聞有以安民爲事者！而賦歛之橫，刑罰之濫，朘民膏而殃民命者，天下皆是。」道光皇帝即位之初，曾詔求直言，曾國藩上奏談到：「臣觀今日京官辦事通病有二，曰退縮，曰瑣屑。外官辦事通病有二，曰敷衍，曰顢頇。……習俗相沿，但求苟安無過，不求振作有爲，將來一遇艱鉅，國家必有乏才之患。……十餘年間，九卿無一人陳時政之得失，司道無一摺言地方之利弊。科道間有奏疏，而從無一言及主德之隆替，無一摺彈大臣之過失。」朝臣趙元也論及貪官污吏作惡情事，以致「眾怨沸騰，輿論不治」。

鴉片戰爭有幾方面的直接影響，第一是腐敗軍隊對於地方的擾害。當奕山爲靖逆將軍前往廣東時，由河南、江西、湖南、貴州、廣西各省調往廣東的軍隊，總數在三萬以上，這些軍隊擾害地方十分嚴重，時人評此軍隊「奉調之初，沿途刦奪」，「抵粵以後，喧呶紛擾，兵將不相見，遇避難百姓，指爲漢奸，擴取財物。教場中互相格鬪，日有積尸。」另一方面的影響是團練義勇隊的集散。廣東地區自發生林維喜案後，林則徐便布告沿岸各地方，令他們購置器械，團練以自衞，鴉片戰爭發生後，因爲官軍的不足抵禦，團練義勇軍更增加到二、三萬。後來團練解散後，武器散置於民間，成爲民亂有利的工具。第三方面的影響是社會心理方面的刺激。在鴉片戰爭前，潛伏在民間的種族思想本來是「反清復明」。戰爭爆發後，民間由「反清復明」變爲「驅逐洋鬼」，如廣東三元里的「平英團」，人數可聚集萬人以上；但是清軍禦敵不足的結果，又回到反清的路子上來。當英軍圍攻廣州城時，英兵總數不超過二千人，而避居城內的清軍超過二萬以上，超過敵人十倍的兵數，不敢出城對抗，尙且向民間搜括巨額的賠償金，以求免死，人民以是更加輕視清軍。當時有記載：「百姓以兵不擊賊，反阻民勇（平英團）截殺，自是咸懷憤激，益輕視官兵矣。」後來勸說洪秀全攻取南京的浙江監生錢江，便是曾在廣州倡導反抗英軍的人。由此可見鴉片戰爭帶來社會心理上的影響。自道光二十一年（一八四一）到道光三十年

（一八五〇）的十年之間，社會上的民亂不斷。如道光二十一年（一八五一），湖北崇陽縣人鍾人杰，聚集三千人，設立都督大元帥府，自稱鍾王，攻占崇陽、通城二縣，次年始平定；道光二十四年（一八四四）臺灣嘉義縣人洪協，與武生員郭崇高聚眾二千多人準備起事。同年湖南耒陽縣段陽二姓因爲抗糧事件，聚眾一千多人，進攻縣城，月餘才平定。

清廷自五口通商以來，在外交上屢受挫折。而人口急驟的膨脹，從十八世紀開始，便造成社會秩序的混亂。十九世紀初，即嘉慶末與道光前期，鴉片貿易興盛，不久，南方中國的秘密社會便介入了這個能獲致暴利的鴉片運銷中，秘密會黨的勢力日漸擴展。但是爲了了解禍亂的來源與發展的背景，必須先剖視咸豐五年（一八五五）黃河改道的情形。黃河的遷徙改道，自有記錄至十九世紀初葉，大規模的共有五次之多。金章宗五年（一一九四）河水氾濫，部分由南清河（泗水）進入淮水。元世祖至元時（十三世紀末葉），河水改由汴渠經過徐州，自東北方流入泗水、淮水。十五世紀時，北邊的支流由於建築防堵的工程，淮水於是以一河容納二河的水，十分容易造成氾濫。淮水發源於河南，流經安徽、江蘇入黃海，原本就是中國境內大河之一。位在徐州境內的黃河，河身狹窄，上游水源，不易一時洩流，至徐州以下，水流巨量，容易形成災害。清廷曾設官治河，以修築高堤及防塞決口的辦法處理，但是花費甚鉅，卻未見顯著成效，時時有災害發生。咸豐五年（一八五五）黃河再度改道，更形成華北、華中地區的大水災，時年夏天，大雨不已，河水高漲，自儀封銅瓦廂決口，折入山東流入渤海，淮水入海河道於是淤塞，一部分水流改由運河流入長江。當氾濫至山東時，內亂的影響，無力整治，江北的人民生計轉爲艱難，其禍害不可不謂十分嚴重。

中國一向以農立國，本身產生的糧食，因爲人口眾多而不够食用。鴉片戰爭時，楊芳戰敗，請求准許英商貿易，他宣稱英船上有洋米三萬多石，而廣東地區一向也以洋米的供給爲接濟，可見中國食料上的不足。清初經大亂之後，全國人口遞減，當時賦稅制度由於沿襲明制，有丁則有賦，所以民間匿報的結果，統計多不可靠。清代人口的增加數字約如左表：

年	人口
順治十八年（一六六一）	二千一百零六萬。
康熙五十六年（一七一七）	二千四百六十二萬。
乾隆六年（一七四一）	一億四千三百四十一萬。
乾隆十四年（一七四九）	一億七千七百四十九萬。
乾隆二十七年（一七六二）	二億零四十七萬。
乾隆五十七年（一七九二）	三億零七百四十六萬。

嘉慶六年（一八〇一）	二億九千七百五十萬。
道光元年（一八二一）	三億五千五百五十四萬。
道光二十一年（一八四一）	四億一千三百四十五萬。

康熙五十一年（一七一二）規定自此後所生人丁稱爲「盛世滋生人丁」，宣佈永不加賦。雍正初年又訂定「攤丁入地」制度，以丁稅攤入田賦中，無田的人不需繳納丁稅，於是戶口調查才漸確實。乾隆六年（一七四一）到道光二十一年（一八四一）（卽太平軍爆發前十年）共一百年，人口約增加三倍（中間因白蓮教亂，經過一次小屠殺，所以嘉慶六年（一八〇一）的人口數字較乾隆五十七年（一七九二）時降低）。中國自秦漢以來，生產不曾有重大的革新，據普爾金（Dwight H. Perkins）在民國五十八年出版的《中國的農業發展》（*Agricultural Development in China*, 1368-1908）研究指出，中國自明朝以後只新發明四種農具，傳統農具中大約有一百三十多種在明以前卽已發明以及使用，如犁早在魏晉時已經應用在農耕上。因此，國民的經濟生活，全憑土地的自然生產力，人口增加到了超過耕地面積和生產力所能容納供給時，就發生變亂。至於墾田面積的增加情形如何，可由左表得其大概：

年	墾田面積
順治八年（一六六一）	五百四十九萬頃。
康熙二十四年（一六八五）	六百零七萬頃。
雍正二年（一七二一）	六百八十三萬頃。
乾隆三十一年（一七六六）	七百四十一萬頃。
嘉慶十七年（一八一二）	七百九十一萬頃。
道光十三年（一八三三）	七百三十七萬頃。

墾田的面積雖然也是陸續增加，但是和人口增加的數字作一比較，實在微不足道，並且到了道光十三年（一八三三）還比前十一年減少了五十四萬餘頃，在此情形下，土地自然不够分配。一家之中，耕地不能與人口同時增加，若無別種生活方法，則可能賣掉田產以養活一家人，如此一來容易造成土地兼併，甚至土地完全集中於少數富豪地主的手中，形成貧富懸殊、人民失業等社會不安的現象。人民失業無可依存時，往往加入會黨，爲害鄉里，會黨勢力於是日漸壯大。秘密社會與會黨運動一旦融合入民族仇

恨，這些在求生存奮鬪的社會疏離份子在接觸新的想法中，加入了政治的成份，更加深擾的情形，帶來社會秩序的混亂。

道光十五年（一八三五）御史常大淳上奏：「直隸山東河南向有教匪，輾轉傳習，惑眾歛錢，遇歲歉，白晝夥搶，名曰均糧。近來間或拏辦，不斷根株，湖南之永州郴州桂陽，江西之南安贛州與兩廣接攘，均有會匪結黨成羣，動成巨案。」道光三十年（一八五〇）侍郎趙元也上奏：「近來盜風愈熾，直隸山東陸路行旅，往來多被搶劫，兩湖三江連年水災，盜賊日眾，至如河南之捻匪，四川之嘓匪，廣東之土匪，貴州之苗匪，雲南之回匪，又皆肆意橫行，目無法紀。且到處均有邪教會匪，各立名目，煽誘鄉愚，脅從既眾，蹂躪尤多。」而清朝軍備的廢弛，更無力解決這些內亂。清代軍制是八旗和綠營，八旗是滿人軍隊，總額約二十五萬人，分別衞戍京師和駐防各地；綠營是國家常備軍，總額為六十六萬人，分為七十一鎮，全國兵額共計有九十萬人。但八旗自入關後，舊有銳氣喪失淨盡，所以康熙年間，用以平定三藩之亂，實以綠營為主。太平軍大起後，清軍的情形更壞，曾國藩在《議汰兵疏》中指出：「兵伍之情狀各省不一，漳泉悍卒以千百械鬪為常，黔蜀冗兵以勾結盜賊為業，其他吸食鴉片聚開賭場各省皆然。大抵無事則游手恣睢，有事則雇無賴之人代充，見賊則望風崩潰，賊去則殺民以邀功。」以此種軍隊和紀律嚴明的太平軍相較，強弱自然十分顯明。

第二節　太平天國之亂的起源與發展

太平天國之亂（咸豐元年—同治三年，一八五一——一八六四）在許多方面是中國近代史的一個重要關鍵。這個動亂的某些性質有深長的歷史淵源，而其他性質則是從清代特有的問題中產生。社會的不公平，中央與地方行政的廢弛，人口急驟的膨脹，對外的接觸與外來的宗教對中國的社會造成猛烈的衝擊，而士大夫階層對此一衝擊的回應，正是中國近代歷史的政治與社會發展的背景。

舊稱瘴癘地區的廣西，在明朝（一三六八——一六四三）以前是放逐罪犯的地方，最初屬土官治理，後來逐漸實施改土歸流政策，至清末有些地方才設置州縣。廣西多山，土質貧瘠，境內有苗人、狼人、獞人、猺人、山子等雜居，統稱苗傜，苗傜人生活環境落後，但是身體健壯不畏死，由於深受環境的支配，輕身好鬭，而又知識淺陋，迷信頗深，遇有可信者，願爲其赴湯蹈火，在所不辭。位於廣西東部的桂平武宣一帶，山勢險峻，古時稱爲傜山，此處居民有土著、客民的區分，巡撫周天爵曾經上奏：「初粵西地廣人稀，客民多寄食其間，萎多良少者，結土匪以害土著之良民。良民不勝其憤，而與之爲敵，……而其原因，州縣不理其曲直，邪教見民寃抑之狀，因好鬼之俗，倡爲蠱惑之辭，蓋自道光二十二、三（一八四二、三），禍基已兆。」周氏上奏於洪秀全舉兵以後，其中雖有影射詞句，但是客民、土著互相仇恨，則屬事實。廣西省方志中也有此類記載。道光二十七年（一八四七），廣西大饑荒，人民相聚爲盜賊，湖南土匪南下侵擾廣西，東北一帶，受害尤烈。有無賴之徒乘勢橫行，當地巡撫鄭祖琛因爲無力維持境內的治安，鄉民被迫而成立團練以自衞，所僱用的團丁，份子複雜，秘密社會的黨員，往往得勢，正給予洪秀全起兵的最佳時機。

洪秀全（嘉慶十八年—同治三年，一八一三——一八六四），生於廣州北方三十公里的花縣，爲客家自耕農洪國游的幼子。家境貧苦，幼時曾入私塾讀書，成績優異，記憶力特強，十六歲時輟學，幫助父兄料理農事，次年村人以其長於文學，如此埋沒十分可惜，於是聘爲村塾教師。十六歲到廣州應試，見到馬禮遜信徒梁亞發所編的《勸世良言》一書，頗受啟發，這年考試失敗而歸，以後又接二連三赴省城應試，不幸全都落第。道光十六年（一八三六）秀全第二次赴廣州考試時，剛好粵東大儒朱次琦（九江）在城內六榕寺設帳講學。秀全慕名前往聽講，《禮運．大同篇》和公羊三世說等中國儒家社會思想，對於後來秀全的思想頗多影響。道光十七年（一八三七）秀全二十五歲，第三次赴廣州應試，榜發後又無名，連年失意下身染疾病，憂憤之下，曾經吟詩以明志向：「龍潛海角恐驚天，暫且偷閒躍在淵；等待風雲齊聚會，飛騰六合定乾坤。」回家鄉後，病勢更爲沈重，秀全在大病期間，曾經連續做許多奇怪的夢，夢見以爲是死亡之兆的幻象，此異象卽有一老婦人引導他到河邊洗去污穢，然後進入一處巨大宮殿，同行者多是古聖先賢，有一老人坐在高處，見到秀全卽悲泣世人均信奉惡魔，勸秀全不可效法，同時授與寶刀、金印各一件，用以鏟除惡魔，由老者賞賜異果與引導徧觀下界的淫亂污穢，秀全憤怒之餘驚醒過來，經過四十天才恢復健康。

秀全病癒後，雖然已有革命的志向，但是卻毫無實現的可能，而且受生活逼迫之餘，不得不到離家鄉二十餘里處的鄰村中繼續設教授徒，此後一連擔任六年私塾教師。道光二十三年（一八四三）秀全三十一歲，對功名的念頭又重燃起興趣，於是第四次到廣州應試，但依然不幸敗仗而回。當時正值鴉片戰爭後，廣州發生三元里事件，廣東羣眾憤恨之餘，秀全也受到了刺激，於是決心排滿。同年某日在書櫃中偶然見到早年得到教士梁亞發的《勸世良言》一書，此書分九卷，材料取材於譯本《聖經》，秀全潛心研讀後，覺得書中意義與六年前病中的異象可以互相印證，認爲高坐寶座的至尊老人乃天父上帝，妖魔卽是偶像。秀全在《勸世良言》的啟示下，創立拜上帝會，這是後來太平天國運動中國結羣眾的主要力量。首先加入拜上帝會的是同縣的馮雲山以及姪子洪仁玕，秀全等三人同在天父面前悔罪，將家中偶像及私塾中孔子的牌位除去。此時秀全已融合起天王意識與宗教覺悟，利用宗教推行革命事業。道光二十四年（一八四四）春天，秀全等三人決計離鄉，前往廣西桂平、武宣兩縣的鄉間宣傳，當地靠近猺山，居住在山麓附近的漢人及猺獞，知識淺陋，秀全與雲山二人不辭勞苦傳教，逐漸得到居民信任。同年冬天，秀全返回花縣，雲山繼續留在廣西傳教。道光二十七年（一八四七）秀全與仁玕到廣州禮拜堂，受到美國牧師羅孝全（Rev. I.J. Roberts）的指導，秀全自此盡力研究聖經，聽講教理，對於基督教的教理、內容、組織、儀式等項，得到一個明確的認識。

由於馮雲山積極傳教，拜上帝會的信徒增加迅速，於是信徒等也爲了毀棄偶像而拆去神像，有生員王作新控告雲山等反叛，知縣顧元凱、知府王烈見其宣傳文字中盡是敬天地、戒淫慾等勸人爲善的詞句，並無叛逆的嫌疑，於是判雲山無罪，但以其爲無業游民，派兩位差役押解回廣東原籍，在押解途中，兩位差役竟然受到雲山講道的感化，隨著雲山逃回紫荊山，並且受洗，加入拜上帝會。秀全、雲山兩人所宣傳的拜上帝會，是以民間原有的思想，牽強附會於歐洲人所謂的宗教裏面，其中所根據的大多是舊約聖經，但對於基督教的精義並未了解，甚至有衝突的地方。拜上帝會以耶和華爲天父、耶穌基督爲天兄，而洪秀全爲上帝的次子，在世上乃奉天父天兄的旨意，統治人類，除去惡魔罪惡，以便拯救世人。其信徒則以秀全病中的幻象證明上帝是唯一的救世主，且宣稱：「世人肯拜上帝者，無災無難，不拜上帝者，蛇虎傷人，敬上帝者不拜別神，拜別神者有罪。」信徒爲了避免上帝的懲罰，除了加入會中外，並繳香銀五兩。會友之間一律平等，男稱兄弟，女稱姊妹。根據李秀成後來的供狀，可以了解洪氏及諸王的來歷如下：「天王洪秀全有兄弟二人，名爲仁發、仁達，均前母所生。秀全爲繼母所生。仁發、仁達以務農爲生，只有秀全一人讀書。南王馮雲山爲天王同窗友，二人最相投契。道光二十七年（一八四七，應是道光十七年，乃李氏誤記）天王大病，昏迷七日，醒後忽吐異言，勸人信奉上帝，可免災難，凡是不信上帝者，必爲蛇虎所吞食。天王常密藏在深山中傳教，讀書明理的人多不信，信者多爲種田貧苦的人，凡是種田貧苦人家，每十家必有三五家或七八家信奉。參與起事密謀者有東王楊秀清、西王蕭朝貴、南王馮雲山、北王韋昌輝、翼王石達開、天官秦日昌六人。東王楊秀清，居住在桂平縣平隘山，以燒炭爲業，信奉上帝後，深爲天王信任重用，一切事權，由其職掌，對於賞罰及號令，皆分明而嚴肅。南王馮雲山，有才幹，六人之中最有才謀與大略。北王韋昌輝，桂平縣金田人，監生出身，聰明靈敏。翼王石達開，桂平縣白沙人，家富讀書，文武兼全。天官丞相秦日昌與石氏同鄉，爲一傭工，並無才情，只有忠勇誠實，天王也同樣信任。我在家的時候：並未悉有天王名號，每村每處，只知有洪先生而已。」太平天國的起事可以成功，乃因爲廣西的漢人、苗人本是好勇輕生的武士，只是缺乏足以成爲精兵的要素——組織能力與軍事訓練。武宣、桂平的團練，起於鄉民爲免於湖南會匪的迫害而自動組織起來，其中有拜上帝會人及非拜上帝會人的分別，彼此曾經互相仇殺，而拜上帝會人因爲組織團體的堅固，常居優勢。

在道光三十年（一八五〇）以前，洪秀全宣傳教義於桂平、武宣等縣時，正是廣西盜匪與會黨大肆活動的時期，但是秀全並未加入他們的活動。秀全宣傳敎義的各州縣，客民與土著一向水火不容，當地爲了抵抗盜匪而組織的團練，其權多操在土著的士紳手中。於是，客民也組織「保良攻匪會」與團練相抗，「保良攻匪會」的權則操在拜上帝會的領袖手中。因此被官兵搜捕的會黨頭目與被團練迫害的客民，均與拜上帝會發生密切的關係。拜上帝會的勢力愈來愈大。土著的士紳見到「保艮攻匪會」與匪黨和異敎會黨聯爲一氣，一則基於仇怨，二則恐怕釀成大亂，屢次向官府告發。秀全、雲山等人均曾被捕下獄。《太平天國起義記》記載著道光三十年（一八五〇）貴縣境內一次械鬪，有許多鄉村加入戰團，客家人雖然勇敢善戰，終究以眾寡懸殊失敗，許多客家人屋子被焚毀，無家可歸，於是要求拜上帝會敎徒的庇護，願意遵守敎規典禮，以避去仇人的攻擊，並得到物質的接濟。《洪仁玕自傳》中也記載著：「貴縣白沙拜上帝會兄弟，被山尾村（土著）搶去耕牛，十餘兄弟追殺至該村大勝。」在客土械鬪中，培植起太平天國的實力。一部份叛亂失敗的會黨，也加入其中，以求保護。這些會黨多屬於三點會（一稱三合會），因爲不堪忍受貪官污吏的敲詐勒索及土豪劣紳的壓迫而流入會匪。

道光三十年（一八五〇）春，各地拜上帝會敎徒已超過一萬人以上。秀全以桂平縣金田村地勢險要，位居交通要衝且易守難攻，於是假借富豪韋昌輝的名義，事先修築營寨，挖掘壕溝，作軍事上的準備，以便日後作爲集合各地敎徒共同發難的根據地。在精神訓練方面，除推洪秀全爲至高領袖外，還製造各種神話作爲宣傳工具；嚴禁敎徒喝酒，以免迷亂。在軍事訓練方面，由馮雲山創立一切軍事編制、組織系統、軍律、營規及其它一切軍事法令，奠下日後太平軍成功的基礎。同年七月，秀全以起義時機已經成熟，起兵於桂平紫荊的金田村，定國號爲「太平天國」，改正朔，以明年爲太平天國元年，稱呼軍隊爲「太平軍」。秀全等舉兵起義後，搶奪村中的糧食衣物，引火焚燒以朝拜上帝，一部分信徒爲了懼怕成爲叛徒，犯了大逆不道的罪名，大多避免加入太平軍；但是秀全等人下命燒燬其住宅後，由於無以爲生，只得加入軍隊。此可由李秀成後來的供辭證明，秀成最初因爲家中貧困而替人作工，直到居處被太平軍焚燬，才肯加入軍隊。至於地方的兵力及士兵，多渙散而無紀律，遇有人民是上帝教徒者，則視爲叛徒，加以捕殺，信徒之中有因避難而加入太平軍者，更助長了亂事的擴大。

馮雲山、楊秀清等各首領推戴秀全爲天王後，一面派人赴各州縣招收拜上帝會的黨員，其他會黨的頭目紛紛率眾依附太平軍，如貴縣的林鳳祥，揭陽的羅大綱等，率領的羣眾約近萬人。清廷眼見廣西羣盜四起，特派欽差大臣林則徐、李星沅、賽尙阿，提督向榮、張必祿前往圍剿。林則徐中途病死，李星沅、張必祿憂病而死。咸豐元年（一八五一）向榮率領諸路援軍一萬多人，分三路進攻太平軍，雙方戰於大黃江口，清軍陣亡一千多人，太平軍領袖熟悉地理形勢，出入險要與奔走逃竄，往往出乎官軍意料之外，所以設計埋伏禦敵，常獲得勝利。太平軍隨後分攻潯州府武宣、桂平、象州、平南各縣，軍隊所經地區，沿途召集拜上帝會者與非拜上帝會者參加，實力更加雄厚。反觀清軍內部情形，實在不足與太平軍對抗。當時清軍各路援兵合計不下三萬人，但是軍紀的敗壞與將帥疆吏的不和，幾乎是一羣烏合之眾。其中以向榮所率的楚軍較能作戰，向軍初到廣西時，每打勝仗，便犒賞每位兵士一兩，李星沅到任後，減爲三錢，全軍譁然鼓噪不肯再出力打仗，後來雖再恢復爲一兩，但兵心已渙散，不足再戰。至於滇黔諸軍也因向榮統率無方，士氣殆盡。所以周天爵沈痛論及：「賊愈戰愈多，而我兵則愈怯，實無法可以剿滅之。賊凶悍有力，非烏合之眾。彼方紀律嚴明，而我軍則毫無紀律，退易進難，雖屢加勸諭，而孱弱畏葸如故也。吾屢次上陣，其他各路官軍亦同樣無用。」以此軍隊和紀律嚴明、組織完整、視死如歸的太平軍相比，自然可分出勝敗及優劣。

秀全陷永安後，自稱天王，分立楊秀清等人爲五王，洪大全爲天德王，秦日昌爲丞相等職。並建立正式的政治制度，仿照周官的六官，所謂天官（太宰）、地官（司徒）、春官（大宗伯）、夏官（大司馬）、秋官（大司寇）、多官（司空）。設立各種丞相，分掌六部。另外頒布新曆，於太平天國壬子二年實行「天曆」，制定官服。以「天國」爲國號的理由是根據其教義——萬物以天爲主，天又以天主爲主，天主名爲耶和華，也是天父，耶穌基督爲天父的長子，秀全是天父的次子，所以稱耶穌爲天兄。秀全承天父天兄之命降世，掃除羣妖，救濟天下兄弟姐妹，以共享太平幸福，故國號爲「太平天國」，自稱天王。他們所頒的新曆，既不是中國的陰曆，也不同於西洋的陽曆，而是規定一年三百六十六日，單月三十一日，雙月三十日，以咸豐元年（西元一八五二）爲太平天國元年，年號上仍冠以甲子、天干地支。秀全除了自封王外，也封楊馮等人爲王，由其《封王詔書》便可見其大概：「天王詔令通軍大小兵將，各宜認實眞道而行。天父上主皇上帝才是眞神，故天父上主皇上帝以外皆非神也。天父上主皇上帝無所不知，無所不在，又無一人非其所生養，才是上，才是帝，故天父上主皇上帝以外皆不得僭稱上，僭稱帝也。繼自今衆兵將呼稱朕爲主則止，不宜稱上，至冒犯天父也。天父是天聖父，天兄是救世聖主，天父天兄才是聖也，繼自今衆兵將呼稱朕爲主則止，不可稱聖，致冒犯天父天兄也。天父上主皇上帝是神爺，是魂爺，從前左輔右弼前導後護各軍師，朕命稱爲王爺，姑從凡間歪例，據眞道論，有些冒犯天父，天父才是爺也。今特封左輔正軍師爲東王，管治東方各國；封右弼又正軍師爲西王，管治西方各國；封前導副軍師爲南王，管治南方各國；封後護又副軍師爲北王，管治北方各國；又封達胞（石達開）爲翼王，羽翼天朝。以上所封各王，俱受東王節制。另詔后宮稱娘娘，貴妃稱王娘，欽此。」

這道詔書中值得注意的有兩點：第一是楊秀清等人在攻陷永安時是稱呼「王爺」的。洪氏在宣傳教義的時候，凡是加入上帝教的信徒互稱「兄弟」，「姐妹」，而不稱呼師徒，原因是爲了要以平等的精神，網羅各地英雄豪傑，以壯大聲勢，如此一來，也合乎天主一尊的要旨。所以石達開、楊秀清等豪傑也願意和秀全合作，但是他們也具備了雄心大志，既然秀全作了太平王，他們也該作「王爺」，此舉在後來便顯出它的弊端來，在對清軍作戰時，人人稱王等於羣龍無首，這種平等的精神正阻礙它的發展。由於基於平等的主旨，秀全擔任天王，楊、石等人稱其爲主，其它諸雄則冠以東西南北等字，這是當時位置分配所採的折衷辦法，實際上，當初太平天國的勢力還不出永安州，那來「東方各國」等等給他們管治呢？從詔書上看來，值得注意的第二點是，所封的各王，均受東王節制，這原先是無可厚非的，因爲在對抗清軍的時候，在天王下面，必須有一位總司號令的人，而楊秀清之所以能夠攬握大權，也與秀全假託神權有關，秀全爲了使信徒能完全信奉上帝教，便藉用神權的方法，使民眾畏懼，進一步深信不疑，而諸王爲了要擁護秀全爲傀儡，所以也附合他的神權說。楊秀清對神權的利用，更超過天王，他常假借天父附身，傳達天語的方法以拑制天王。天王畏其奸詐，亦贊其才幹，便進一步結交，委任重權。由上述兩點可以看出太平天國最初組織上的不穩固，以致導致後來發生內鬨，太平天國不得不亡的下場。

太平軍攻下永安後，聲勢大增，欽差大臣塞尙阿改變原有的戰略，不理小規模的土匪，親自指揮戰將烏蘭太、向榮圍攻。向榮的軍隊駐防在北路，烏蘭太的兵力則駐守南路，最後因爲兩將不和，塞尙阿感到指揮無功。咸豐二年（一八五二）春天，太平軍採取守城戰略，但是以糧食日少而冒險出城死戰，殺傷數名清廷總兵，奪取火藥十多擔，據李秀成稱謂，此後太平軍才有火藥的設備。同時清兵捕獲洪大全，送往京師處以死刑。太平軍衝出永安城後，沿著山中小道直撲省城桂林，烏蘭太追持未果，負傷而死，向榮知道桂林兵力單薄，於是繞道先行入城，洪軍抵達後，日夜攻城而敗，雙方僵持一個月之久。六月時，天王乘夜北上，攻陷湘水上游的全州，奪掠船隻數百艘，計畫順河而下，直抵長沙，但有知縣江忠源的扼守，以致未能得逞。江氏的兵是湘軍中以果敢忠勇而著稱的軍隊，在桂林被包圍時，曾派一千多人前往支援，桂林解圍後，又率軍支援全州，未能及時趕到，只得駐守簑衣渡，與太平軍攻戰激烈，南王馮雲山在此役中中砲而亡。太平軍改由河的東岸攻圍道州，攻陷後又立卽棄城東去，攻下桂陽郴州等城。這些城市均位於湖南南部，土壤貧瘠，人民生活多困苦，向來土匪很多，太平軍來後，有不少無賴亡命之徒及會匪先後加入。郴州是湘粵兩省貿易往來極盛的城市，太平軍從此處取去不少財貨，增加了不少力量，秀全在取下郴州後，卽按兵不動。

九月時，蕭朝貴率領一部分精兵直趨長沙，鄉民均避難而進城。十八日，蕭軍已抵達城下，官兵與書生均奮勇守城，恰好江忠源率兵趕到支援。長沙城內兵勇不在少數，蕭朝貴於攻南門時，重傷戰死，秀全當時正值妹夫去世，悲痛憤恨之餘，親率軍隊圍攻長沙。湖南巡撫張亮基禮請左宗棠共同參與對抗太平軍，左氏應郭嵩燾的勸請，出而應聘，左氏以「精通時務，熟悉古今地圖兵法」爲其策劃。秀全命令軍中採煤的山夫，以「鰲翻法」攻城，鰲翻法是挖一深穴抵達城角，然後放置火藥，其爆炸的威力足可使城牆摧毀，但是長沙城內守兵死戰不退，堵住缺口不讓太平軍得以蜂擁而入。十一月，秀全氣餒之餘，害怕眾叛親離，以所造的玉璽爲天所賜，藉以籠絡人心，軍中高呼萬歲，是夜離去，而清軍竟不知其行踪。十二月，太平軍再陷益陽，以擄得的民船載送軍隊渡過洞庭湖，前往岳州。岳州城守將均棄城而去，秀全盡得吳三桂所遺下的軍械裝備，然後再刧奪五千艘民船，順江而下，攻陷漢陽。漢陽也是數省商會往來雲集的城市，太平軍取得財物後，縱火焚城，歷經五日才燒燬淨盡。秀全再由漢陽渡江以「鰲翻法」攻陷省城武昌，這時已是咸豐三年（一八五三）一月。太平軍人數高達五十萬人，有船一萬多艘，船中裝滿財物、米糧、軍械、布帛，再順江駛抵武六，兩江總督陸建瀛親領官兵水師抵禦，兩江軍隊聲稱有十萬，但是缺額數目甚大，官兵不敵人數眾多的太平軍，舟師潰散，退守南京；而九江、安慶、蕪湖則相繼失守。三月，太平軍再陷南京，官吏旗人大約有二萬多人，均被殺死，這時天王下令定都南京，改名爲天京。

天京定都後，陸續頒定種種制度，由其中的一項「天朝田畝制度」內容，便可了解太平天國的軍政、財政、經濟、司法、教育等措施。以下分別大略敘述：

第一：軍民合一的組織。原文是「每一萬三千一百五十六家先設一軍帥；次設軍帥所統五師帥；次設師帥所統五旅帥，共二十五旅帥；次設二十五旅帥各所統五卒長，共一百二十五卒長；次設一百二十五卒長各統四兩司馬共五百兩司馬；次設五百兩司馬各所統五伍長，共二千五百伍長；次設二千五百伍長各所統四伍卒，共一萬伍卒；通一軍人數，共一萬三千一百五十六人。凡設軍以後，人家添多，添多五家，另設一伍長；添多二十六家，另設一兩司馬；添多一百零五家；另設一卒長；添多五百二十六家，另設一旅帥；添多二千六百三十一家，另設一師帥；共添多一萬三千一百五十六家，另設一軍帥；未設軍帥前，其師帥以下官，仍歸舊軍帥統屬。既設軍帥，則歸本軍帥統屬。凡天下每一夫有妻子女約三四口或五六七八九口，則出一人爲兵，其餘鰥寡孤獨癈疾免役，皆頒國庫以養。」這種軍隊組織是以《周禮》爲本的，《周禮》中規定兵農合一的組織是，五人爲伍，五伍爲兩，四兩爲卒，五卒爲旅，五旅爲師，五師爲軍。《賊情彙纂》的編者張德堅，對太平天國一朝的制度文物無一不加以詆毀痛責，稱其「百事妄誕」，但是獨對兵制有所好評：「隊伍之制條目井井，雖時有損益，於初制終無改移，蓋逆黨自矜行之有效，而愈以其法爲足恃也。」嚴明紀律的軍隊正是與清軍最大不同的地方。

第二：設立官吏等級，朝內由軍師下遞至將軍，地方由欽命總制下遞至兩司馬，內外一氣相合。文告上：「凡一軍典分田二、典刑法二、典錢穀二、典入二、典出二俱一正一副，即以師帥旅帥兼攝；當其任者掌其事；不當其任者亦贊其事。凡一軍一切生死黜陟等事，軍帥詳監軍，監軍詳欽命總制，欽命總制次詳將軍、侍衞、指揮、檢點、丞相，丞相稟軍師，軍師奏天王，天王降旨，軍師遵行。」官階上規定總制以下爲地方官，將軍以上爲朝內官——東西南北各王皆爲軍師。各王府均有丞相，丞相各加以天、地、春、夏、秋、冬等字，又分正、副、又正、又副四級，光是丞相一級，就天王府言已達二十四人，加上東王等各府則更多。

第三：兩司馬亦爲最下層的社會單位負責人，負責管理財政、教育、司法等一切政務，「凡二十五家中設國庫一；禮拜堂一；兩司馬居之。……凡兩司馬辦其二十五家中婚娶吉喜等事，總是祭告天父上主皇上帝，一切舊時歪例盡除。……其二十五家中童子俱日至禮拜堂，兩司馬教讀《舊遺詔聖書》、《新遺詔聖書》及《眞命詔告書》焉。凡禮拜日伍長各率男婦至禮拜堂，分別男行女行，講聽道理，贊頌天父上主皇上帝焉。（教育）凡二十五家中力農者有賞，惰農者有罰。或各家有爭訟，兩造俱赴兩司馬，兩司馬聽其曲直。不息，則兩司馬挈兩造赴卒長，卒長聽其曲直。不息，則卒長尙其事於旅帥、師帥、典執法及軍帥、軍帥會同典執法判斷之。既成獄辭，軍帥又必尙其事於監軍，監軍詳總制、將軍、侍衞、指揮、檢點及丞相，丞相稟軍師；軍師奏天王，天王降旨。……（司法）」太平天國實行七日一禮拜，禮拜日與公元禮拜日一樣，其禮拜中的傳說與形式大概與歐洲教會相同，除禮拜外，太平軍每到一處，必定鳴鑼聚集羣眾「講道理」。太平天國並且禁止人民祭祀祖先，對於佛道兩派所奉的神及偶像更在禁毀之列，所以凡是太平軍所過之地，無論各種廟宇全部毀壞淨盡。在社會上提倡男女平等，除了政治地位上因戰功女子未得封王外，其他官職均男女並設，天王妹洪宣嬌、東王府女丞相傅善祥，均以女子而握大權，干預朝政。此外並禁止纏足、買賣奴隸及蓄妾、娼妓等，處處表現男女平等的地位。英人吳士禮（G. T. Wolseley）在所著的《太平天國天京觀察記》裏說到：「此處（南京）與全國五口所曾遊之其他城市大異之點，卽是婦女隨便遊行或乘馬於通衢大道，而又絕不裝模做樣，害怕外國人，如其他中國婦女所常爲者，亦不廻避我們。」可見太平天國境內尊重女權的情形。

第四：經濟財政制度。太平天國最初的財政來源，以貢獻、劫掠及攤派爲主，卽所謂「以天下之富室爲庫，以天下積穀之家爲倉。」不過太平軍並非濫加搶劫，《賊情彙纂》上記載：「專擄城市，不但不虜鄉民，且所過之處以擄得衣物散給貧者，布散流民，謂將來概免租賦之半，鄉民德之。」所以很多地方均是「太平軍至爭迎之，官軍至皆罷市。」建都南京後，才改爲科派的方法，設稽查所，「檢查鄉官一軍之地，共有田畝若干，以種一石終歲責交錢一千文，米三石六斗，核算註於册籍，存僞州縣監軍處備查。」太平天國除了田賦的收入外，還設有商稅的征收，辦法類似清政府的厘金制度，但是沒有厘金的種種弊害。主要是每種貨物納稅一次之後，便交給一張船票以爲收據，以後便不需再繳納。

太平天國整個國家財政，全部仰賴「天朝田畝制度」裏面的國庫制度，主要分爲三點：㈠土地公有，依人口平均分配；㈡餘糧餘財歸公，由公家支配運用；㈢自給自足的經濟政策。太平天國的社會制度，是一種公有制度，這個制度及其精神，完全表現於咸豐三年（一八五三）太平天國建都南京後所頒布的「天朝田畝制度」，其中除了規定改革土地制度的方針外，並提出社會的一切改革方案。其制度淵源於《周禮》，而略加增減。其土地制度的主要精神在於廢除私有制度，辦法是「凡田分九等，其田一畝，早晚二季可出一千二百斤者爲尙尙（上上）田，可出一千一百斤者爲尙中田，可出一千斤者爲尙下田，（自此以下每少一百斤則降一等）。尙尙田一畝當尙中田一畝一分，當尙下田一畝二分，當中尙田一畝三分五厘，當中中田一畝五分，當中下田一畝七分五厘，當下尙田二畝，當下中田二畝四分，當下下田三畝。」其分田的方法，「照人口，不論男婦，算其家人口多寡，人多則分多，人寡則分寡，雜以九等，如一家六人，分三人好田，分三人醜田，好醜各一半，凡天下田天下人同耕，此處不足則遷彼處，彼處不足則遷此處。凡天下豐荒相通，此處荒則移彼豐處，以賑此荒處，彼處荒則移此豐處，以賑彼荒處。務使天下共享天父上主皇上帝大福，有田同耕，有飯同吃，有衣同穿，有錢同使，無處不均匀，無處不飽煖也。」而授田則規定：「凡男婦每一人十六歲以尙受田，多於十五歲以下一半；如十六歲以上分尙尙田一畝，則十五歲以下減其半分尙尙田五分。又如十六歲以上分下下田三畝，則十五歲以下減其半分，分下下田一畝五分。」

人民除了耕種外，還必須有一定的副業。「凡天下，樹牆下以桑，凡婦蠶績縫衣裳。凡天下，每家五母鷄，二母彘，無失其時。凡二十五家中陶冶木石等匠，俱用伍長及伍卒爲之。農隙治事。……」至於人民每年收穫所得，除必需外，禁止據爲私有，「凡當收成時，兩司馬督伍長，除足其二十五家每人所食可接新穀外，餘則歸國庫。凡麥、豆、苧麻、布帛、鷄、犬各物及銀錢亦然。蓋天下皆是天父上主皇上帝一大家，天下人人不受私，物物歸上主，則主有所運用，天下大家處處平均，人人飽煖矣。此乃天父上主皇上帝特命太平眞主救世旨意也。但兩司馬存其錢穀數於簿，上其數於典錢穀及典出入。」

以上是太平天國建置的各項大概。但是依據各種史料證明，因爲戰事的不停，農村秩序無法安定，此種制度並不曾普遍實施。除了軍民的組織及官制等項曾經實行外，關於經濟財政各點，尤其是土地公有，依口分配一事，徒爲具文而已。因爲太平軍所佔領的，只有各都會城鎭，縱使有些鄉村地方，也因軍事行動頻繁，使得這種制度難以施行。但是財物歸公一項，則在太平軍最初起事時，便嚴格實行，凡是他們所擄掠的各種物品，均需充公，不許私藏。定都天京後，設立「聖庫」及「聖糧館」，行軍所獲得的東西，必須全部繳納。軍需官俸及男女口糧，均由聖糧館及聖庫頒給。如有私藏銀兩者，則犯了天條，必須依天條治罪，但是到了楊韋之亂以後，這種天條就等於具文了。

道光三十年（一八五〇）七月，洪秀全起兵，咸豐三年（一八五三）三月，攻陷南京，歷時不滿三年，而能縱橫廣西、湖南、湖北、江西、安徽、江蘇等六省，橫行數千里，如入無人之境。人數由數千人增到五十萬，大多由各地臨時加入，素質、服飾上自然難以整齊，頭上長有長髮，不肯結辮，也不剃去短髮，有的更以紅綢或布繞在頭上，俗稱長毛紅頭。秀全利用種族不平等的情感，加以宣傳及反對滿清。自秀全起事以來，戰事無往不利，其原因有軍事上、社會上及種族思想上的種種因素，以下便分別加以敍述：

一、軍隊上：太平軍初起時，絕大多數是廣西人，士兵來源有的或是鄉里中的無賴會匪，或是知識淺陋的苗人，有的更是飢寒交迫的人民，被迫鋌而走險。自廣西出發後，無數的秘密社會黨員，均踴躍加入，最初太平軍不足萬人，歷經多次戰爭，人數漸漸增加，其中大多爲會匪之徒。聲勢浩大的結果，戰爭無不勝利。《平定粵匪紀略》上紀載著：「惡少年聞風響應，未來則斂錢饋賊，曰進貢，既去則假其旗幟，裹黃巾聚衆爲淫掠。」可見其關係十分密切。曾國藩倡辦團練於湖南，主張嚴厲捕殺，左宗棠練兵於金盤嶺時，也嚴定「立斬會匪」的條例，均有感於聲勢衆多的會匪所帶來的困擾。反觀清朝軍隊，早期官軍有八旗、綠營兩種，但是暮氣太深的結果，早已失去戰鬪能力，平亂則力不足，擾民則綽綽有餘。道光三十年（一八五〇）時，曾國藩曾經上奏直言官軍的弊害：「漳泉悍吏，以千百械鬪爲常，黔蜀冗兵以勾結盜賊爲業。其他吸食鴉片聚開賭場，各省皆然。大抵無事則游手恣睢，有事則僱無賴之人代充，見賊則望風奔潰，賊去則殺人以邀功。」所以曾氏主張練兵以除弊：「自軍興以來，二年有餘，時日不爲不久，縻餉不爲不多，調集大兵，不爲不衆；而往往見賊逃潰，未聞有與之鏖戰一場者！往往從後尾追來，未聞有與之攔頭一戰者！其所用兵器，皆以大砲鳥槍，遠遠轟擊，未有短兵相接，以槍鈀與之交鋒者！其故何哉！皆由所用之兵，未經練習，無膽無藝，故所向退怯也。」以此軍隊和勇往直前的太平軍相交接，自然無法應敵。加上清朝本身兵制上的缺失，所以往往不堪一戰，其困難在於餉糈太少，營制是馬兵月餉二兩，馬伕一兩，戰兵一兩五錢，守兵一兩，每人按月給米三斗。綠營多爲步兵，平時缺額甚多，軍餉多爲營官侵奪，士兵又不切實操練，一遇戰爭，則隨地募兵作戰；所調遣的軍隊由各處營中抽選分派，兵將互不相知，統帥又所用非人，所以指揮上往往不能統一。將士各自爲政，「敗不相救，勝則爭功」，以此對付不顧生死的太平軍，自然無法戰勝。譚熙齡曾提到百姓畏兵甚於畏賊的情形，因爲：「兵不經戰，聞風聲則提攜奔避，臨敵陣則畏縮不前。用兵諸將又苦事權不一，貪功嫉能，文員所招募壯勇，類皆市井無賴，不知紀律，不受約束，肆意搶掠。」官軍腐敗至此，連江忠源以爲湘軍萬人，足以平亂，左宗棠所訓練的精兵，也只有爲時二個月而已。

二、社會上：我國人民深受專制政府高壓政策的淫威，對於國家除了納稅以外，別無深切的情感，對於政府的存亡，也無本身的利害可言，加上初期太平軍的紀律又遠勝於官軍，人民自然對太平軍歡迎，對於官軍則「恨其不去」。而在社會上，一般知識簡單的人民，宗教的信心通常十分強固。如果能得其信心，往往赴湯蹈火，在所不辭。洪秀全以拜上帝會起兵，自稱上帝次子，奉上天之命，立國稱王，天父無所不能，無所不在，無所不知，凡事由其作主。蕭朝貴則托言耶穌下凡，曉諭將士勇敢作戰。他們利用這些檄文，使迷信的人民深信不疑，所以太平軍最初的作戰均能「力戰不卻」。另一方面，太平軍也容納廣西地區的「天足」女子加入作戰行列，天王所下的「詔書」中也屢見女將的稱呼；相傳洪宣嬌統領女軍作戰，女軍的戰力，也頗有可觀之處。而將士也知曉軍命嚴格，若打敗仗，同在營中的家屬將被殺戮，力戰則可免除一死。而女軍的勇敢善戰也刺激了男子爭勝的心理，自不免也奮勇殺敵。

三、種族思想上：中華民族，原由多數種族結合而成，到了近代，夷夏之別才漸趨嚴明。因爲中國屢受外患的侵略，清廷又以滿人入主中國，明末志士屢以文字表達忠君愛國的思想，其中含有種族仇清的思想。清廷使用籠絡的手段召用隱士，但是一方面又大興文字獄，於是民間秘密社會紛紛興起，多以「反清復明」爲號召。秀全起兵後，聯合會黨，公布檄文，驅殺異族，這種利用種族仇恨的思想，自然也引起一部份人的同情，進而加入反清的行列。在上述種種的情況下，太平軍初期勢如破竹，自起兵後不滿三年而流竄六省，清廷採取的對策是屠殺淨盡。咸豐皇帝詔命大臣，調遣重兵，全力剿辦。其所任命的大臣，或死於途中，或死於廣西，在用兵時又互相詆毀。賽尚阿本人未受軍事教育，又無調遣軍隊的才能，屢次向朝廷作浮誇不實的報告。諸將又有滿漢的分別，常以地位的不同，互相嫉妒；向榮以能戰而名聞一時，但先後與烏蘭太、賽尚阿不和，曾經托病不出，直至朝廷將其革職才肯統兵追敵。加上朝廷賞罰不公，對於不能立功者，多不問其處境的艱難，一律革職議罪，在太平軍起事後三年內，被責罰的欽差大臣或督撫，不勝枚舉。清廷大臣對太平天國勢力不斷地擴張，已感到疲於應付與無所措足。

第三節　湘軍的興起與太平天國的覆亡

當洪秀全等在廣西金田起兵時，曾國藩正官居禮部侍郎；咸豐二年（一八五二）太平軍向長沙進兵時，曾氏被任爲江西鄉試主考官，往安徽太湖途中，接到母親去世的噩耗，立刻奔喪湖南湘鄉。這時正值太平軍圍攻長沙，曾氏在家守制，看見家鄉防衞措施——各種鄉勇團體，已經開始操練。同年十二月，太平軍已經攻陷武昌，清廷命令曾氏幫辦團練以對付湘省土匪，以「團練大臣」名義幫同巡撫辦理地方軍務，當然朝廷無意發展新的軍事組織，只是藉著一位京官，掌握起已建立的地方武力。後來的湘軍雖以團練爲起點，但是團練的最初目的，並非欲使成一種平定大局的正式軍隊。而由團練變成湘軍，便是淸廷兵權移入漢人手中的起點。

最初的團練是爲了對抗地方上的亂事而組織起來的一種自衞組織。早在嘉慶年間，淸廷便使用堅壁淸野與團練的方法平定教亂；道光晚年，兩廣盜匪蜂起，地方士紳舉辦團練以對付，而洪秀全的太平軍，也是由保良攻匪會作爲基礎的。湘軍的興起也正是代表著一種非正式的組織形式，其組織原則大多來自明朝戚繼光的兵書，戚氏曾於正規的明朝軍隊以外，建立一支個人的「家軍」，在沿海省份驅除倭寇及與之勾結的當地匪徒。當羅澤南與王鑫在湘鄉練勇的時候，就採用了戚繼光的部分辦法。雖然湘軍後來發展得比戚家軍規模大得多（戚家軍起初只有三千人），曾國藩仍以戚氏的方法來組織及訓練軍隊。這套方法首先劃明指揮體系（戚稱之爲「束伍」），在這指揮體系中，重要的職位是營官，每營統率六百五十人。營官上面爲統領，統率二至十餘營。而營官對他手下的五個哨長須負全責，每個哨長各率領一百人。曾國藩規定，每當任命一個新營官時，該營所有的下級官員以及部眾都須經過重新挑選。如此形成的個人關係，衍生出極強的內聚力，此爲綠營及其它官軍所缺乏的。同時曾氏加強他軍中兵士與軍官間的私屬關係，他利用既存的親族和鄉里關係，這又是綠營等軍事組織所欠缺的。

曾國藩看淸官軍的弱點在於「敗不相救」四字上，所以在給友人文任吾的書信中提到：「……鄙意欲練勇萬人，呼吸相顧，痛癢相關，赴火同行，蹈湯同往，勝則舉杯酒以讓功，敗則出死力以相救；賊有誓不相棄之死黨，吾亦有誓不相棄之死黨，庶可血戰一二次，漸新民之耳目，而奪逆賊之魂魄。自出省以來，日夜思維今之急務，無逾於此。」國藩到了長沙後，以偵辦土匪爲第一要務，因其痛恨官場「掩飾彌縫，苟且一日之安，積數十年應辦不辦之案而任其延宕，積數十年應殺不殺之人而任其橫行。」所以最初國藩辦團練時，曾因迫於環境而殺戮許多人，而湖南秩序也才能安定下來。當江忠源被困於南昌時，向國藩求救，國藩便下令羅澤南所率的團練兵前往支援，號稱「湘勇」，於是湘鄉的團練軍，由長沙到了江西，變成「湘軍」，這便是湘軍的起點。

咸豐三年（一八五三）秋，湘軍已成立十營，國藩繼續擴充至六千人，合江忠源軍，共有萬人。八月時，太平軍棄南昌，再陷九江，湖北武昌已危在旦夕，清廷因湖北告急，詔國藩出師來援。當時國藩見識到太平軍「以舟楫爲巢穴，長江千里，任其橫行，欲加攻剿，惟以戰船爲先務。」於是銳意籌備水師，「非把水師的基礎弄鞏固，湖南內部的土匪肅清，根據地不受影響時，決不出與太平軍作戰。」先後參考岳州水師守備成名標與廣西候補同知褚汝航的建議，才確立了戰船制度，設廠監造戰船。同時也建立了湘軍水師制度。咸豐四年（一八五四）春，太平軍再入湖北，兩湖總督吳文鎔戰死於武昌，太平軍再溯江西上，向岳州進攻；清廷屢詔湘軍赴援鄂省。曾國藩經營了數月，至此基礎漸固，於是統率水陸各軍順江而下，雖然在靖港敗師，但是在湘潭的大捷，使湘軍的士氣爲之一振。八月，收復漢陽、武昌，自此，曾國藩的湘軍，便成爲對抗太平軍的中堅柱石。

國藩深知出師非標明立場不足以號召羣眾，鑒於太平軍用民族革命作號召，卻背棄中國禮俗傳統，於是以「爲維護名教而戰」爲出發點，豎起維護名教、保全中國文化的旗幟，以激起一般書生和人民之義憤。於是在東征之初，曾昭告檄文暴露太平軍的罪狀，使平素抱種族觀念的士大夫階級，爲個人信仰及身家財產，起而反抗太平軍。故凡檄文所播之處，各地士人或慷慨自請從征，或踴躍捐輸助餉。此一支爲維護名敎而戰的隊伍，終於得到最後的勝利。咸豐五年（一八五五），太平天國內部諸王內訌，天國的大權全落於洪氏親族戚黨及一班小人的手中。十一月，武昌被胡林翼攻克後，太平軍失去長江上游的根據地；湘軍得胡林翼坐鎮於武漢，根據地漸趨穩固，兩方的勝負，至此大略底定。咸豐七年（一八五七），雙方的爭鬪重心，已移至贛皖兩省。清廷方面，胡林翼一面整飭吏治，培養民力，一面擴充軍實，以作爲進圖贛皖兩省的基礎；自此湘軍後方的根據地由湖南擴展到湖北。這時曾國藩因父喪由江西回籍，在家守制，至次年五月始再出來任事，此期間湘軍的中心人物實爲胡林翼，清廷對於胡氏言聽計從，胡氏的地位日益鞏固，加上事權更爲劃一的結果，湘軍有了更佳的發展形勢。

太平天國方面，自石達開因諸王內訌離去南京後，天國的朝廷，失去了主要的中心人物，天王拔擢兩位後起之秀，陳玉成與李秀成。兩人之中，猶以李氏爲重要，幾乎成爲維持殘局的重要人物。陳李兩人被擢用的緣故，完全因爲軍事上的需要，兩人只有打仗的責任，卻沒有主持朝政的權利。內外實權皆操於天王兄弟仁發、仁達手中，天王身旁的臣下便藉與仁發仁達交結，以竊奪大權，太平天國綱紀隨之淪亂，人心因而解體。據李秀成的供述：「此時各人皆有散意，而心各有不敢自散者，因聞清朝將兵，凡拿是廣西之人，斬之不赦，是以各結爲團，未敢散也。若清朝早肯赦宥廣西之人，解散久矣。」李秀成見大勢危急，上奏苦諫天王，勸其「擇才而用，定制恤民，肅正朝綱，明定賞罰，仍重用翼王，不用安福二王。」反被黜革，經陳玉成等人援助力爭，才恢復李氏爵位。

咸豐九年（一八五九）清廷以太平軍破向榮的江南大營，江北軍務改由欽差大臣和春節制，江南江北大營指揮權合而爲一。太平軍方面，陳玉成受圍困，李秀成知道江南大營的餉糈供給，全靠杭州、蘇州等處，便用兵法上所謂「攻其所必救」的策略，分兵四出擾亂各地，自率一軍直攻杭州，趁和春派兵援杭之際，兵力分散，乃由杭州秘密退兵，猛撲江南大營，和春、張國樑皆戰死，江南大營全軍覆沒。李秀成乘勝進攻常州、蘇州，於是天京解圍。至此清廷的軍隊勢力，只有湘軍一個中心勢力了。咸豐皇帝便以平定太平天國的全權交與曾國藩。此外旅滬蘇人及富商爲了自保，便招募義勇隊加以訓練，由美人華爾（Ward），白齊文（Burgevine）領導，此卽後來常勝軍的基礎，謀抵抗李秀成的進攻。這時已是咸豐十年（一八六〇）六月。同年九月，中英中法北京條約簽字，英法獲得滿意條款，乃公開幫助清廷「剿賊」，加以太平天國對外人態度倨傲，禁鴉片影響其經濟利益，招致外人的反感，故英法決定助清軍，與太平軍爲敵。

咸豐十一年（一八六一）八月，湘軍收復安慶，清廷至此已完全倚靠曾國藩。國藩決定以三路進兵，與曾國荃軍隊會合沿江攻金陵，用左宗棠進圖浙江，李鴻章肅清沿海，而國藩自駐安慶以爲三路的策應。同治三年（一八六四）李鴻章率淮軍、常勝軍收復江蘇各縣，牽制了相當多的太平軍，使其不能馳援被曾國荃包圍的南京，因此更加速了太平天國最後的覆亡。這時天京被圍急，洪秀全憂憤後悔不聽從遷都的建言，病篤之餘，服毒自殺。同年六月，李秀成扶幼主洪天貴福卽位。最初李秀成困守南京，江南太平軍除了堵王黃文金守湖州外，大部分太平軍則以爲「與其餓死江南，不如戰死江西。」到江西去就食。九月，干王洪仁玕、幼主先後被擒，江西平定後，太平軍更失去領導中心。殘餘的太平軍以賴文光部最具規模，由於賴文光與捻亂的合流，使太平天國的殘存勢力一直拖到同治七年（一八六八）。

但是，作爲一個政治實體與宗教集團來說，太平天國已於同治三年大致消滅。

要檢討太平天國失敗的原因，光從軍事方面來解釋是不够的，軍火的匱乏在叛亂的最後三年固然是一個重要因素，但是，這如同外力的介入不能被視爲決定性的因素一樣。事實上，最重要的原因乃是領導階層的缺陷所造成的，洪秀全的政治能力不足，就注定了中央集權只有加速了崩潰的速度。就全局而論，自咸豐六年（一八五六）諸王內訌後，太平天國已走上末路窮途，其滅亡僅是時間的久暫而已。由於戰略錯誤，國政日非及部眾的腐化，終於不得不走上滅亡一途。

至於太平天國革命所帶來的諸多影響，計有政治、軍事、財政及國民革命等各方面。在政治上，先是太平天國興起前，清廷雖滿漢兼用，但實權則完全操諸滿人手中，封疆大吏滿人佔十之七八，朝廷對於漢人防範備至。及太平軍大起，清廷舊臣遷延失誤，毫無功效，遂不得不以平亂之責寄予漢人，以平太平軍有功的湘、淮軍而言，多是「中興將帥」所領導；中樞方面，自大學士文祥引漢人沈桂芬入掌軍機，開漢人執政先例，其後李鴻藻、翁同龢、孫毓汶、徐用儀繼之，政府實權盡歸漢人所掌握，於是一變從前滿人統治局面而爲漢人統治局面。軍事上，太平天國以前，清朝國家武力是八旗與綠營，雖然將驕兵疲不能用，但是遣將調發，操諸兵部，是國家的統一軍隊。太平軍起，湘、淮軍繼而成爲清軍的主力，但其利用宗族和鄉土觀念，雖加強了軍中的團結力量，同時，從此國家武力亦轉變到私人手上。淮軍後來便成爲李鴻章的私人武力，及李鴻章老死，袁世凱以淮軍子弟繼其衣鉢，流毒所及，形成民國初年軍閥割據的局面。財政上，因太平軍亂起，戰禍遍及全國，人民流離失所，地丁多不足額，稅課竟存虛名，於是釐金制度興起，成爲湘軍餉源所出，終清一代未曾撤消。太平天國對國民革命方面的影響，實有啟發的作用。國父孫中山先生嘗謂，其在十三四歲時曾聞太平天國遺老講述洪楊故事，即以洪秀全第二自許。此外太平天國的設施，如規定男女一律平等、解放奴婢、禁絕娼妓等，已隱含社會平等的概念。

第四節　內亂之延續

捻匪之名，起於何時，不可考，「捻」之原義，亦頗有爭執，有人以山東、河南一帶，以人聚集、稱之爲捻，一聚爲一捻，是以有以數百人爲一捻，數千人爲一捻者。亦有以當地鄉民逐疫時，以紙塗油捻扭成炬，遂謂之捻。十九世紀中葉，山東、河南、安徽一帶之生計困難地區，鄉里無賴勾結胥吏而橫行，咸豐元年(一八五一年)以後，朝廷因太平軍之興起而無法確實維持治安，捻匪遂於咸豐三年（一八五三）大起，到處剽掠，鄉民從之者，則室家相保，不從者，則立刻焚殺，捻匪人數因而大增。良民畏捻，甚於畏官，官吏不能予以切實保護，故許多民眾，不敢不附捻以自存。後因戰亂延長，各地兵力單薄，農民受害而難於耕種，加以天災頻至，衣食困難，遂以飢寒之交迫，流而爲匪。捻匪勢力形成後，官軍剿之，多不能勝。而鄰近捻匪巢窟之鄉村，原設之團練，本爲自衞，但因人少，無法自衞抗匪，因而「官勝從官，賊勝從賊」，甚至不少團練與匪關係密切，結果匪以團練爲名，而使官軍無從查問，其勢強者，成一方之霸，如苗沛霖之類。

羣捻之中，以張樂行（張洛行）及李兆受最強，清將袁三甲治之，無法平定，清廷命勝保往剿。勝保往剿不但無功，馬兵反而從賊，捻匪因久戰而成善戰之精兵，後得勝保馬兵之良馬，遂成飄忽不定之流寇。勝保知力不能勝，奏賞練總苗沛霖官，更捕李兆受之家屬，招其投降，李兆受從而許之，改官李世忠，然而，捻眾投誠後，仍舊打糧勒索，爲害地方，其受撫者，叛降不止。北京條約成後，海防無事，咸豐命僧格林沁進兵山東，專剿捻匪，僧之蒙古騎兵與捻匪相持不下，僧採個別擊破政策，再度招降苗沛霖，專剿張樂行，捕磔張樂行後，屠殺其老巢之居民，蒙騎所得之處，奸淫擄掠尤勝於捻，苗沛霖於張樂行死後，又戕官復叛，僧格林沁平之，亦復大肆屠殺。曾國藩嘗奏朝廷曰：「凡流寇所以日聚日眾，非良民樂於從賊也，只因賊騎剽忽刼掠，居民不得耕，百里廢耕，則百里之民從賊偷活，千里廢耕，則千里之民從賊偷活。今鳳潁、徐泗、歸陳等郡，幾於千里廢耕，而官吏又騷擾異常，幾有賊過如篦，兵過如洗之慘。民圩仇視官兵，於賊匪反有恕詞，卽從賊，亦無愧色。」

捻酋張樂行死後，其姪張總愚代領餘眾。南京被湘軍攻占，一部份太平軍加入捻匪，捻亂再熾。同治四年（一八六五），僧格林沁追捻於山東，兵敗身死，不少騎兵投入捻中，清廷命曾國藩平捻，曾因部份湘軍已解甲，調用淮軍駐於徐州，次年，淮軍將領劉銘傳敗捻於鉅野，捻分爲二，一犯曹州，曰東捻，由賴文光、任柱爲首，一犯許州，曰西捻，張總愚爲首。曾以病回任兩江總督，清廷命李鴻章爲統帥，不久，任柱兵敗，其黨潰散。同治七年（一八六八），賴文光南下淮揚，官軍獲之，東捻遂平。同年七月，張總愚大敗於山東，困於黃河、運河，徒駭河之間，朝廷詔赦逆眾，給以免死文件，捻眾遂散，張總愚自投水死，西捻亦平。

咸同年間，除太平天國及捻匪外，西南之苗亂及西北地區之回亂亦擾亂多年，中國本部十八省之內亂，始於道光三十年（一八五〇），而終於同治十二年（一八七三），首尾二十四年。太平軍攻擾十七省而歷時十七年，捻匪蹂躪八省而經十六年始滅，苗亂起於貴州，擾及四川、湖南、雲南、廣西四省，亦歷十八年始定。回亂亦一局限於雲南，凡十八年始平，一擾亂於陝甘，共十二年。戰亂中之二十四年，叛軍、官軍攻奪城邑，破壞農村，人民之困苦可想而知。天津條約之後，英使乘輪上駛漢口，船抵鎮江，其隨員於其所記見聞中，稱昔有人口五十萬之鎮江，爲人口不足五百人之空城。左宗棠初入浙江時，嘗告其子，昔爲饒富之浙江，現已荒廢，非二、三十年，不能復元。北部地區，情形亦復相似，同治元年（一八六二）倭仁在其奏文中嘗云：「河南自咸豐三年（一八五三）以後，粵捻各匪焚掠殆徧，蓋藏一空。爲州縣者，賊來則倉皇束手，賊去則泄沓自如，積習相治，誅求無厭。」

太平天國、捻匪與雲南、西北之回亂，政治腐敗，人口增加及秘密社會之活動，實爲主因。人口問題雖因戰亂所帶來之屠殺、疾疫及饑荒而暫時解決，但政治組織一如往昔，官吏品質亦無大改善，二十四年之內亂，除人民流離及死亡外，整個中國之經濟亦大受破壞，政治秩序亦漸趨喪失，然而朝廷並未能作出大規模之改革，因而導致日後之崩潰。

第五章　同光時期之洋務運動

第一節　政治上之中心人物

從同治三年（一八六四），太平天國滅亡，至光緒二十年（一八九四）中日甲午戰爭發生，共三十年，這三十年之中，除了前一小段時間，南部尚有太平軍的餘黨，北部尚有捻匪，西北及西南尙有回亂外，內部算是相當的安定。對外關係而言，重要的事變全在外國在華權益的擴大與藩屬的喪失。在此時期，比較明敏的政治家，看到中國對外的問題，日趨緊迫，於是盡力講求洋務，模仿西法，便成了此時代的政治中心問題。

洋務運動，跨同治光緒兩朝，現就同光兩朝的政局變化及政治上的中心人物，分別加以敍述。咸豐十一年（一八六一），咸豐皇帝死於熱河，隨即發生「辛酉政變」，肅順等人失敗後，中央的政權，形式上分寄於兩位太后和議政王奕訢三人，實際上則在慈禧太后手上，議政王與軍機處更賴其鼻息。太平天國平定後，政治上的中心人物，在朝外而不在朝內，慈禧太后所倚靠的勢力，也是在朝外不在朝內，事實上已成外重內輕的局勢。這個時期政治上的中心人物，前一個時期是曾國藩與李鴻章。曾氏於同治十一年（一八七二）去世後，李鴻章便是繼續曾氏推動洋務的一個重要人物。

太平天國一役中，李鴻章與胡林翼、曾國荃、左宗棠與曾國藩同屬一個系統；胡林翼死於太平天國覆亡以前。曾國荃在攻克南京後，便置於閑散地位。左宗棠克復浙江後，赴陝甘擔任剿捻、回的工作，此後的活動範圍局限於西北，直到光緒六年（一八八〇），因伊犂問題，始由新疆調回北京。曾國藩、李鴻章於平定江南時，曾氏任兩江總督，李氏任江蘇巡撫；同治四年（一八六五）曾氏受命為欽差大臣赴山東河南一帶剿捻，命李鴻章署理江督，不久曾氏便因多病回兩江總督原任，改命李鴻章為欽差大臣督師剿捻，同治六年，捻亂方平。同治九年（一八七〇）天津教案起，曾氏辦理天津一案為一般士大夫所不滿，後調任為兩江總督，另派李氏繼任直隸總督。這段期間在內政上，可說是一個洋務運動時期，亦即模仿西法的時代。以福州的馬尾、江南的上海、直隸的天津為實行洋務的三個中心地點，而曾左李三人便是主持這三個地方模仿西法的要人。左宗棠西征後，福州事務便交與沈葆楨負責，沒有多大的發展；曾氏於同治十一年（一八七二）在兩江總督任內去世後，洋務運動的主持者又少了一人，只有李鴻章一人留在直隸，繼續模仿西法的工作達二十五年。李鴻章除領有直隸總督的本任外，又兼任北洋通商大臣，並且戴有大學士的領銜，部下有兵有將，加上極為西太后所倚任，所以李氏成為此時期唯一的中心人物。凡是這時期的內重要外交問題，大抵都由他主持。其他各種要政，西太后也多半會徵求他的意見。

鴉片戰爭的結果，一向以「天朝」自居的中國，遭受亙古未有的奇耻大辱；但是當時能夠眞正了解失敗原因，肯接受失敗教訓者，為數極少。比較對外人有認識者為林則徐、魏源和梁廷枏等人。而中國模仿西法的動機，正是起於鴉片戰爭結束時，魏源是林則徐的好友，他曾根據《四洲志》及歷代史志與地書籍，加上外國記錄，撰成《海國圖志》一書，其於序言上說明編書的動機：「是書何以作？曰，爲以夷攻夷而作，爲以夷款夷而作，爲師夷之長技以制夷而作。」此「師夷之長技以制夷」，便是模仿西法的動機，其主張不僅要學習西洋物質文明，更要從國民心理方面作文化的根本改革。梁廷枏尤留心外事，著有《夷氛聞記》，介紹西方的地理知識，以爲外人來自海上，能防海則外國勢力可以不至。可惜上述的主張，在當時並未發生作用，僅是幾位有洞識者的議論而已。

曾國藩爲清代洋務自強運動的倡導者，平定內亂後，曾氏等人已直接注意到西洋器械的效能，早在咸豐四年（一八五四），曾國藩即在廣東購置洋砲，據曾氏所述，湘軍在兩湖地區的勝績，部分應歸功於洋砲。咸豐十年（一八六〇）十一月，曾國藩一方面反對俄國海軍助剿太平軍，一方面又主張「師法外人之智」，學習製砲造船。除了支持向英國籌購兵船的主張，又強調必須學習有關新式軍事裝備的技術，以便在中國自行生產。曾國藩的自強觀並非止於學習西洋技藝而已，他一方面強調德智兼備的行政人才是軍事自強的基礎，另一方面對自己組織訓練軍隊的方式也十分自信，但是他瞭解西洋技藝是當務之急，認爲「自強之道，以修政事，求人才爲急務，以學作炸砲，學造輪船等具爲下手功夫。」

左宗棠於同治二年（一八六三）至同治五年（一八六六）任職閩浙總督，他對洋務的看法與李鴻章頗爲相似。左氏上任後，決定接受法人領導的常捷軍的援助，在德克碑（Paul D'Aiguebelle）與日意格（Prosper Giguel）等人引導下，他認識了西洋的兵器及火器，平定太平軍後，左氏受到法國人的啟發，上奏北京，建議採行西洋技藝，特別是建造船艦，左宗棠與曾國藩都主張自強運動的內容，應包括行政的革新與軍隊的嚴格訓練，但左宗棠更強調師法西洋技藝的重要，他認爲：「泰西巧，中國不必安於拙，泰西有，中國不能慠以無。」左氏並能謙虛承認中國知識傳承的弱點：「中國睿智運於虛，外國之聰明寄以實，謂我之長不如外人，藉外國導其先可也，……讓外國擅其能不可也。」自同治五年（一八六六）福州船廠建立始，左宗棠卽自視爲自強洋務運動的推動者，但是此後的十五年中，左氏征戰於西北，雖然曾在蘭州設立了一座羊毛廠，但由於所負責任不同於李鴻章，因此很少有機會實現他的主張。

李鴻章於同治元年（一八六二）初東援上海前夕，他與淮軍乘坐英國輪船沿江東下，通過太平軍佔領區域，抵上海後，一再去函曾國藩，稱道洋兵隊伍的紀律，炸砲的準確，於是決定率領的部分淮軍開始採用西式裝備與操練。除了軍事上的積弱，李鴻章也了解中國與西方國家之間貧富懸殊的對比，他痛恨外人佔據通商口岸，操持經濟大權，因此推動一個長遠的洋務自強運動是必要的。李鴻章的眼光不僅著重於西技的講求而已，上海的經驗使他明瞭製器的複雜與艱難，也認識了西方揀擇與訓練人才的方法。同治三年（一八六四）李鴻章去函給恭親王主張變法，他指出：「中國士大夫沈浸於章句、小楷之積習，武夫悍卒又多粗蠢而不知細心，以故所用非所學，所學非所用，無事則嗤外人利器爲奇技淫巧，以爲不必學，有事則驚外人之利器爲變怪神奇，以爲不能學，不知洋人視火器爲身心性命之學者，已數百年。」李鴻章以爲要求自強，必須調整中國現存的考試與用人制度，協調配合學理與技術之間的差距。他知道日本在德川幕府時代卽派遣宗室及大臣子弟之聰秀特出者，遠赴西洋各國學習各種器械製造的技藝，於是希望中國也能改弦易轍，加以變通。他並引《易經》「窮則變，變則通，通則久」的說法爲據，建議朝廷採行新的選拔人才辦法：「中國欲自強，則莫如學習外國利器，欲學外國利器，則莫如覓製器之器，師其法而不必用其人，或專設一科取士，士終懸以爲富貴功名之鵠，則業可成，藝可精，而才亦可集。」李鴻章建議所獲得的具體成果是清廷於同治四年（一八六五）批准設立江南製造局。而自同治九年（一八七〇）李鴻章就任北洋大臣以後，自強運動的實際領導者即由這一位有幹才的人物來擔任，進行一波波的計畫與實踐。

第二節　朝臣與士大夫對洋務的看法

洋務的要求，始於少數朝廷大臣對中國需要革新的警覺，自強的涵義，則由一些地位稍低的官員及幕僚加以充分發揮，並進而影響這些朝臣的主張。在北京，提倡洋務運動的主要人物，為負責與英法聯軍折衝談判的兩位滿洲大員——恭親王奕訢與文祥，他們首先了解到中外交涉實屬無可避免，認爲外人對清廷似頗友善，不妨相機妥爲利用。當北京廷臣力謀與外人和解且立即獲益以後，他們也了解今後更需講求積極而長久之策，「探源之策，在於自強，自強之術，必先練兵，……亟宜力圖振興，使該夷順則可以相安，逆則可以有備。」

恭親王與文祥既強調練兵的重要，同時又認爲中國的問題，不僅由於不善治兵，實乃器械不良所致。清廷接受英國建議，由其提供教習，指導清軍使用毛瑟槍。學會使用西洋的火器與船砲後，中國接著便需要自行製造。同治二年（一八六三），李鴻章已在江蘇雇用外國軍官訓練淮軍，並獲得洋人協助製造西式軍火，這對滿清具有相當的鼓舞作用。同治三年，恭親王及文祥又提出：「自強以練兵爲要，練兵又以制器爲先。」朝廷應該選派八旗兵丁前往江蘇，於李鴻章所設置的制器局「學習外洋炸砲炸彈，及各種軍火機器，與製器之器。」朝臣以爲「將外洋各種機械火器實力講求，以期盡窺其中之秘，有事可以禦侮，無事可以示威。」如此則可應付外夷的挑戰。

同治三年，李鴻章上恭親王奕訢書時論及：「中國文武制度事事遠出西人之上，獨火器萬不能及。」這是一般人一致的見解，認爲欲自強則非學洋務不可，洋務中又以科學機械爲重。所以洋務運動追求西方技藝的初期，偏重介紹西方科學知識與軍械製造。這時中樞主持人爲恭親王奕訢、大學士桂良、文祥等，而曾國藩、李鴻章、左宗棠、沈葆楨各重臣，則各就所轄區域推行新政。同治四年（一八六五）曾國藩、李鴻章協議奏請設立江南機器製造局於上海，（不久後又設分局於金陵）這時期重要的西法模仿事業如下：㈠同治五年（一八六六），左宗棠在福建設立馬尾船政局。㈡同治六年（一八六七），崇厚在天津設立機器製造局，李鴻章在南京設立金陵機器局。㈢同治十一年（一八七二）曾國藩、李鴻章選派幼童赴美留學。㈣同治十一年，（一八七二）李鴻章奏請開煤礦，在上海創設輪船招商局。光緒元年（一八七五）後，中樞主持人物仍爲恭親王奕訢，但因不獲太后信任，一味保守因循。重臣以李鴻章、左宗棠爲首，李氏會鑑於日本維新後可能成爲「中土的遠患」，主張擴建海軍，以對付日本；左氏則力主勘定新疆回亂，建設西北，防堵俄人的侵略，兩人在政策上互有衝突。但是仍各有建設。光緒二年（一八七六）李鴻章去函丁寶楨：「中國積弱由於患貧，西洋方千里數百里之國，歲入財賦動以數萬萬計，無非取資於煤鐵五金之礦，鐵路、電報、信局、丁口等稅，酌度時勢，若不早圖變計，擇其至要者逐漸仿行，以貧交富，以弱敵強，未有不終受其敝者。」李鴻章等人此時已感到「富」是強國的根本，所以此後約到光緒十年（一八八四）爲止，洋務上除了軍器製造外，也開始注意交通與礦產上的開發。在這段時期，重要的新政有：㈠光緒元年（一八七五），李鴻章籌辦鐵甲兵船。沈葆楨派福建造船廠學生隨法人日意格赴法留學。㈡光緒六年（一八八〇），設水師學堂於天津，又設南北洋電報局。㈢光緒八年（一八八二），李鴻章築旅順軍港。又設上海機器織布局。㈣光緒十年（一八八四），李鴻章續選學堂學生分赴英法德等國學習製造。洋務的後期，至光緒二十年（一八九四），自強的重心轉爲求富，除了發展輕工業外，尚改革幣制，希望改善民生。此期中樞人物爲醇親王奕譞，重臣仍以李鴻章爲首，督撫張之洞、劉坤一亦各於轄區推行新政。重要措施如下：㈠光緒十一年（一八八五），海軍衙門成立，命醇親王爲總理。李鴻章設天津武備學堂。㈡光緒十四年（一八八八），成立北洋艦隊。㈢光緒十六年（一八九〇），設立上海機器織布局。

以上這些事業，除了同治十一年（一八七二）選派幼童赴美留學一項，以前曾由曾國藩、李鴻章、左宗棠共同計畫外，以後各項新政，皆爲李氏所經營。李氏對於洋務與西法的心理，可以在他奏請設立江南機器製造局的奏語看出：「……中國文物制度，迥異外洋獉狉之俗；所以郅治保邦，固丕基於勿壞者，固必有在；必謂轉危爲安，轉弱爲強之道，全由於仿習機器，臣亦不存此方隅之見；顧經國之略，有全體，有偏端，有本有末；如病方亟，不得不治標，非謂培補修養之方卽在是也。……臣於軍火機器，注意數年，督飭丁日昌留心仿求又數月；今辦成此座鐵廠，當盡其心力所能及者而爲之；日省月試，不决效於旦夕，增高繼長，猶有望於方來。庶幾取外人之長技以成中國之長技，不致見絀於相形，斯可有備而無患，此臣區區之愚誠所覬幸者也。」

基本上，李鴻章相信中國的文物制度比外國好，但是在軍事上，必須汲取外人的長處。所以他的洋務事業範圍，不外製械、造船、築軍港、設電報局、織布局、招商局、廣務局等，不出軍事的大範疇。造船、派遣留學生等全爲軍事而興辦，經濟上的事業又以裕餉爲目的；對於政治教育思想及制度上的根本改進，完全未曾注意。所以梁啟超批評李氏「知有兵事而不知有民政；知有外交而不知有內務，知有朝廷而不知有國民，知有洋務而不知有國務。」翰林學士郭嵩燾認爲「自古邊患，皆由措理失宜」，對外交涉應通洋情，不只是一味地追求技藝，所以他並不大談論練兵製器一事。光緒三年（一八七七），郭氏時任中國駐英法公使，於倫敦致書給李鴻章，說明外國的長處不僅在船堅礮利，應該擴大模仿西法的範圍。但是李鴻章依然堅持「兵乃立國的端要」，梁氏說他知有洋務，不知有國務實不爲過。

推動洋務的同時，一般朝廷大臣及士大夫，昧於世界情勢，多持反對言論。對主持大計的恭親王與文祥尤多指摘。同治五年（一八六六）十一月，恭親王等以製造機器必須講求天文算學，請於北京同文館內設立「天文算學科」，招考優秀舉人入學；其目標在於使西學的合理地位得到朝廷及翰林院的認可。同治六年（一八六七）三月，御史張盛藻首先上奏表示反對，他主張自強之道不在倚恃堅船利砲，而在於「整紀綱，明政刑，嚴賞罰、求賢、養民、籌餉諸大端」，他尤其反對修習天文算學，認爲那不過是「技巧」而已，對於禮義、道德、人心都有不良影響。在他看來，科技知識與良好的道德行爲似乎不能並存。清廷的反應仍舊站在恭親王這一邊，頒佈上諭：「天文算學，爲儒者所當知，不得目爲機巧。」而且有不少文士申請入同文館就學。大學士倭仁也上奏反對：「天文算學爲益甚微，西人教習正途所損甚大，有不可不深思而慮及之者，請爲我皇上陳之。竊聞立國之道，尙禮義不尙權謀，根本之圖在人心不在技藝，今求之一藝之末，而又奉夷人爲師，無論夷人詭譎，未必傳其精巧，卽使教者誠敎，學者誠學，所成就者不過術數之士，古今來未聞有恃術數而能起衰振弱者也。天下之大不患無才，如以天文算學必須講習，博采旁求，必有精其術者，何必夷人？何必師事夷人？」恭親王憤慨之餘，雖也上疏加以駁斥，謂倭仁的主張是「僅以忠信爲甲胄，禮義爲干櫓」。但當這些奏議傳出，北京的士大夫，人人稱賞倭仁之言論爲至理名言。凡以「士君子」自重的人，都以讀洋書爲耻，投考同文館的人員，則受到同事朋僚的譏笑與詆毀，士大夫間形成一個非正式的集團，共同抵制同文館的招考。結果，獲勝的顯然是倭仁，他代表的是一股文化勢力的主流，以及部分京官的自以爲是心態和政治利益，但不容忽視的是，倭仁的勝利，與慈禧不肯大力支持恭親王等人有關。後來朝廷要求倭仁籌組一個由中國人負責主持的算學館（倭仁曾上奏說，中國必有精天文算學者，何必師事夷人），這使得倭仁大爲困窘，不得不稱病推辭。

朝廷雖也指斥倭仁迂腐頑固，但同時也反對一些望高位隆的官員接受西學教育，這使得同文館新設立的天文算學部門所能發揮的功能極爲有限。北京同文館聚集了上海、廣州的優秀同文館學生，由赫德大力聘請歐洲教員，如通中西算學的學者李善蘭，英文敎習額伯連，物理敎習丁韙良。北京同文館在總敎習丁韙良的領導下，雖然仍以培養對外交涉人才爲主要宗旨，但在優秀學生的協助下，仍出版了包括國際法、政治經濟學、歐洲列國史等方面的書籍。

左宗棠在福建設的造船廠，左氏專征西北後，交給沈葆楨主持。但沈氏不如左氏具有強悍的魄力，遭到很多困難，同治十一年（一八七二），因爲船廠所費不貲，而又未見顯明成效，經費又十分支絀，便有人上奏要求停止經營。經過左宗棠、李鴻章的力爭反對，才勉強維持下去。李氏反對停止的理由是：「歐洲諸國百十年來，由印度而南洋，由南洋而中國，闖入邊界腹地，凡前史所載，亙古所未通，無不款關而求互市。我皇上如天之度，概與立約而通商，……合地球東西南朔九萬里之遙，胥聚於中國；此三千餘年一大變局也。西人專恃其鎗礮輪船之利，故能橫行於中國；中國向用之器械不敵彼等，是以受制於西人。」李鴻章的確是當時一位頗有見解的人物。左宗棠最初認爲洋砲是無用之物，等到主持造船廠時，仍然以爲輪船危險，告誡子女不許乘坐；自西北返回北京後，曾經說過：「船政輪舶，足敵俄之鐵甲快船；俄雖強，不若粵捻回之難剿。」沈葆楨繼任後，英商創修淞滬鐵路，以地方士紳反對，於是將其拆毀，後來送往臺灣。長江水師主將彭玉麟，最初縱容部下毀壞教堂，後來又聲稱輪船在長江一無是用，而水師已經足够防禦。彭氏曾經上奏：「洋務……有不必講者，如洋槍陸隊，臨陣呆笨，知正而不可奇。我軍矯捷輕快，實遠勝於西人，今乃必從而效之，延聘外人教習，是欲去己之長，效彼之短。此臣之所不解者也。薄小輪船，以之攻擊脆薄，而不可用，巡緝長江尤所不宜。」

總稅務司赫德曾經呈遞《局外旁觀論》於總署，文中述及中國的內情及外交。首先描述中國的律令常常無法施行，兵丁欠餉的情形，動輒千百萬兩，士兵則「按名排點，實屬老弱愚蠢，充數一成而已。」將校浮報軍功，官吏迴避本省，卻任由胥吏舞弊作姦犯科，仇視洋教而迷信。次論外交，說明中國的損失，「皆由於智淺而欲輕人，力弱而欲服人。」中國外交以邊界、傳教、貿易爲最重要，必須遵守條約，中國宜早興辦外國早已具有的火車、輪船、工織機器、郵局、電報、軍火、兵法等；最後建議中國整頓地丁、鹽課及稅餉，規定官署的經費，鼓勵鑄造銀幣，建築鐵路、製造輪船，敷設電報；皇帝又當召見公使，派遣駐外公使，早日解決爭執。赫德的建議深合當時需要，而總署大臣置之不理。後來英使阿禮國遞交其參贊威妥瑪所著的《新議論略》給總署，威妥瑪論及中國的情形是「內亂甚深，外交冷淡」，總署大臣誤解其意，認爲此書「一則曰借法自強，一則曰緩不濟急。」威妥瑪所謂內亂是指雲南回疆及奉天的叛亂。起因於水旱災後的財政因難，官吏又不加防備，兵士欠缺餉薪，釐金擾民所引起。朝廷將赫德與威妥瑪二人的建議交給曾國藩與湖廣總督官文等籌議，而多數疆吏則言新法無一可行。江西巡撫劉坤一上奏時說到：「通商不過耗我之物產精華，行教則是變我之人心風俗。」認爲絕不能建造輪船火車等物，遣派使臣則如同「棄重臣於絕域，令得挾以爲質」，對外則主張「以夷制夷」。浙江巡撫馬新貽更上奏：「夷畏百姓。」令人難以置信這些疆吏曾經讀過赫德、威妥瑪的建議。疆吏的心理，豈正如郭嵩燾所言？駐英公使郭嵩燾曾經自英寄書李鴻章，請其身先倡導：「竊謂中國人心有萬不可解者，西洋爲害之烈，莫甚於鴉片煙。英國士紳亦自恥其以害人者，爲構釁中國之具也，力謀所以禁絕之。中國士大夫甘心陷溺，恬不爲悔，數十年國家之恥，耗竭財力，毒害生民，無一人引爲疚心。鐘表玩具，家皆有之，呢絨洋布之屬，徧及窮荒僻壤，……一聞修造鐵路、電報，痛心疾首，羣起阻難，至有以見洋人機器爲公憤者。曾劼剛（紀澤）以家諱乘坐南京小輪船至長沙，官紳大譁，數年不息……。辦理洋務三十年，疆吏全不知曉，而以挾持朝廷曰公論，朝廷亦因而獎飾之曰公論。嗚呼！」

郭嵩燾此論，可謂切中時弊。李鴻章最初擬遣學生出洋，總署仍不肯照會公使。同治十三年（一八七四）李氏入北京，向總署大臣建議築鐵路、設電報等，文祥等人對新政多持保留態度。劉銘傳建議築鐵路，亦被阻撓。光緒十五年（一八八九）醇親王奕譞擬築天津到通州的鐵路，朝議再加反對，劉銘傳感嘆道：「津通鐵路，此次如辦不成，以後決難再舉，不獨遺笑外洋，朝野有志之士，亦冷心解體。」

時值張之洞奏請先築蘆漢（後稱京漢）鐵路，朝廷允許其議，郭嵩燾聞而失望，因郭認爲津通路係屬短程，容易籌款築修；而蘆漢路長，難於興築，恐將浪費款項，一無所成。李鴻章對此亦深感失望，認爲「中國積習，可嘆可恨。」光緒六年（一八八〇）政府許設電報，各省次第興辦，只有湖南官紳反對，還將設立的電報桿，加以毀棄。

李鴻章爲人見聞較廣，辦理外交，負有能名，對於內政，主張變法，但是早期仍不免於極大的錯誤。同治九年（一八七〇）天津教案起，奉命返回直隸，上奏籌禦外人的奏文中提到：「臣昔在蘇滬與洋人久相交涉，所部將士與洋兵曾共戰陳，習知其平素伎倆，專恃火器。水路船砲我軍或難於爭良，陸路野戰彼族亦難必勝，蓋大砲笨重，不宜運行，又洋人不能自紮營壘，一敗則無歸宿也。」其後在天津日久，益知外國的情狀，始知淮軍實不敵外人，其「餉少，兵劣，器壞，不能一戰。」此後，李氏續推動洋務，期望能取夷之長，補己之短，李氏以後也成爲光緒朝推動模仿西法的重要人物。

第三節　公使駐京與朝覲問題

公使駐京的問題，自北京條約成立後，卽告結束。當時中國的水陸通商口岸，大約有二十處。輪船可以駛行長江，外人得入內地游歷，教士亦得自由傳教，於是國際上的交涉事件日益增多。駐京外使代表其本國政府與總理衙門直接辦理交涉。由於通商口岸增加，領事數目增多，條約中規定領事與道臺的地位相等。向例地方長官辦理外交爲兩廣總督，至廣州喪失其外交上的地位後，朝議決定由兩江總督處理南方商埠的交涉事宜。但是曾國藩不願接理夷務，先派江蘇巡撫薛煥辦理，至此，設通商大臣於上海，以薛煥充任。北方牛莊、天津、煙臺三處口岸，設三口通商大臣，以候補京堂崇厚擔任，其後南北地方交涉，則由道臺出面負責處理。

至於南北洋大臣的設置，則分由兩江、直隸總督兼任。外國領事職位原本不高，後因朝廷設通商大臣，與其交涉，因而提高其地位；領事後又因領事裁判權的緣故，地位益形重要，於是輕視道府，而欲與督撫分庭抗禮。左宗棠任職閩浙總督時，對來謁見的領事不加禮遇，駐外公使便向總署交涉。事後督撫請求總署擬定待遇章程，以免徒生爭執。外國最初設領事，以其事簡，常以商人或教士充任，或請他國領事代辦，其中特別是商務不發達的國家居多。總署大臣後以商人或教士任職領事一事，易生弊端，與外國訂約時，便加以限制。

對於有約國家，外國公使駐劄北京已十五年，中國仍未派人駐劄有約國，雖然是財政困難，人才難得，但實因這種制度在我國史上沒有前例。我國僑民在外國，多過在華的外人，咸豐八年（一八五八）美使列衞廉與直隸總督譚廷襄訂約時，列衞廉曾建議中國亦應派遣使節，譚廷襄答稱中國富庶，對僑民無所求，也不必加以保護，足可代表當時一班大吏的思想。光緒三年（一八七七），清廷始設駐英公使於倫敦，命夙曉外情的前署廣東巡撫郭嵩燾，以侍郎候補授爲出使英國欽差大臣，卽駐英公使。後更設使館於他國，其時公使多兼辦三、四國的交涉，政府以其事簡，且可節省經費。郭嵩燾抵倫敦後，認爲出使外洋，固當委曲以通和好，遇事也須以理求勝；尤當「一切細心體察，究知所以爲利弊得失，苟利於國，仿而行之，否則置之。一存薄視慢侮之心，動作議論，必有不能適宜者。」英人對郭氏的表現，深致好評。不久郭又兼使法國，郭屢次致書李鴻章、沈葆楨，論述西洋情狀，認爲中國四十年來，不知洋務，是由於不學；稱頌西洋政教修明，斥責宋明諸儒爲禍甚烈。國內的議論對他自始不利，頑固大臣更輕視駐外公使，至是非議更爲沸騰。編修何金壽彈劾他「有二心於英國。」他的至交王闓運說他「已中洋毒。」郭嵩燾告友人：「出使者，令人所薄視，自以不屑爲者也。」他的副使劉錫鴻陰結軍機大臣李鴻藻，蓄意搆陷，更使他痛心，因之一再求去。光緒五年（一八七九），召回，繼任人爲曾國藩之子曾紀澤。郭氏離英之前，英國朝野皆爲之惋惜，說他到任以來，不亢不卑，進退合度，遇事用心，對於西洋政事皆能明察。

清廷第二個駐外使館設於華盛頓。中美關係素稱友善，在美華僑獨多，又有留美學生。首任正、副使爲前留學生監督陳蘭彬、容閎。繼而清廷於日本、德國、俄國設置使館，其他意、奥、荷、比，大都由駐俄、駐德、駐英使臣兼任，直至二十世紀初年，才相繼改爲專任。

國際上之外交關係，常因環境的不同而發生劇烈的變遷。同治元年（一八六七），皇帝曾經密諭總理衙門，詢問疆吏大臣對修約的意見，其中談到「咸豐十年（一八六〇）換約，原因中國財力不足，不得不勉事羈縻，而各國詭謀譎計，百出嘗試，尤屬防不勝防。」其懷疑列強的心理，尚未改變，可見總理衙門主辦外交的大臣，知識淺陋。總署對於外使的要求，非萬不得已，不肯讓步。貴州提督田興恕厭惡外教，拆毀教堂，並殺傷多人；法國公使屢次提出抗議，雙方交涉日趨嚴重。朝廷飭令大員查覆，乃將其發往新疆，田興恕且托病推諉。朝廷密諭稱其「貽誤軍務，應重治罪，第既牽有外國之案，則又不得不曲予矜全，以維體制。」天津教案解決後，醇親王奕譞憤而稱病；郭嵩燾認爲不負地方治安的官員，不守法律的暴民，反被稱爲賢義；清廷不了解教案的始末，一切只憑意氣用事，至馬嘉理案起，清廷反不議處岑毓英，而清議卻詆毀郭嵩燾。英法聯軍之役後，英法美俄公使以戰爭的結果，駐使北京，而大臣仍相信一迨洋務轉機，外使即可離京。咸豐十一年（一八六一），總署奏請派員與普魯斯國訂約，許其享受喪失主權的權利，但對其設使館於北京之要求，則堅決不欲讓步，堅請其於十年後設立，最後減爲五年。

鴉片戰爭前，中國向未有與外國交涉的情事。朝臣在應付對外交涉的複雜事件中，均不敢輕見外使，認爲赴外國，有如入虎口般危險。鴉片戰爭將結束時，道光帝諄諄然諭戒耆英不可輕身接近夷船，巴夏禮等被捕，或許是由於歷史上的傳統觀念所致。中日臺灣事件交涉時，日本無使臣在北京，清廷亦不派使臣赴日交涉，據李鴻章所言，是怕被日方留爲人質所致。光緒二年（一八七六），皇帝派李鴻章爲全權大臣，赴煙臺與英使威妥瑪商議和約，時值英國巨艦抵華，人心惶惶，天津人恐其危險，對李氏百般勸止。至條約成立，在李鴻章回友人的書簡中提到其前乃入虎口，言下有不顧生死前去之意。自此而後，國人漸漸了解與外人交涉並無其它危險。李鴻章又上奏說到：「各國通商傳教，往來自如，麕集京師，各省腹地，陽托和好之名，陰懷吞噬之計。」實不知在十九世紀的國際社會，外人若進入歐美列強的國家內，其居住合法行動的自由，遠超過外人在中國的情形。李鴻章對外人恐懼，實可反映出當時一般國人態度。

英法聯軍之役後，外使駐京的問題已經解決，英法美俄等使館相繼在北京設立，咸豐帝時在熱河，爲了外使入覲問題，不肯返回京師。同治嗣位後，外使要求覲見，總理衙門以太后聽政爲由，不能照允。外國使臣在北京一地，除了與總署大臣相見以外，不得與各部院大臣往來，英使威妥瑪向李鴻章進言此事，李氏稱其不管洋務，故無外交。英使則謂：「各國規矩無論管理洋務與否，皆可互相往來，以敦友誼。」西方欲將當時之國際慣例適用於中國，實非易事。入覲問題，更是難以解決。朝臣的心理，多望外使依禮跪拜，但外使則以條約上不得有礙國體一說，執意不可。同治六年（一八六七），朝廷爲了預籌修約，曾列舉問題，諭令疆吏奏覆。左宗棠論述到：「今既不能阻其入覲，而必令其使臣行拜跪禮，使臣未必遵依。竊思彼族以見其國主之禮入覲，在彼所爭者，中外鈞敵，不甘以屬國自居，非有他也，似不妨允其所請，此禮限於呈遞國書。」左氏認爲使臣平日不需請覲，若欲入覲，仍須行跪拜禮。曾國藩則請於皇上親政之後，許其入覲，不必強其所難。李鴻章的意見與曾氏相同。左氏等三人因與外人接觸較久，對外使入覲問題，不似其它朝臣固執。

山東巡撫丁寶楨以爲外使「既不行中國之禮，其桀驁之氣，自難遽馴，……若准入覲，恐將來錐刀之事，動煩睿鑒，措置較難，……似不如先爲婉拒，……以杜其漸也。」丁氏的言論足以代表一般朝臣的議論。朝廷派前美使蒲安臣（Anson Burlingame）爲辦理中外交涉事務的使臣。據外人記載，蒲安臣謁見外國元首，稱同治親政，允許外使入京覲見。天津敎案事起，前三口通商大臣崇厚奉旨赴法道歉，向總署請准遞國書以見法皇。曾國藩與李鴻章論其事：「總署答以昔年與蒲安臣咨，已預議中國使臣至外國不必面遞書一層，是見不見，均可交遞。並云，如始終齟齬，但向彼國執政取一不收國書之照覆，卽可回京覆命。」如依其言，蒲安臣先前的允許，大概是出於訓令以外。公使入覲的問題，仍然沒有適當的解決辦法。

同治十一年（一八七二），同治皇帝大婚，禮極隆重，籌備多日，駐京公使以爲將得通知，準備前往慶賀。但是卻得到總署的通知，命令各使館人員於良辰之日，不可隨意在街道行走，各國人士居住北京者，必須當日在家。公使大怒，卻無可奈何。次年二月，同治親政，俄德美英法公使共同照會總理衙門請覲，總署大臣議商多日，要求公使行跪拜禮，公使堅持不肯。三月，公使再行請求，最後議定公使先行免冠，五鞠躬入覲，恭親王對鞠躬加以解釋：「即彼國俯首立地而叩之禮。」公使同意後，由一員讀辭稱頌，其辭亦先知照總署。朝臣大多以爲不可，翰林院編修吳大澂認爲公使入覲不跪，普天臣民，必定憤懣不平，又說：「我國定制從無不跪之臣，……朝廷之禮，乃列祖列宗所遺之制。……洋人狡猾之情虛詞恫喝，誠所不免，不過藉此以爲挾持之制。」御史吳鴻恩也同樣反對。同治便諭直隸總督李鴻章加以妥協商議。李鴻章回言：「祇准一見，不准再見，祇准各使同見一次，不准一國單班求見，當可杜後覬覦。」一般保守朝臣仍以爲外使入覲，可得乘機要脅皇帝准其所求。御史王昕更請求陳兵使外臣畏懼，以打消入覲的念頭。於是朝議紛雜。六月，同治詔許公使入見，值日本大使副島種臣在京辦理交涉，持有國書，請求入覲，面交國書。總署大臣以日本乃同文之國，要求行跪拜禮，副島拒絕。最後日本大使與各國共享同樣待遇。至於入見班次，副島稱已爲頭等欽差，應較公使先行覲見，總署大臣終究讓步。入覲前，總署規定公使不得帶劍入殿等儀節，並請其先赴總署操演，各國公使均感十分失望。

外使對於入覲一事再三要求，其原因是淸帝不許入覲，含有輕視外國的心理，且不以平等國相對待。至入覲日，副島首先入宮，英俄法美荷公使隨即而至，同治帝於紫光閣召見各國外使。俄使高聲頌讀法文祝辭，法使遞上法國總統答覆天津教案的文書，各國公使次第遞上證書。久經交涉的入覲問題，遣使節，至天津教案起，才派崇厚赴法。光緒三年（一八七七），淸廷才在英國倫敦設置第一個駐英使館，首任公使卽夙曉外情的郭嵩燾。

外國人在中國，深深了解到中國的排外心理，由於不諳歐美強國政治的情形，以及軍事、工商業與科學的進步，所以才有輕視外國的心理。總稅務司赫德關心中國，知其癥結所在，希望中國的內政有所改良。同治五年（一八六六），赫德告假返英，曾經勸告恭親王奕訢派同文館的學生隨其遊歷西方各國，藉以增長見聞。奕訢遂派前知縣斌椿及學生數人前往，但是由於不通外語，不明瞭外國的思想制度，見到男女共席，又互相談話，乃認爲亂男女大倫；見到輪船火車與高大建築物，以爲外國人全無儉樸的美德。由於旅歷未得良好的印象，回到中國自無影響的可能性。

同治六年（一八六七），美使蒲安臣辭職回國，總理衙門設宴餞行，赫德勸說恭親王奕訢派遣蒲安臣爲各國使臣。總署大臣認爲中英在天津條約後，外國人已深入中國內地，處於優越地位，爲了避免列強修築鐵路，亦欲遣使赴各國遊說請勿干涉中國內政，使中國得以自由發展本身的固有文化。恭親王求得蒲安臣的同意，聘其爲各國使臣，以志剛、孫家穀二人爲協理，凡事須咨呈總理衙門，以一年爲期。蒲安臣後，崇厚奉旨赴法。出使人員規定三年必須返國，而且必須將各國虛實及大小事件撰爲日記，按月彙報，並須翻譯外洋書籍、報紙，隨時咨呈。但是此一用意，久而成爲具文，確有所論的，槪不多見。

第六章　洋務運動時期之外交

第一節　天津教案、滇案與修約

英法聯軍之後，清廷被迫允許外人傳教，中國重開教禁是出於無奈。天主教士以往活動對象爲官紳士大夫，現在轉向民間。依照條約，他們享有治外法權，具有特殊身份，不受中國管治，並且常常庇護中國教徒。咸豐十一年（一八六一），總署與法使議定，不准教士過問公私事件，但又通令各省，依禮接見教士，無形中提高了他們的地位；加上西方在中國的聲威，與往日大爲不同，更使其趾高氣昂、藐視官府，不時進出衙署，干預詞訟。州縣對其氣焰之盛，十分畏懼與縱容。他們要求賠還舊有天主堂及教產，是其生事的另一個藉口。雍正禁教以來，教產全被沒收，到後來原址大多改建，或數易其主，難以查明。因此在教禁開放後，發生無數爭執與紛擾事件。

外人傳教的方法，常常於繁華街市人煙稠密處，或僧寺前，露天演說教義，勸人爲善，或贈與藥品醫治人病。中國教徒由於不肯捐助修廟及公眾事務，引起村民反感，加上藉以天主教徒不能與非教徒結婚之詞，片面對幼時已訂的婚約加以毀去，引起一般人民的憤恨。官吏保護教士，則爲清議所詆毀，揚州教案一事，曾國藩不願查辦，便是一個例子。同治七年（一八六八），揚州童生率同暴民毀壞英國人所辦的教堂醫院，曾國藩不願辦理，引起英使抗議，至朝廷加以督促，才答允賠築教堂。在此現象下，中國的尊嚴地位大受損失。同治八年（一八六九），發生第二次四川教案，鄉團與教民互鬪，團民死者達一百六十餘人。法國代辦羅淑亞（J. de Rochechouart）又以絕交開戰相恫嚇。接著貴州遵義天主堂被毀，毆斃法國神父一人，北京雖命湖廣總督李鴻章前往處理，羅淑亞仍率兵船溯江而上。李鴻章在重慶將教案主犯正法後，趕返漢口，處理遵義教案。同年，英軍殺害潮州鄉民六十九名，焚燒民房四百餘間，此事雖與教案無關，但卻給中國朝野很大的反感。在此不斷的刺激與壓迫下，不僅保守的醇親王奕譞、大學士倭仁力主對外備戰，開明的恭親王奕訢也同意不可坐視。次年，軒然大波又起於通商口岸的天津。

同治九年（一八七〇），春夏之交，天津一地時有孩童走失，好事者懷疑其為外人誘拐。天主教仁慈堂因瘟疫，幼童常有死亡，謠言四起，認係遭外人謀害，剖心挖眼，用以製藥、煉銀。被捕的拐匪又供稱受天主教堂指使，雖然供辭與事實不相符，三口通商大臣崇厚出示闢謠，但是六月二十一日，暴民突然包圍教堂。法國領事豐大業（H. V. Fontanier）闖入衙門，面詰崇厚，咆哮不遜，開槍示威，打毀器物，崇厚勸其暫勿外出，但法領事不聽，憤憤而去。途中槍擊天津知縣劉傑，致被毆斃，暴民闖入教堂，慘殺教士、女修士及僕人等五十餘人，法國領事館、仁慈堂被毀。法國代表羅淑亞立即召集軍艦前來，要求嚴辦首從各犯，各國公使認為天津一案關係著全體外國人的安全，共同抗議。朝廷詔命直隸總督曾國藩持平辦理，並將天津地方官議處，派崇厚為出使法國大臣。曾國藩避免進一步與法國發生衝突，力辯洋人絕無可能挖眼剖心，而且出示查拏兇犯，修葺教堂，嚴禁滋事，並撤任天津知府知縣。一時朝野議論紛起，斥其偏袒外人。

醇親王奕譞奏請安撫天津百姓，勿更替地方官，同時戒備沿江海防。內閣學士宋晉奏言仁慈堂有罈裝幼童眼睛，辦理交涉勿失民心，請調兵防備。朝廷中保守人士均反對派遣崇厚出使法國，內閣中書李如崧認爲：「遣使報幣徒損國體，於事無濟，千古一轍！……崇厚出使法國，無論其應對失辭，恐爲外夷所狎侮，而拘留迫脅亦足啟夷人要挾之風。」時曾國藩奏報仁慈堂無迷拐人口及挖眼剖心一事，說明：「殺孩壞尸採生配藥，野番兇惡之族尚不肯爲，英法各國乃著名大邦，豈肯爲此殘忍之行？」京師的士大夫聞後譏言相向，倭仁更致書加以指責，曾國藩被迫延緩不辦，外國各使均不滿曾氏的作爲。

羅淑亞堅持要求將劉傑、知府張光藻與提督陳國瑞一併正法嚴辦，否則，法國軍艦將直駛天津。曾氏拒絕其請求，並聽任府縣官逃去，只應允懲兇賠償；北京方面不得不遣兵調將，召李鴻章即日北上，雙方情勢極爲緊張。此時崇厚奏其病重，請另派大員辦理洋務，朝廷詔命丁日昌、毛昶熙赴津會辦，交涉仍無進展，勢將決裂，朝廷諭令李鴻章自陝西統兵入直隸。密諭曾國藩等人注意：「洋人詭譎性成，得步進步，若事事遂其所求，將來何所底止，是欲弭衅而仍不免不啟衅也。……總之，和局固宜保全，民心尤不可失。」時正值歐洲普法戰爭，法國頓挫，羅淑亞氣焰爲之稍減，各國懼怕普法戰事波及東亞，均希望天津教案儘速解決。此時曾國藩舊病復發，調爲兩江總督，朝廷改命李鴻章爲直隸總督。九月，李鴻章到天津，十月，將天津府、縣官發往黑龍江效力，滋事人犯二十五名處死，二十五名軍流，賠償法國損失二十一萬兩，撫恤金二十八萬兩，崇厚奉旨赴法道歉。

民教衝突之頻繁，自咸豐十一年（一八六一）至同治九年（一八七〇），十年之間，不下數十起，遍及十餘省，幾乎均與天主教有關。其中又以貴州、江西、四川、天津諸案最爲嚴重。總署鑑於教案的迭起，於同治十年（一八七一）擬訂管理教士章程八條：一、收養孤兒應全停止，或嚴行限制。二、教堂祈禱不應男女混雜。三、教士不應干預官吏，侵犯中國有司之權。四、教民滋事曲直，須憑地方官作主，不得有所仇嫉包藏。五、教士護照須載明經行地方，不得任意遨遊。六、奉教者必查明來歷身家。七、教士與地方有司來往，應有一定禮節，不宜妄自尊大。八、古時教堂基址既成民居，不得任意坐索，致侵平民公道買掌產業。總署將此章程照會各駐京公使，英美贊同管理的原則，但對細則多不同意，民教衝突依然不息，教案仍爲外交上問題之一。

英法聯軍後，中國對外關係劇變，未能與中國訂約通好的國家，紛紛遣使商請訂約。其專使多由大國公使的介紹，入京則居住使館中，與中國議商條款若發生爭執，則由公使出面調處。自咸豐十一年（一八六一）至光緒二十年（一八九四），與中國締約通好者，共有十二國，其時朝鮮尚爲藩屬，故不在其內。共有比、葡、瑞、荷、丹、西、義、奧及匈牙利、日本、秘魯、巴西等，十二國普徧享有最惠國待遇，總署最初所堅持不允者，仍爲公使駐京問題，其它如領事裁判權、通商口岸、沿海貿易、關稅協定，最惠國待遇等條款，則多列入條約中。

同治七年（一八六八）一月，英使阿禮國送來修約內容，要求免收釐金；五月，再度要求請准外商於內地貿易，退還洋貨釐金。通商口岸三十里內免除釐金，洋鹽進口，長江增設十處碼頭，開放溫州，開挖煤礦等。總署大臣決定退還洋貨釐金，長江開放蕪湖、大通、安慶，海面改開瓊州，挖煤由南洋大臣擇礦試辦。阿禮國以其所得無幾，九月，要求內地設棧貿易，內河輪船駛行，長江添開瓜州、湖口，沿海開放溫州、臺州、泉州、北海、瓊州。英方的要求，確實關係著中國人民生計，深知總署大臣必定不肯讓步，於是請求美國相助。美國公使亦趁機提出修築鐵路、設電報、輪船行駛、以及煤礦的開挖等要求。最後由恭親王出面解決，經過相當長時期之商討，雙方才達成協議。中國方面，開放蕪湖、溫州，通商口岸創設關棧，准許洋布、大呢、洋絨繳交正稅與子口半稅後，於通商口岸各省一概免稅，英商購買土貨出口者，發還子口半稅，洋貨於三個月內再運出口者，退還稅銀，英船每個月納稅一次，稅銀定明成色。英國方面，允許洋藥增稅，商船駛入內河者，待遇與華人相同。總觀條約的要款，英商享受的利益無數，而中國卻處於喪失主權的地位。修約問題直到煙臺條約成立後，才告解決。其間並發生滇案，茲分述如下。

先是中英天津條約締結後，英人欲擴大對華貿易，乃於同治十三年（一八七四）由其印度政府派遣探測人員，企圖由緬甸進入雲南，再由雲南入京。緬甸一地，元明之際已隸屬中國版圖，清時則全境臣屬，列爲貢國之一，十八世紀前期，英國勢力進入印度後，開始向緬甸尋釁，緬甸被迫割地賠款。咸豐三年（一八五二）英對緬再度用兵，奪據下緬甸及仰光，進而覬覦雲南，欲築仰光至雲南之間的鐵路。同治七年（一八六八），英方派人探測路線，時值全滇有亂事，僅到了滇西騰越一處，但來自越南法國的探測隊則深入雲南腹地。英國爲與之競爭，於同治十三年（一八七四），組成一支約二百人的探測隊前來，由布朗（H. Browne）率領，北京英國公使威妥瑪照會總署，得總署許可，乃派譯員馬嘉理（A. R. Margary）持總署護照，取道湘、黔赴滇、緬邊境相迎。馬氏遂於同年底由上海經兩湖、貴州、雲南而至緬甸八莫，沿途並承中國地方官吏款待。

光緒元年（一八七五）正月，馬嘉理携同探測隊長布朗等率領印度人十五名，緬甸兵一百五十名，至緬甸邊境。回亂期間，杜文秀曾與英人交往，此時滇西秩序仍未大定，雲南巡撫兼署總督岑毓英素惡英人，對於此次英人前來，頗有戒心。騰越一地忽傳洋人數十將來設行，又有洋兵三百餘名襲城，人心頗爲浮動，岑毓英便加緊調兵守邊。馬嘉理等至騰越所屬蠻允地區，參將李珍國受岑的指使，與當地士紳共謀阻止，隨後殺害馬嘉理及其隨從，布朗率餘衆退回緬甸，毓英揑詞上奏，諉罪野人所爲，而英使則指明毓英所主使，乃向總署提出嚴重抗議。

自同治七年（一八六八）中英修約不成以來，威妥瑪正待機而動，至是乘勢要挾，提出六項條件，其中三項均與馬嘉理事件無關，而且聲稱「若弗照行，從此絕交，該館所任各員，全行出京。」總署力拒其求。總署鑒於日軍侵臺之事，深懼再起兵端，命湖廣總督李鴻章赴滇查辦，會同英方參贊格維納（T. G. Grosvenor）觀審查辦。威妥瑪知總署諸事取決於李鴻章，因向李轉施壓力，痛斥總署顢頇，必須整頓，並將要求範圍擴大，包括派員赴英請罪，岑毓英革職議處，訂定滇緬貿易章程，妥議稅則，否則滇案交印度總督辦理，各口通商事宜交水師提督辦理，停納關稅。這時英國海軍已向煙臺集中，總署大爲震怖，派郭嵩燾爲出使英國大臣，責岑毓英辦理遲延。岑拘捕滇邊夷人十五名，指爲兇犯，將李國珍等撤職，岑亦以母喪解任。威妥瑪仍執意把岑毓英提京審訊，並增開口岸，劃定洋貨免徵釐金地界。總署不肯全允，威妥瑪下旗出京赴滬，決裂似在眼前。

總署以海防空虛，中日朝鮮及中法越南交涉已起，左宗棠的西征正在進行；英政府亦以土耳其問題緊張，欲早早了結滇案，無意訴求戰爭。同年八月，威妥瑪以本國政府不願啟衅，允許開會於煙臺，要求中國派全權大臣。李鴻章得報，書告總署。朝廷詔爲全權大臣，十八日抵煙臺，隨行者有赫德及天津稅務司德璀琳。威妥瑪已先至，英德海軍大將，及俄美德奧公使亦在其地。會議開始後，英方仍堅請將全案人證提京覆訊，且謂已得證據，認定岑毓英爲主使。雙方爭執相持數日不下，最後終於在九月十三日議定簽字，是爲煙臺條約。李鴻章於議結滇案摺奏稱和議經過：「適俄、德、美、法、日、奧六駐京使臣及英德兩國水師提督均會集煙臺，故示整暇，往來談讌，並詣其鐵甲大兵船，閱看操練，該兵官等迎送禮儀恭謹，臣等因於十二日萬壽聖節邀請各國公使提督至公所燕飲慶賀，自威妥瑪以次各舉觴起立稱頌，情誼頗爲聯絡，於是各國公使公論，亦謂無確實憑據擅請提京爲非。十三日威妥瑪始允另議辦法。……但所議條款須全答應，即轉請本國結案，不必再提京等語。」

煙臺條約計分三端：一爲昭雪馬嘉理案件，包括謝罪賠款二十萬兩及商訂滇緬邊界與通商章程；二爲中外大臣往來相待禮節，共分三項，㈠明定中外官員會晤及公文往返章程。㈡議定通商口岸會審章程。㈢關係英人命盜案件由英國派員觀審。三爲整頓通商事務，包括租界內免收洋貨釐金，開宜昌、蕪湖、溫州、北海爲口岸，長江六處地方准許輪船停泊、上下客貨，入口鴉片於售賣時完納稅釐，至於抽征釐金多寡，則由各省酌辦。另有附款一條。准允英國明年派員由北京至甘肅、青海，或由內地經四川入藏以抵印度，護照由總署發給，並知會地方官妥爲辦理。此約除了提審岑毓英一事外，威妥瑪一一如願。但在華英商以英使不能利用時機作更多要求，咸表不滿。故英政府久始批准該約。就全案交涉始末而論，岑毓英於馬嘉理被殺，布朗被阻，實負有重大的責任。李瀚章奉旨查辦，尚未到達，毓英已奏稱將人犯贓物俱獲，不無頂冒嫌疑，瀚章抵滇後，卽含糊定讞，英使便堅持人犯提京覆審。李鴻章於和議後，同年八月回覆丁寶楨的信中說到：「滇案原訊情節，家兄未到時，人犯供證已齊，又奉旨同岑中丞查辦，實未知其中裝點過多，且彼族早已廉得實跡也。本案既含糊定讞，無怪該使藉端狂吠。」英使亦於約定之後請寬有李國珍等人罪名，認爲「此事實係騰越官紳唆慫李國珍爲之，而官紳又係稟呈岑毓英意旨，今卽不懲辦岑毓英與騰越官紳，斷不可專辦李國珍與野匪。」

光緒十一年（一八八五），駐英公使曾紀澤與英外相簽訂續約，其主要條款爲口岸租界暫不劃定，徵收洋貨釐金仍照舊例，鴉片每箱繳交釐金八十兩，連同正稅三十兩。煙臺條約的訂立，對中國方面的損失，僅次於南京及天津條約，其時廷臣昧於外交，而威妥瑪在中國日久，熟悉中國宮廷情形，每有議論不和時，動輒以絕交戰爭相恫嚇。而總署往往以敷衍延宕爲事，前後言論矛盾，常予外人以口實。無怪於李鴻章發感慨的說：「洋務實非難辦，無如辦洋務者自生荆棘，予人以挾持之端，遂致國家陰受其禍……。」就當時的中外情勢而言，李鴻章在外交上的表現，仍是一位不可多得的人才。

第二節　屬國的喪失、伊犂事件與新疆建省

當西方各國逐步向我國擴張勢力時，我國的藩屬國亦於同時期逐漸喪失。對中國而言，屬國是鄰近中國的小國，其君主或奉行正朔，或遣使朝貢，或受中國皇帝的册封；就歐美而言，對外如訂約、通商、遣使的決定權，則操於宗主國或其代表手中。中國對於屬國的內政與外交，向來大多不予干涉；法

使曾經問及中國與朝鮮之間的關係，總理衙門大臣竟答稱內政由其自主，殊不知外國已對中國的藩屬覬覦良久。《大清會典》記載屬國朝貢的定期，或有不來者，清廷亦不加以過問；其來貢者，許其使臣貿易，朝廷亦有相當數目的賞賜，屬國所得往往比貢於中國者還多，西方人遂謂「中國實貢物於外國」。

西方諸國對屬地的需求，原因頗多，但是經濟因素實爲主因，屬地不但可以收容本國過剩的人口，更可運輸貨物銷售於其地，資本家也得到進一步投資的機會。藩屬對於中國往往只限於納貢的關係，其它則別無可述。例如光緒時內廷欲購馴象，緬甸國王自願贈送，但對購買駝騾硫磺，朝廷以其有違定制，不許採辦。清廷又嚴禁人民渡海，並視商業爲末業，華人進入藩屬國，毫無權利，例如朝鮮曾經禁止華人入境，清廷不許韓人越境耕種等，中韓關係較爲親密，尚且如此，其它的屬國便次第喪失。新疆的地位與屬國不同，但亦因不善經營，同時也喪失一部分土地。

太平天國即將滅亡前，陝西、甘肅兩省的回民，受了太平軍及捻匪的影響，發生叛亂，經年未能平定。回民首領阿渾妥明後由陝甘出關，潛赴烏魯木齊，與早已蓄謀作亂的當地參將索煥章合作，佔有烏魯木齊，隨而進據天山北路各要城。天山南路的回教別支也聞風而起，攻陷各城。同治五年（一八六六）正月，伊犂失守；二月，塔爾巴哈臺也失守，妥明遂自稱清眞王。當妥明橫行天山北路時，浩罕的阿古柏乘機率兵侵入天山南路的喀什噶爾，奪佔南路各要城，自稱帕夏。同治九年至十年間（一八七〇—七一），阿古柏又進入北路，攻破妥明軍隊，其勢力在短短數年之間已擴展至烏魯木齊以西。此時左宗棠正在征剿陝甘的回亂，無暇顧及關外。英國方面，暗中援助阿古柏；俄國則不願阿古柏勢力擴大。

先是鴉片戰爭後，俄人於道光三十年（一八五〇）向清廷要求於伊犂、塔城、喀什噶爾通商，被拒，俄人危詞恫嚇。咸豐元年（一八五一），始由伊犁將軍奕山與俄國訂立「伊塔通商章程」，以試行貿易爲名，開伊犁、塔城爲商埠，互不徵稅，是爲俄人勢力侵入新疆的初步。咸豐十年（一八六〇），中俄北京條約中，議定巴勒喀什湖以外的哈薩克、布魯特非我所有，後因俄人常駐卡倫一地，爲俄人進一步擴展領土奠下基礎。同治三年（一八六四），清廷派烏里雅蘇臺將軍與俄使根據北京條約會勘西北界務，之後成立塔爾巴哈臺條約。同治八年（一八六九），又續訂科布多、烏里雅蘇臺及塔城邊界牌博約誌，於是又將齋桑泊，特穆爾圖泊（伊斯色克湖）劃出國境之外。

俄人於新疆大亂之後，於同治六年（一八六七）五月，由其駐京公使向我提出抗議，詢我能否克期肅清回亂，並聲言「實因關係兩國邊界緊要交涉之件，絕無坐視之理。」總署回覆聲明：「該處本係中國之地，早經竭力圖維，以爲次第辦理之法，諒貴大臣自能洞悉，而無煩瑣瀆者也。」同治七年（一八六八），俄滅布哈爾，令阿古柏接受保護，阿古柏以浩罕被俄所滅，素爲敵國，加以拒絕；乃遣使入印度，聯英人以爲聲援；且集兵於阿克蘇，以爲進取伊犁準備。俄人遂於同治十年（一八七一），以維持邊境安寧爲名，由其土耳其斯坦總督派兵六百人，公然佔領伊犁。同年冬，更藉詞通商想進兵攻烏魯木齊，驅駝馬牛羊數千，載洋貨銀鈔潛遣大軍以行，距綏來八十里，被漢民所起的義勇軍徐學功馬隊所敗，始不敢東窺。是年七月駐京俄使將佔領伊犁事照會總署，伊犁爲經濟、軍事要地，清廷遂命伊犁將軍榮全赴伊犁收回城池，並諭哈密幫辦大臣景廉，烏魯木齊提督成祿帶兵出關，直隸提督劉銘傳由甘州出關計畫收復新疆各城。當時陝甘正值回亂，西北情勢難以兼顧。總署奉旨與俄使接洽，請俄政府將伊犁即交榮全接管，俄使託詞狡辯，諉稱佔領伊犁是不得已的保民義舉，設官治理則雙方「得受和好之益，以成善鄰之美。」至中國如能勘定新疆回亂，威令再行於伊犂，邊境可保安寧時，俄國卽將伊犂歸還。俄人以爲中國決無力收回新疆，伊犂爲西北軍事形勢及經濟精華所在，欲作久佔之計。清廷此時無可如何，只好暫時擱置。

同治十二年（一八七三），陝甘回匪肅清後，清廷便決意派兵出關收復新疆，諭令左宗棠統籌全局的詳細辦法奏聞。宗棠深知維持新疆安定，始足以鞏固西北各省，便把收復新疆的出兵計畫及所需軍餉，一一具奏，主張利用新疆南路資源以保養北路，於是清廷始調兵籌餉以爲收復新疆之計。光緒五年（一八七五），左氏受命爲欽差大臣督辦新疆軍務。此時廷臣多以需要軍費過大，成功又未必可靠，想要放棄天山南路的八城，駐北京的英國公使也替阿古柏遊說。此時清廷意見，可分兩派。李鴻章主張放棄，封阿古柏爲外藩，理由是：「海防爲中國腹心，密邇京師，一旦有事，京師動搖；邊塞猶中國之肢體，縱新疆不守，亦難危及京師。」李鴻章從現實打算，以爲海防重於邊防，又怕俄、英、土三方面聯合對抗中國，以致「師老財病，慮生他變。」左宗棠則主張進攻，他說：「重新疆所以保蒙古，保蒙古所以衞京師，俄人拓境日廣，由西而東萬餘里，與我北境相連，僅中段隔有蒙古。徙薪宜遠，曲突宜先。……臣一介書生，位極人臣，今年已六十有五，何敢妄貪天功？惟伊犂既歸俄有，阿古柏又據喀什噶爾，若置之不問，必有日蹙百里之勢，後患何堪設思。」清廷決定相機進行。

左氏分路進兵，於光緒二年（一八七六）收復天山北路；次年，收復吐魯番。吐魯番爲天山南路的門戶，阿古柏恐懼，駐北京英公使又爲阿古柏遊說於清廷，勸清廷封阿古柏爲王，立爲被保護國。左氏反對，認爲：「安集延非爲立足之所，何待英人別爲立國；既欲別爲立國，則割英境與之，或卽割英境與之，或即割印度與之可也，仍乃索我腴地以市恩。」清廷對其主張，嘉許採納，從此英人無法施其狡計。由於江南諸省於太平軍平定後，擔負已重，清廷特准左宗棠借外債以裕軍餉，同治且授左爲欽差大臣，督辦新疆軍務。光緒二年（一八七六）左率軍一百餘營，自哈密而西，力克烏魯木齊（廸化），再轉往天山南路，經年餘之力戰，底定全疆。

當南路八城將近克復時，清廷令左氏統籌全局，直抒所見，左氏復奏中認爲：「重新疆者所以保蒙古，保蒙古者所以衞京師。……俄人拓地日廣，由西而東萬餘里，與我北境相連，僅中段有蒙部爲之遮閡，不可不預爲綢繆。今北路祇伊犂未收，……俄人方爭土耳其，與英相持；我收復舊疆，兵以義動；設有意外，爭辯在我，仗義直言，決無屈撓，竊以爲地不可棄，兵不可停……。至省費節勞爲新疆劃久安長治之策，紓朝廷西顧之憂，則設行省，收郡縣，其事有不容已者。」於是收回伊犂與新疆改設行省，便成爲對西北的兩大問題。

俄人佔領伊犂時，曾聲明一俟中國收復烏魯木齊和瑪納斯，即將伊犂交還中國。光緒三年（一八七七）六月，總署以新疆北路大定，而南疆並已收復吐魯番等地，乃向駐京俄使布策交涉收回伊犂，布策則藉口「邊界各案尚未辦結」，拒絕交還。清廷乃於光緒四年（一八七八）派侍郎崇厚爲全權大臣赴俄京交涉。崇厚在聖彼得堡交涉許久不得要領，到次年始與俄政府定約十八條，規定中國於償還俄國佔領伊犂軍費五百萬盧布外，割伊犂南部特克斯河流域廣大肥沃之疆土與俄國。崇厚受委時，僅以償費及保證國境安寧兩條件（即俄方原來要求的條件）爲限；割讓疆土，實屬越權行爲。條件傳達北京，朝野上下，皆大爲激怒，西太后也異常憤怒，不肯承認。崇厚回國後，立即下獄，議罪至斬監候。俄國一面增兵伊犁，一面派海軍艦隊於中國海面示威。中國方面，則分主戰、主和兩派。士大夫階級議論激昂，大都主張向俄國開戰；張之洞可說是主戰派的代表，其奏語中言及：「……及今一戰，乃中國強弱之機，尤人才消長之會，此時猛將謀臣，足可一戰，若再越四年，左宗棠雖在而已衰，李鴻章未衰而將老，精銳盡澌，欲戰不能，……他日鬭之於戶庭，悔何及乎。」此主戰之論，乃不明瞭世界大勢，徒以書生之見，逞其憤懣而已。而直隸總督李鴻章原不贊成用兵新疆，更不敢與俄人交戰，希望使用和平方法，以免招致釁端，商請戈登向清廷表達意見，說明中國若要與俄作戰，應先預備三件事：一是遷都西安；二是長期戰爭，至少十年；三是滿人放棄政權，因爲在長期戰爭中，滿人政權，必難維持。清廷聽了戈登的話，便決心求和，特召左宗棠入京備顧問，以緩和戰機，並派駐英公使曾紀澤赴俄交涉。

曾紀澤奉命後，爲緩和俄人感情，請清廷先赦崇厚之罪。而各國駐京公使亦函致總署，請寬免崇厚死罪，英皇且願居中調停。曾氏是我國最瞭解國際形勢的外交家，他不主張打仗，上奏痛陳大勢和利害關係：「伊犁一案，大端有三，曰分界，曰通商，曰償款。籌辦之法亦有三，曰戰，曰守，曰和。言戰者謂左宗棠、金順、劉錦棠諸臣，擁重兵於邊境，席全勝之勢，不難一鼓而取伊犁，似也。臣竊以爲伊犁地形險要，攻難而守易，主逸而客勞，俄人之堅甲利兵，非西陲之回部亂民，所可同日而語。……俄人恃其詐力，與泰西各國爭爲雄長，水師之利，推廣至於東方，是其意不過欲藉伊犁以啟釁端，而所以擾我者，固在東而不在西，在海而不在陸……俄之君臣，常喜邊陲有事，藉侵伐之役，以消納思亂之民，此該國以亂靖亂之霸術，而西洋各國之所稔知。……是戰之一說，今固未易言也。」「言守者，則謂伊犁邊境，一隅之地耳，多予金錢，多予商利以獲之，是得邊地而潰腹心，不如棄之，亦足守我所固有。伏維我朝自開國以來，所以經營西域者至矣。……迨至乾隆二十二年，伊犂底定，全國從此安枕，腹地亦得以息肩，夫固中國之奧區，非僅西域之門戶也。……今舉伊犂而棄之，如新疆何？更如大局何？而說者又謂姑紓吾力，以俟後圖，然則左宗棠等軍，將召之使還乎？抑任逍遙境上乎？召之使回，而經界未明，邊疆難保無事；設有緩急，不惟倉卒無以應變，卽招集亦且維艱。任其久留，則轉餉浩繁，不可以持久也。」

光緒六年（一八八〇）六月，曾紀澤抵達俄京聖彼得堡，他根據國際公法，條約未經批准，不能算正式成立，去向俄人交涉。俄人初拒會談，後乃遵照總署指示，與俄外部大臣格爾斯、副大臣熱梅尼，暨俄國駐華公使布策等迭次會談。經過十幾次的辯論，共交涉五十一次，始將伊犂條約改定完成，伊犂條約共二十條，要點如次：㈠俄允將一千八百七十一年俄兵代收伊犂地方，交還中國。㈡賠償俄國兵費及民間損失九百萬盧布。㈢伊犂西邊地方，應歸俄國管屬。伊犂南部地方屬於中國。㈣俄國照舊約在伊犂、塔爾巴哈臺、喀什噶爾、庫倫設立領事官外，准在肅州及吐魯番兩城設立領事。㈤俄國人民准在中國蒙古地方貿易，照舊不納稅，其蒙古各處及各盟設官與未設官之處，均准貿易，亦照舊不納稅。並准俄民在伊犂、塔爾巴哈臺、喀什噶爾、烏魯木齊，及關外之天山南北兩路貿易，暫不納稅，俟將來商務興旺，由兩國議定稅則，卽將免稅之例廢棄。㈥俄商由陸路至中國內地者，可照舊經過張家口通州前赴天津，或由天津前往別口及中國內地。俄商又得由上述路線運輸貨物到俄國。

曾紀澤所訂伊犂條約，爭回伊犂以南特克斯河流域寬二百里長四百里之地，通商範圍縮小，減少五處俄人領事館，而償款增加四百萬盧布。就中國而論，雖仍有相當的損失，然較崇厚原約已大有進步。

曾氏爲當時最有眼光的外交人才，憑其明敏幹練手腕，終於折服俄人，爭回已喪失之利權，其聲望隨而大爲提高。

新疆建省諸問題自左宗棠建議後，淸廷也頗注意，但因事體重大，頗多懷疑左氏力持設省之議。在南北路平定後，伊犂收回前，左氏便積極布置。其大方針爲「先實後名」四字，卽先將可以施行郡縣制的實在，辦得有條緖，再以郡縣制之名施行。新疆一地，原是漢代的西域，自漢代納入中國的勢力範圍以來，歷朝均使用「因俗施治」的羈縻政策應付，未能與內地「一道同風」。淸代對於該地的統治機關有將軍、有都統、參贊大臣、辦事大臣、協辦大臣、領隊大臣等，職分互相等夷，複雜而無系統，彼此不相上下。就大體上說，都是統兵的軍官，並且多出自宮廷禁衞的武員，對於民治吏事，一切不懂。除了括取糧餉，用軍隊抑置變亂外，未有治理民事的思想觀念；朝廷也沒有開化邊地的用意。所以邊地最易發生變亂，而且一旦發生變亂，便蔓延不易收拾。左宗棠採定「先實後名」的方針，於南北兩路平定後，積極地進行民事：一、鑿井開渠；二、廣興屯墾；三、淸丈地畝；四、釐正賦稅；五、鑄造錢幣；六、興辦蠶桑事業；七、分設義塾。

左氏興辦前列各項事業，無非是要立定新疆改設行省的基礎。伊犂收回後，再經一、二年，改建行省的基礎略具。到光緖十年（一八八四）冬，淸廷便行添設甘肅新疆巡撫，以烏魯木齊爲省治，裁撤烏魯木齊都統等缺，任劉錦棠爲巡撫，是爲新疆施行與內地同等統治之始。從光緖十年到光緖十一年（一八八四—一八八五）九月，府縣建置的規模大定，新疆成爲中國一行省的基礎完全成立；幾千年來視同藩服的羈縻地，現在納於與內地同等的位置，這是此時期中政治上一件重大成就。

第三節　中法戰爭與安南之喪失

越南向爲中國藩屬，其文化制度多傳自中國，與中國的關係，就歷史上說，比新疆還早，所有一切典章制度文物，無不深受中國影響。但就政治上說，時隸中國版圖，受中國的直接統治，時復脫離，僅爲朝貢的藩屬國。清代每四年朝貢一次，每當新王即位，例受清廷册封，惟中國對其內政外交素不過問；遇有內亂，則派兵征討撫定之後，仍聽其自治。

十八世紀末，法國謀擴張勢力於遠東，值越南內亂，阮嘉隆王依賴法國的援助，取得安南的王位，漸受法國勢力的支配。到洪楊戰役期間，法國已用武力奪取下交趾，以西貢爲根據地；此時清廷方爲太平軍所苦，無暇顧及。同治十三年（一八七四），法國要脅越南締結「法越友好條約」二十條，表面上說是承認安南爲獨立國，實際上已把安南作爲法國的保護國。其要點如次：㈠法國以王禮待遇安南國王，承認安南爲獨立國。㈡安南如有內亂外患，法國盡力協助，並供給安南各種軍械及需要人員。㈢安南外交事務，須受法國監督。㈣下交趾六州，割讓於法國。㈤沿富良江至中國邊境之河道，許法船自由航行。

法人與安南定約後，次年由駐京法國公使以條約全文通告清廷總理各國事務衙門，清廷覆書不予承認，法公使的華文譯員將中國的覆文譯得十分簡單模糊，法公使以爲中國已經承認。而中國方面，在發出覆文後，亦無任何積極行動。

光緒六年（一八八〇），法國根據法安條約，於北部安南富良江流域的河內、海防二府配置守兵，於江岸要地建築堡壘。光緒七年（一八八一），雲貴總督劉長佑以法人侵越日亟，奏請清廷注意，以免法人有窺滇粵之虞，至此清廷始謀向法政府提出交涉。此時正值伊犁問題，與俄國發生最嚴重的爭議，曾紀澤由俄返法，照會法外交部，聲明中國不承認法越歷年所訂條約，爲「保全屬國，以固邊圉」，對法之侵越，「不能漠視」。但是毫無結果。次年，法國在安南已與黑旗軍劉永福發生戰爭，法軍礮擊河內；曾紀澤又向法政府提出抗議，法政府不爲所動。清廷命劉長佑遣道員沈壽榕帶兵出境，與廣西官軍連絡，保護越南。於是朝野主戰，翰林院侍講學士陳寶琛向朝廷獻議二策：一命重臣臨邊，形格勢禁，以緩法師；迨奇兵四出，迫越南內屬。光緒九年（一八八三），清廷命李鴻章與法協商，時值法國本部發生內閣更迭，政策上改採平和態度，命駐華法公使與清廷會商解決方法。由李鴻章與法使會議，成立中法平和草約，將安南置諸中法兩國共同保護之下。草約成立後，法國內閣又更迭，新總理茹費理（M. Jules Ferry）採取極端侵略主義，未批准原草約內容，調回原任法使，別任駐日法使脫利古爲駐華公使；一面由議會通過遠征軍費案，一面組織遠征艦隊。中國方面由於李鴻章不願啟釁戰端，只得向法國主張對安南的宗主權，所派軍隊只在安南邊境上隱爲安南的後援；安南政府全無實力，所依靠者全是劉永福的黑旗軍。

法軍首先攻下安南首府，次則佔領北寧、大原、興化等處。西太后聽聞戰端已經開始，恐怕法國艦隊乘間侵入沿海各省，異常憤怒，將恭親王奕訢以下各軍機大臣一律免職，以醇親王奕譞代替奕訢；命李鴻章與法使在天津開和平談判，成立簡單條約五款：㈠法國保證不侵犯中國邊境。㈡中國承認法國與安南所訂的一切條約，現屯北部安南的中國軍隊悉撤至中國境內。㈢法國不要求賠償軍費。㈣自後法國與安南或結新約，或改正舊約，不揷入有傷中國體面之詞。㈤由兩國再派全權委員，對於本約各款擬定詳約。

李鴻章訂立此約後，大受朝野攻擊與彈劾，此後又因諒山方面撤兵一事，中法戰爭遂不可避免了。光緒十年（一八八四），法艦隊闖入閩江口，破毁中國保護福州船廠的艦隊十餘艘。清廷得報大驚，始發出宣戰的布告。法艦隊繼續攻擾臺灣及其附近的島嶼，並封鎖揚子江以南各要埠，謀斷絕中國南北海運的交通。中國的陸軍在諒山方面與法軍交戰，起初，中國軍隊節節敗退，到次年春間，馮子材奮戰大敗法軍於諒山。此時清廷得到捷報，認爲是議和的好機會，加上英國駐華公使居間調停，清廷仍命李鴻章爲全權大臣，與法使巴特納（Patenotre）會議於天津，是年（光緒十一年，一八八五）中法簽訂條約十款，其要點如下：㈠中國承認法國與安南所訂的一切條約。㈡中國擇勞開以上諒山以北二處，開爲通商口岸。㈢法國撤退基隆、澎湖的軍隊。㈣中國將來築造鐵路可僱用法國工程師。㈤兩國另派委員勘定中國與安南邊界，協定陸途通商條約。

自此安南與中國的藩屬關係完全斷絕。此次戰爭法國成功，實成於僥倖，中國方面的失敗，則失於和戰不定。李鴻章過於輕視自己，自始力持和議，而清議之流，惟以憤激爲事，少勝則閧然言戰，敗挫則託辭推宕以委過。中法戰後，清廷鑑於戰爭期間海防的重要，於光緒十一年（一八八五）九月，上諭設立海軍衙門，由慶親王奕劻、直隸總督李鴻章會同辦理，都統善慶、兵部右侍郎曾紀澤幫同辦理。另外開始籌練北洋海軍，由李鴻章專司其事。

日本自明治維新後，早蓄侵華野心，時思待機以逞。同治年間以牡丹社事件，藉口尋釁，並照會各國公使，聲明琉球已歸日本。光緒元年（一八七五）五月，日本大政官遣熊本鎮臺分遣隊至琉球駐紮；六月日本內務大臣松田道之率隨員而至，命琉球禁止對清遣使受封，並禁用清國年號，刑法例律一律遵照日本。光緒二年（一八七六），國王尚泰密遣使來華求救，謁閩浙總督何璟、福建巡撫丁日昌；清廷諭命出使日本大臣何如璋相機妥善辦理。如璋交涉無果，並致函李鴻章，力主對日採強硬態度。但鴻章態度不積極，清廷亦不願多事，日本遂得逞併吞琉球之慾。光緒五年（一八七九）三月，日本遂虜尚泰王，覊押東京，改琉球爲沖繩縣，琉球亡。

經過中法戰爭，越南之外，另一藩屬國緬甸繼而喪失。十九世紀中期，緬甸已爲英國的囊中物，亦爲進入中國後門的捷徑。法國在越南得手後，又自緬甸取得種種特權。英國印度總督決採對抗行動，藉口緬甸政府扣留英商木材，實行干涉，派軍艦自仰光溯伊洛瓦底江北上，進至緬京曼德勒，俘緬甸國王。光緒十二年（一八八六）正月，宣布緬甸屬於英國。

清廷對英緬之爭，一如對法越事件，起初不聞不問，及馬嘉理事件發生，始行注意。英國行將進兵緬京時，總署始令曾紀澤提出質問，主由中國調處，曾氏在交涉期間，不明言緬甸爲中國屬邦，只說是貢國，又因緬甸命運難望挽回，如英實行併吞，中國可佔有八莫，以固滇邊。此時中國方面以中英西藏糾紛已起，緬甸朝貢有名無實，近年已在若存若亡之間，欲先解決緬甸問題，再處理西藏事件。此年七月，中英訂立「緬甸條約」，緬甸當局每十年循例向中國進獻方物一次，勘定中緬邊境通商章程。從此中國與緬甸的宗屬關係不復存在。

第七章　中日甲午之戰

第一節　戰前中日關係

日本位於我國東面，爲一島國，地狹人稠，我國舊稱其民爲倭人，東漢光武帝時，曾賜其王「漢委奴國王」的印綬。日人東來的方式主要經由朝鮮半島，中隔一狹長海峽，與日本九州島相望，中國文化的東傳日本，主要也是經由此線。

隋唐時期，日本曾派遣大批人員來中國學習，著名的「大化革新」運動對日本文明的開化具有極深遠的影響。元朝忽必烈大帝欲征服日本，前後兩次的征討皆因故失敗。明中葉，海盜與日人勾結，侵擾我國東南沿海各省，造成當地的殘破；明末，日本一代梟雄——豐臣秀吉想假道朝鮮進攻中國，但爲韓王所拒，秀吉忿而率兵攻打朝鮮，韓王告急於明，明帝詔命遣兵助援，雙方展開一場血戰，後因秀吉病死，日軍東撤，事件始息。清朝嚴禁與日本交通，日本也未曾遣使來中國，但是我國仍有商人東渡日本販賣貨物。

十九世紀中葉，實用科學的發展一日千里，輪船、火車等交通工具的普遍使用，促進世界的交通，工業革命後，歐美各國均不遺餘力的爭取海外市場，以爲過剩的資本及產品尋求出路，而此時中日兩國卻仍採閉關、鎖國的政策，未能認清世界局勢，順應潮流，於是被迫簽訂通商條約。鴉片戰爭失敗後的中國，並未因此而覺悟，輕外排外的心理仍然存在，但是日本自明治維新後便積極從事改革，任用賢能，仿行西法，廢除藩政，國勢日強。日本進步的事實，國人並不瞭解，對日本的觀念依然未變。日本在這一連串的改革中建立起民族的自信心，同時也產生對東方弱小民族侵略的野心，最明顯的例子爲琉球、朝鮮、臺灣的兼併行爲。琉球位於日本南方，日人稱其國王舜天爲日本武士源氏之後，要求琉球國王稱臣納貢，並遣兵攻伐，琉王投降。琉球早在中國隋書中便有記載，後有閩人徙居該島，明太祖曾遣使詔諭其王，琉王也派人奉表來貢，並遣學生留學中國，到了清朝，朝貢仍然不斷。朝鮮也曾遣使朝於日本，但關係不若中國親密，因此，從某方面而言，琉球、朝鮮同爲中日的屬國。臺灣爲中國的領土，日人窺伺已久，故藉事端，欲併吞之，而和中國發生嚴重的衝突。

日本自明治維新以後，力求完全自主，派遣大使分赴各國修訂喪失權利的條約，同時也想和中國訂約。同治九年（一八七〇），明治天皇派遣柳原前光來中國，商談有關通商、訂約的事宜，清廷初採排斥的態度，但是直隸總督李鴻章曾函告總署說日本可聯爲外援，「勿使西人倚爲外府，宜先通好，以冀同心協力」，認爲不應該拒絕。其後，日本再派伊達宗臣、柳原前光爲正副使來中國，提出修好條約和通商章程，均仿自西人所訂的條約，中國代表應寶時堅持不可，並提出另一分草約，雙方爭執的重點在「互惠一體」的適用性，日方說按西人成規定約，可以避免麻煩，應寶時詰問日方，認爲非中國有求於日本，實因日本有求於中國。在僵持之中，英使威妥瑪有意調解，但是李鴻章此時卻不肯讓步，日本方面，在無可奈何之下，接受了中國所提出的草約，該約共有十八款，通商章程有三十三款，其要點如下：㈠兩國互派使臣。㈡通商口岸可停泊兵船，但不能駛入內河。㈢設領事館於兩國口岸，商人之訴訟各依本國律例審辦，犯人入內地爲惡者，由地方官處置。㈣商人只准在各口岸經商，不能擅入內地或易服。㈤中國開放上海、鎮江、九江、漢口、煙臺、天津、牛莊、寧波、福州、廈門、臺灣、淡水、汕頭、廣州、瓊州。日本開放橫濱、箱館、大阪、神戶、新潟、夷島、長崎、築地。㈥日船不得載運出登州、牛莊的黃豆、豆餅。㈦進口貨物不准日商運入內地，亦不可購買內地的土貨。

這一項條約的訂定，日本未能取得同列強一樣的在華利益，至於雙方互派使臣，限制兵船的行駛，互開商埠，規定訴訟案件處理方式等，中日兩國是站在平等地位的，唯一缺點，則爲限制商人貿易的機會。中國開放了十六個通商口岸，但是日商不能前往南京，其後的煙臺條約等所增加的口岸，日商亦不得前往貿易，對日的歧視似乎仍帶有防倭寇的心理。日本政府對這樣一項條約並不滿意，將伊達罷免。同治十一年（一八七二），其外務省派柳原至天津修約，但爲天津方面官員奉命拒絕。柳原請謁李鴻章，李謂必須換約才能修改，柳原在回國前說，等日本和歐美列強修約後，將視修約的結果作爲中日條款修改的原則，然而日本不願等待和歐美修約的結果，故另派外務卿副島種臣來中國換約，時明治天皇亦已批准該約。日本暫時放棄修約的權利，主要是因爲臺灣、朝鮮問題急待解決。其後日本仍不斷要求修約，中國一概不允，中日問題愈顯複雜。其後副島種臣，這個日本武功派西鄉隆盛之黨羽，奉命來中國，以柳原前光、李仙德（C. W. Le Gendre）爲參贊，李仙德爲美國人，慫恿日本政客謀併臺灣。副島自視甚傲，在換約期間，李鴻章以日韓問題向副島詢問，副島則答稱，仍在交涉之中，而且日本並無侵略的意思。換約結束後，副島遣柳原、鄭永甯至總署詢問澳門的狀況並言及朝鮮問題，也說到臺灣生番殺害琉球民眾的事情，而參贊李仙德曾任厦門領事，並隨美兵渡臺爲慘遭殺害的美人從事報復，他在日本宣稱殺害琉民的生番住地，非中國勢力範圍所及，出兵取得並不困難，副島表示同意。

關於琉民被害案、日韓問題，李鴻章均未能洞燭機先，一方面相信日人不能戰勝生番，故置之不問，一方面告訴副島對於朝鮮不宜用武力壓迫，要求日本自行節制。其實，臺灣生番、官吏多不願過度干涉，而朝鮮之內政外交，中國也不願替其作主，以避免負擔。副島回國後仍主張「征韓」，但爲岩倉具視等大臣所阻，武功派受挫，起而作亂，日本政府爲安撫武功派人士，遂有「征臺」的行動。臺灣在明時也曾爲倭寇聚集的地方，荷蘭人東來通商曾據臺灣，明末中國人徙居漸多，鄭成功的父親初爲海寇，嘗居住在臺灣，到了清兵入關，鄭成功拒降，率他的部隊渡海來臺，驅逐了荷蘭人，據臺抗清，成功死後，康熙帝遣兵攻臺，臺灣始入版圖。同治十三年（一八七四），西鄉從道率兵三千餘人渡海攻臺，李仙德幫助日軍，代爲主持軍務，僱用美船運輸軍隊，自臺灣東南登岸，牡丹社番人奮勇出戰，日軍放火焚燒，殺死多人，並打算作久留之計。日軍犯臺的消息由英使威妥瑪告知總署，稍後總署也獲得消息，清廷派遣船政大臣沈葆楨帶領輪船兵弁前往處理，並派布政使潘霨一同赴臺共同籌劃。在臺與日交涉期間，清廷宣稱臺灣爲中國的領土，要求日本退兵，但是西鄉托病不出，復以貼補軍費才願退兵爲辯。沈葆楨在衡量臺灣兵力後，要求清廷調淮軍六千來臺增援，而總署則透過外交，以美人贊助日本，向美國公使抗議，美國於是索回商船，並拘捕李仙德，日本此刻遂處於不利的地位。前後增援的淮軍約有一萬人，兩國關係非常緊張，日本也調派了增援部隊，列強駐日公使認爲日本的舉動過於輕率，日皇欲避免爭端擴大，特派大久保利通爲全權大臣來中國交涉。

大久保來京與恭親王等商議辯論，認爲臺灣東南非中國領土，而且日本要求退兵的款數太大，會議陷入僵局。李鴻章想請英美法使出面調停，英使先曾調停，但無結果，其後總署再請出面調停，雙方才各自讓步，其議定之要款如下：㈠中國承認日本出兵臺灣爲保民義舉，約文中且有「生番將日屬人民妄加殺害」的字句，無疑承認琉民爲日屬民，天津美副領事建議李鴻章改文，但李鴻章爲免生事，便放棄爭取。㈡中國撫恤難民家屬，補償日本建築費用，並規定前者恤銀十萬兩，後者給銀四十萬兩。㈢註銷有關本案交涉之公文。臺灣交涉主要是因爲琉球水手被殺，但琉球爲中國藩屬，可向中國申訴，日本無須過問，日本出兵討番，毫無理由，會議開始就應先討論琉球藩屬的歸屬問題，中國官吏避重就輕，甚爲不智。同治十年（一八七一），日皇下詔廢藩設縣，薩摩的藩屬琉球，遂成爲日朝廷所屬，日本國內有建議廢琉球王號改爲縣者，文治派認爲不可，因爲琉球不同於日本國內藩侯，且又朝貢中國，斷然併吞，恐怕會引發事端，但經過臺灣事件後，中國方面以含混之詞答覆，日本決定實行兼併的計畫。

日本謀併琉球，使得琉王的地位降低且受制於人。光緒帝卽位，琉王遣向德宏抵閩，光緒三年（一八七七），琉球使者告知朝貢受阻，希望赴北京請願，但沒有結果。一八七八年，日本派遣軍警渡琉，將其世子大臣送往東京，並降王品級，改其國爲沖繩縣，總署向日交涉，無具體結果。時美國前總統格蘭德（U. S. Grant）來華，本想解決華工入美的問題，但李氏聲稱如能調停琉球之事，華工之事自然好商量，其後格蘭德前往日本，乘機告之中國對琉球一事的不滿，希望中日能坦誠商談解決的方法，可是困難在於日本武士的輕視中國，認爲中國沒有勇氣一戰，還有武士多窮困，入伍的人很多，如果政府表現的太軟弱，恐怕會危及到天皇的安全。格蘭德調停後，中日兩國再度會商，光緒六年（一八八〇），外務卿井上馨告知何如璋想把琉球南島歸中國，中島歸日本，但是總署認爲分割琉球不可行，雙方幾經交涉，未有結果。

第二節　朝鮮問題的交涉

中日邦交以修約、臺案、琉球之爭而停頓，但最爲複雜的事爲朝鮮問題。朝鮮在地理上與中國相接，文化受中國的影響很深，明以來，朝鮮對中國的朝貢頗勤，日本自江戶幕府成立後遣使欲其王入聘，韓王許之，日本亦視朝鮮爲其屬國，但是韓王尊清而卑日。一八三二年，韓中止遣使入聘日本。朝鮮雖然爲中國屬國，內政外交卻是自主，其大臣高談理學、排斥外人，禁通商、捕殺教士，後來法公使要求總署頒發護照，准許神父入韓傳教，恭親王答稱朝鮮內政自主，拒絕所請。一八六六年，朝鮮慘殺神父教民，法使照會總署，聲稱將用兵。美國藉朝鮮虐待水手，欲遣兵艦威逼訂約，歐洲各國也希望朝鮮開港，或命令軍艦示威，或登陸進攻，或遣人調查，而朝鮮始終不屈，令歐美各國感到頭痛。明治天皇即位後曾詔對馬島藩侯通知韓王來朝，時韓王爲李熙，年幼，其生父攝政，是爲大院君，大院君富排外思想，喜愛權力，遇事敢爲，不恤人言。同治十年（一八七一），天皇遣使臣和兵船兩艘來韓，使臣著洋服，大院君深感不滿，再加上通知書中有天皇詔勑等字眼，違反昔日慣例，大院君以侮辱傲慢的言詞回覆日使，並言日本變法學夷，禁止韓人與日人往來，斷絕兩國的商業關係。

日使歸國詳述始末，武功派之西鄉隆盛大怒，倡征韓之論，然而文治派堅持異議，認爲日本內政有待整頓，不宜在此時此刻向外樹敵，雙方爭執不下，最後天皇否決征韓之議，以避免戰禍。光緒元年（一八七五），日本軍艦在朝鮮西岸江華島測量，逼近海岸，爲戍兵發砲擊之，日艦反擊，造成韓兵多人死傷，日本命新任公使森有禮赴北京向總署交涉，要求發給護照，並派人會同日方人員前去或轉遞公文，爲總署所拒。森有禮並認爲朝鮮爲一獨立國，非中國的屬國，惟仍希望中國出面調解日韓的衝突，日本宣稱並無意和朝鮮通商，只希望能議定三款：㈠朝鮮接待日本使臣；㈡日船若遇難，代爲照料；㈢朝鮮允許日商船測量海礁。李鴻章本不答應，後經日使再三央求，態度始變。在中日交涉之際，日皇派遣黑田清隆率兵艦至韓交涉，並提出條件，要求限期答覆。韓王李熙，庸弱無主見，妃子閔氏攬權專政，召集大臣商議，但是遷延不決，及期，日使威脅用武，韓王被迫允其要求，訂定了江華條約，共有五項要款：㈠朝鮮爲自主之國，具有與日本相同的平等權，彼此以平等的禮儀相待；㈡十五個月後，日使來韓；㈢朝鮮開放兩港通商；㈣日人在通商港口享有領事裁判權；㈤救助受難的水手。自此日本認定朝鮮爲自主國，藩屬國的爭執也導因於此。日韓條約訂定後，受列強的重視，英德公使曾通知總署，日使也鈔送條約原文至總署，未有異議。韓王也咨報禮部。但是中國頗懼日本再有要求，因此謀思對策。李鴻章奉旨勸朝鮮和列強訂約，聲稱此乃大勢所趨，朝鮮不能閉關自守、宜防日本、俄國。如今已和日本立約通商，當採以夷制夷之策，和西方各國立約，以爲牽制。但是韓國國內大臣多認爲與其通洋而存，不如絕洋而亡！大院君深知閉關不是辦法，遣使到天津詢問交涉事件，說明若無中國的首肯，朝鮮不敢做最後決定。李鴻章得知韓方意向後，乃擬成約稿，派周馥、馬建忠和美使會商，其中第一條爲：

「朝鮮爲中國所屬之邦，而內政外交一向歸其自主」，餘款則注重防止流弊，和應獲得之權利。美使曾要求條約中不要載明朝鮮爲中國屬邦，中國方面認爲不可，後採折衷之辦法，由韓王照會美國，說明其爲中國藩屬，條約始成。

朝鮮開放後，發生內亂，李熙受制於妃閔氏，大院君被迫歸政，閔氏專政，族人多任要職。大臣之中有奉聘至日本者，日人待之甚厚，有感日本內政的進步，而想變法圖強。韓王受這些人的影響，派遣學生赴日留學，聘請日人爲武官訓練新軍，但是朝中大臣仍有十分保守的份子是爲「守舊黨」，以大院君爲首，主張閉關，反對日本。與列強訂約以後，黨人非常驚恐，值逢大旱，便倡言此乃開國政策激怒了天神所致，民眾深信並反對閔妃專政。其後因軍士的糧餉問題未能解決，軍隊譁變，擁大院君叛，攻入宮中大事焚燒，政府無力平亂，閔妃逃亡，日本使館亦被焚，日使花房義質潛逃歸國，在韓武官死傷眾多。隨後日本調遣軍艦、陸軍會同花房赴韓，清廷得報，命直督張樹聲派員觀察情形，重新得權的大院君李昰應，以韓王名義，咨報亂事已平，清廷不予理會。丁汝昌率軍艦會同馬建忠前往處理，並調吳長慶所部大營赴韓，抵韓京後，本要誘執大院君，捕殺亂黨，但李熙派李裕元爲全權大使前往濟物浦與日使會商，中國方面並未出席，日韓遂訂兩約，一爲續約，擴張商業上的權利及外交人員遊歷的機會，一爲濟物浦條約，其要款有五：㈠朝鮮逮捕凶手治罪；㈡撫恤日方死傷的家屬和人員；㈢賠償軍費五十萬元，分五年繳清；㈣日本使館置兵；㈤朝鮮派大臣赴日道歉。在中國方面，有主張開戰者，李鴻章認爲不妥，但情勢日急，奉旨籌議中韓商務章程，派周馥等與韓使議訂，有七要款：㈠北洋大臣指派商務委員駐韓，韓王派大臣駐津；㈡華商在韓享受領事裁判權，韓人則歸地方官按律審斷；㈢兩國商船互駛商港，漁船聽其捕魚；㈣韓商可在北京貿易，華商可進入漢城、楊花津貿易，兩國商人持照可至內地採辦貨物；㈤廢除邊界互市章程，允許邊民自由交易，除人參外，抽百分之五的稅；㈥韓人販賣人參入境，抽百分之十五；㈦招商局輪船每月定期往返兩國一次。

依濟物浦條約，朝鮮遣朴泳孝渡日道歉，受日本進步的刺激，謀脫離中國而獨立，並聘請日人爲顧問，回國後糾合金玉均等爲同志，親日派勢力日張，日本委任竹添進一郎爲公使，宣稱退還四十萬軍費，韓王受其影響，傾向於獨立。光緒十年（一八八四），中法戰爭起，淮軍三營奉調歸國，其餘則歸提督吳兆有統領，親日派黨人勸韓王乘機叛清自主，而金玉均等人主張過於操切，且不滿閔妃族人，亟欲奪權，遂勾結日使竹添爲亂，親日派黨人率領日員操練之軍進行暴動，首先縱火，刺殺大臣，闖入宮中，擁立韓王進行攬權，並召日兵保衞。提督吳兆有因韓臣乞援，決定靖難，吳兆有先函請日兵退出王宮，並率兵出發，雙方發生衝突，竹添自知不敵，率兵逃回使館，並自焚使館逃往仁川，韓人並沿途攻擊，金玉均、林泳孝逃往日本。亂事消息傳至日本外務省，外務省不滿竹添所爲，命日本駐津領事原敬，謁見李鴻章，說明日本政府並無意挑起戰禍，公使榎本武揚也有相同的表示。而中國方面，因爲和法國有事，不願輕啟戰端。日皇命外務卿井上馨爲全權大臣，至韓交涉，韓王並無主見，吳大澂曾代爲籌劃，後訂立漢城條約，其條件有五：㈠韓王修書，遣使赴日道歉；㈡被害日商恤銀十一萬元；㈢懲辦殺害日本武宮凶手；㈣賠日使館修築費二萬元；㈤韓廷依濟物浦條約建使館衞兵之營房。約成之後，日本天皇遣伊藤博文來華和中國會商韓事，太后慈禧詔委李鴻章爲全權大使，吳大澂副之，與伊藤交涉，伊藤提出三項要求：㈠撤華軍；㈡懲統將；㈢卹難民。李鴻章同意第一項，並請日本撤退使館衞兵，二、三項李鴻章不同意，幾經折衝，遂有中日天津條約之訂定。有三大條款：㈠中日兩國於條約成立後四個月內撤回駐韓軍隊；㈡兩國勸韓王練兵，但不派員教練；㈢將來朝鮮有重大事變，一國出兵應先知照締約之國，事定後卽撤回。此外有關懲辦將士、伊藤要求不已，李鴻章允行文戒飭所部將士，嚴辦滋事兵丁，藉以顧全日本體面，做爲結束。

中日對朝鮮之爭執雖暫告停止，而朝鮮的局勢仍舊危急，俄國的野心已逐漸擴展至朝鮮半島，駐韓德使建議中日諸國商訂朝鮮中立的條約，井上表示同意，但俄國強迫韓僱用其武員爲軍隊教練，令日本大驚，井上密商於徐承祖，由中國主持韓政，罷斥奸黨，日使奉命前往天津和李鴻章會商、並面遞井上擬定之要約：㈠李鴻章、井上密議朝鮮外交辦法，由李飭令韓王照辦；㈡內監不得干預國政，韓王與大臣共商國事；㈢韓王擢用之重臣，要先與李氏商談，並和井上斟酌選用；㈣外都戶部長官均應委任以上所選舉之大臣；㈤中國駐韓大員必須與日使情誼敦厚者。事實上，李鴻章主張對韓維持舊制，送李昰應歸國，並派袁世凱駐韓，經過一連串的交涉會商，中日邦交較從前進步，光緒十二年（一八八六），日使鹽田三郞奉命再向總署提出修約之請。先前中日條約中限制兩國商人貿易機會，日本早想改爲互惠的條約，可是一直沒有成功，在商談修約事宜之際，長崎中國水兵與日警互毆，造成數十人死傷，修約案暫告停頓，光緒十五年（一八八九），鹽田再行提出，曾紀澤時在總署，倡議中日親善，以抗拒俄人窺伺朝鮮。李鴻章此時輕視日本，又受駐日公使黎庶昌影響，謂日本國小民貧，不足爲患，所以仍堅持不願修約，以維護中國的權益。中日問題未能解決，而中國對韓的態度又曖昧不明，時袁世凱在韓的地位特殊，惜袁自矜高傲，干涉韓政，韓王惡之。袁氏、韓廷不協，卻和大院君來往甚密，外人議論亦對中國不利，閔妃尤惡袁氏，光緒十三年（一八八七），韓王未和中國商議便遣使分赴日、美。袁氏逼令韓王中止駐美全權大臣的行動，而清廷諭韓改其使爲三等公使並須遵行三事：㈠韓使至各國，先赴中國使館具報，由華使陪同前去外部；㈡凡遇會議公宴，應隨於華使之後；㈢大事的交涉，先與華使商議。但是韓王並未確實遵行，中韓關係日益疏遠。

時日本非常擔心俄國勢力進入朝鮮，因爲日本自維新以來，人口激增，可耕地有限，工商發達，欲擴大市場，而糧食有部分需依賴朝鮮，加上兩國地理相近，利害關係甚大，自竹添助亂以來，日本喪失了在朝鮮的政治勢力，轉而與中國妥協，希望共同防俄，但袁氏對日本防範甚嚴，阻其設立電線，反對韓方向日借款，責難日韓新約，日本政客乃對袁氏心生不滿。

中國自與日簽訂通商章程後，二十四年間始終未對日妥協過，二國爭執不斷，除少數大臣外，對日本維新進步的事實並不瞭解，臺灣事件後，清廷加強國防，李鴻章奏請每年籌銀四百萬兩，作爲海防經費，購置軍艦。琉球事件後，嚴令各省解款購艦，修建砲臺，中法之役時，大臣也知海軍的重要，籌設海軍衙門，並成立北洋艦隊，費用漸增，但太后慈禧修築頤和園經費拮据，主持海軍衙門之奕譞，提部份爲工費，不足，李鴻章則函告曾國荃提用餘款興工，海防費用遂告竭，戶部尚書翁同龢又主張節用，議定停購軍火，所以自光緒十四年（一八八八）以後，北洋艦隊未曾購置一艦，而海軍將士多爲閩人，自成一系，丁汝昌爲淮軍將領和留學外國的海軍官員不睦，陸軍以淮軍爲主，然訓練不够精良。日本自維新以來，陸軍採用法國軍制，實行徵兵，官員素質整齊，軍械多仿西方，訓練亦精。海軍仿英國。時日本海軍實力尚不及中國，光緒十八年（一八九二），國會曾否決內閣擴充海軍的預算，但天皇下詔以省宮中的費用，減少官吏俸金，用來補助海軍，議會始肯讓步，海軍實力因此大增。李鴻章曾比較當時兩國海軍，中國軍艦每小時行十五海里，日爲十六海里；定遠、鎭遠大砲口徑已略遜松島等艦，並且日本又向英國增購鐵甲船，此時中國的戰鬪力已不如日本了。

第三節　甲午戰爭

中日之戰，主要是因爲朝鮮東學黨之亂促成，東學黨爲民間半宗教的秘密會社，舊稱天道，崔濟愚所創，宣稱曾得上帝的啟示，並授以仙藥咒文，又謂儒釋道各有所短，不足救也，欲以煽動民眾，同治三年（一八六四），被捕處斬，族人崔時亨率餘眾繼續傳教。一八九四年，全羅道古阜郡農民抗稅，暴民乘機假托東學道起兵，官兵無力討伐，袁世凱勸說韓國大臣向中國乞援，李熙首肯後，由袁氏電報天津，但是李鴻章認爲必須由韓王親自出面請求。六月三日，韓王正式乞援，總署命駐日公使汪鳳藻通知日本，六日，日公使照會外務省，可是對中國電文中「派兵援助，爲我國保護屬邦之舊例」一語，感到不悅，外務卿陸奧宗光請其修正，並回覆聲明「帝國政府從未承認朝鮮爲中國之屬邦」，七日，日本代理公使小村壽太郎照會總署，日本出兵，九日，總署照復日使，認爲日本保護公使領事和商民，無須多派軍隊，以避免事端。十二日，陸奧訓令小村反駁總署照會，認爲日本有權行動。其實，十一日，東學會已被招撫，二國已無出兵留韓的必要，可是日軍已進入漢城，令韓感到不安，日駐韓公使大鳥圭介曾要求日本撤兵，但無結果。六月十四日，首相伊藤博文提出整理韓政的草案，由中日兩國推派委員若干，共同辦理四件事：㈠調查財政；㈡裁冗官；㈢設警備兵；㈣募公債。日外務卿陸奧更堅決認爲只有改革韓政之後，日本才會撤兵，但此草案爲中國所拒，於是日本決定單獨行動，二十一日，總署聲稱韓國善後等事宜，應由韓方自行處理，他國不應干涉，二十二日，陸奧派外務省官員前往朝鮮傳達日本政府旨意，於是大鳥決心生事，二十六日，致書韓王，陳說改革，並提出朝鮮的宗屬問題，要求韓國否認與中國的宗藩關係。七月三日，日本向韓提出改革草案，分成五綱領，共有二十五條，並要韓方限期回復，韓乃向中國求援，李鴻章則請俄國出面干涉。十三日，陸奧以密令告知大鳥曰：「促成日清衝突，爲今之急務，爲斷行此事，可採取任何手段，一切責任，余自當之。」於是日軍在韓積極部署，二十三日，日軍展開行動，包圍王宮，解除韓軍武裝，慫恿大院君復出，並宣佈廢除中韓一切章程。

李鴻章已得知時局的嚴重性，再度要求俄國出面，駐日俄使曾要求日本撤兵，但陸奧說明撤兵的條件，希望中國承認中日共同改革韓政，或由日本單獨實行，才願撤兵；並向俄使申說日本的地位及欲維持朝鮮的獨立安全。三十日，俄使照會日本，要求日本接受朝鮮的請求與中國同時撤兵，若拒絕不理，將負一切的責任，陸奧和伊藤商議，說明日本政府決無意侵略朝鮮疆土之意，只要一切平定，立刻撤兵。俄國才表示滿意。英國也居中調停，其目的是在維持東方的和平，防範俄人的活動，以保護英國在東方商業的利益，惜毫無結果，日本仍決心用兵。李鴻章深知中國軍隊的實力，因此，不願輕啟戰端，慈禧太后六十壽辰，用去不少軍費，光緒皇帝不明局勢，要求李鴻章加強戰備，朝中大臣見李氏一心想以外交作爲解決，感到不滿，認爲他懦弱，喪失先機，在主戰氣焰高張的時刻，李氏也只好加以應付。當時，中國的軍隊有二千餘人駐在牙山，爲淮軍，歸葉志超統率，一部份由聶士成率領剿匪，李氏僱用英船協助運兵，左寶貴、馬玉崑則自陸路將兵入韓，日軍在韓約有一萬餘人，多集中在漢城。七月二十五日，在朝鮮豐島附近，與護衞運輸的中國軍艦相遇，運輸艦高陞輪被擊沈。海戰起後，駐漢城的日軍，向牙山進發，淮軍當時在朝鮮約有四千餘人，二十六日，二軍斥候交戰，二十八日，韓方給大鳥公文，要求日軍驅逐清兵，二十九日，二軍激戰，葉志超兵敗退出牙山，八月一日，二國下詔宣戰。淮軍自牙山退向平壤，聶士成的部隊也隨後趕到，清廷也遣將統軍赴朝鮮增援，全軍人數約爲一萬五千人，築塞壘固守。九月，日軍分路進攻，十五日，開始猛攻，奪取北門要塞，總兵左寶貴戰死，守兵退入城中，偏掛白旗，約定次日獻城。及夜，葉志超率軍棄平壤，退守鴨綠江西岸，李鴻章所練的精兵，敗於此役。海防亦吃緊，北洋艦隊卻不見反應，朝臣爭論不已，提督丁汝昌畏怯，皇帝也下詔切責。十七日，二國海軍在黃海相遇，中國北洋艦隊有鐵甲船二艘，快船十艘，共三萬五千餘噸，另有水雷艇四艘，日軍有十二艘，約四萬噸，日海軍司令伊東祐亨下令全速前進，雙方開砲互擊，日艦一字排開，中國則作入字形前進，交戰四小時，北洋艦隊大亂，致遠艦艦長鄧世昌力戰殉國，全船沈沒，丁汝昌督戰受傷，中國共沈船四艘，死傷六百人，日艦重傷三艘，包括司令的座艦，死傷二百餘人。戰後，中國餘艦逃回旅順軍港，喪失了制海權。陸、海軍相繼戰敗，中國已無可用之兵。九月二十七日，太后慈禧要李鴻章請俄國出面調停議和。十月初，李鴻章奉密諭進行，十二日，俄使喀亞尼自煙臺返回天津，李氏請他干涉，但無結果。

日軍攻佔平壤後，次第肅清了朝鮮境內，行動較緩，司令山縣有朋爲第一軍，清廷在鴨綠江下游九連城佈陣，淮將劉盛休，提督宋慶，將軍依克唐阿奉命增援，二十四日，日軍渡江，守兵不支，退往鳳凰城，再退至摩天嶺，十二月，二軍激戰於海城，不久，海城陷落。日軍第二軍由大山巖率領，十一月六日，進攻金州，金州守兵退集在大連灣，七日，日軍兵分三路進攻大連，城陷，二十二日，日軍在海軍的助戰下攻陷旅順，接著攻下營口，遼陽危急。殘餘的北洋艦隊正匿藏在威海衞，原本想調南洋艦隊北上助戰，但兩江總督張之洞謂「旨調南洋兵輪四艘，查此四輪既係木殼，且管帶皆不得力，砲手水勇皆不精練，毫無用處，不過徒供一擊，全歸糜爛而已。甚至故意鑿沈擱淺皆難預料。」只好退守渤海。光緒二十一年（一八九五），一月，日軍進攻威海衞，日軍二萬人自榮城灣登陸，距威海衞不足百里，北洋艦隊埋置水雷於港中，以防止日艦突入，但是日軍取得威海衞砲臺，遂利用砲臺攻擊停泊港內的船隻，北洋艦隊已被包圍，因此，有外員勸丁汝昌出降，伊東祐亨並致書勸降。二月十二日，將士致書伊東請降，十四日，議妥條件，二日後，出降，丁汝昌自殺，北洋海軍，全軍覆滅。

第四節　馬關條約及其影響

平壤戰敗後，若能及時議和，或許不致有如馬關條約這樣的屈辱，但是主戰派人士反對議和，時英、德、俄都不願干涉，只有美國公使田貝（Charles Denby）努力調停。當金州、大連相繼失守後，太后遣張蔭桓與李鴻章商談有關議和之事，於是派天津稅務司德璀琳前往日本傳達中國的意見，但為日本所拒。經過幾次交涉後，日本同意在廣島舉行會談，中國方面，派遣張蔭桓、邵友濂赴日交涉，一八九五年，一月二十六日，張、邵二人抵日，日本方面則由陸奧擬定交涉原則，要中國承認朝鮮自主，要求中國割讓土地賠償軍費，議定商約，交換俘虜等，雙方在廣島見面，互勘全權證書，但是張、邵二人所用爲國書，日方拒收，認爲他們二人全權不足，和議遂告流產。日本認爲中國議和的誠意不够，應派「能辦大事、位望甚尊，聲名素著之員，給與十足責任。」於是清廷派遣李鴻章爲全權大臣前去。三月五日，李鴻章出京，參議李經方，參贊伍廷芳、馬建忠等人隨行赴日，十九日抵馬關，二十日，和日使伊藤、陸奥會於春帆樓，互勘勅書。李氏要求休戰，伊藤提出條件，中國需交出山海關、大沽、天津城塞、守軍軍需、鐵路，並要負擔休戰期間日本的軍費，李氏認爲條件過苛，礙難遵行。會議後，李氏在返回旅館的途中被刺，傷了面頰，消息傳出，各國輿論譁然，似有干涉之意，日本爲了緩和國際情勢，主張休戰，四月一日，日方提出和約的底稿，共有十一條，有九項要點：㈠中國承認朝鮮獨立自主，廢絕朝貢之禮。㈡割盛京南部、臺灣、澎湖。㈢兩國派員勘定地界。㈣中國賠償銀三萬萬兩，分五次交清。㈤二年內未遷出割地的中國人，視爲日本臣民。㈥二國議訂商約、和約。㈦條約批准後三個月內，日本撤兵。㈧日本爲保障和約的實行，得駐軍奉天府、威海衞。㈨交還戰俘。

日本所提出的苛酷條件，令人反感，李鴻章電請總署，將割地索賠之事告知英俄法公使，希望各國出面干涉，同時也要屬員草成說帖，希望日本政府以兩國永久大局爲念，中國可以承認朝鮮自主，但對於割地賠款通商之事，則反覆與日使申辯交涉，日使伊藤不爲所動，並照會李鴻章，要李氏做最後決定，李氏電告總署，聲稱日本只注重割地賠款，並說：「若欲和議速成，賠款須過一萬萬，讓地恐不止臺澎，但鴻章不敢擅允，惟求集思廣益，指示遵行。」朝旨命李氏反覆辯駁，讓地應以一地爲限，賠款以萬萬爲斷。於是李氏命屬員草成和約修正案，共十二條，要點爲二國承認朝鮮自主，中國割盛京四城，澎湖列島，賠款一萬萬兩，關於商業，則比照最惠國待遇。修正案送達日方後，日本也提出修正案，包括減少盛京割地，賠款兩萬萬兩，減少商埠，刪除百分之二的代稅，取消疏濬吳淞江，放棄奉天駐兵。李鴻章曾力請再減賠款，割地限在遼東的營口以北，臺灣則不可讓。伊藤堅持此修正案爲最後條款，四月十五日，二國全權大使再會於春帆樓，作最後討論，其結果爲遼地劃界，賠款利息及占地軍費，稍有變更，關於通商事宜，日方放棄內地租棧、日幣納稅，通商口岸開設工廠則被允許。十七日，雙方簽字，是爲馬關條約。馬關條約共十一條，內容大要如下：㈠中國承認朝鮮爲完全獨立之國。㈡割遼東半島、臺灣、澎湖列島。㈢賠償軍費三萬萬兩。㈣二國另訂商約，未成之前，許日本享最惠國待遇。㈤中國開放蘇州、杭州、沙市、重慶爲商埠，並開放內河航行之權。㈥威海衞許日軍駐守，待賠款付淸後，商約成立，始退。㈦交還俘虜。

馬關條約的簽定，造成中國朝野極大的爭議，張之洞、劉坤一、宋慶均表示反對，康有爲更召集赴京應試的各省舉人上疏，請遷都決戰。日本自中國取得重大利益後，引起各國不滿，俄德法表示將出面干涉，俄國財政大臣微德（Count Witte），認爲日本佔據旅順，將妨礙俄國東進的計畫，俄外相羅拔諾夫也說，日本併吞遼東半島，不但危及北京，朝鮮獨立也只是徒有虛名，於是決定干涉。微德警告日本放棄遼東半島，如果拒絕，卽以武力對付。外相羅拔諾夫和德法英商議，德國爲防止日本在亞洲大陸的擴張，同意採一致行動。法國在外交政策上是聯俄的，所以也同意。英國則拒絕，反以消息告知日本。於是三國公使提出照會，日本雖多方挽救，但無結果，五月一日，外務省宣佈日本除據金州外，願歸還遼東半島，中國方面，則利用時機，要求修約，但是日本絲毫不肯讓步，尤其是割臺之事，最後，清廷以三千萬兩將遼東收回。臺灣人民獲知將被割予日本，臺紳謀立共和國自保，五月呈請巡撫唐景崧暫主總統，宣佈臺灣為民主之國，並電告各省大吏說：「崧……允暫代總統，由民公舉，仍奉正朔，遙作屏藩。」清廷交涉失敗，派李經方為割臺專使，唐氏時在臺北，臺南由前黑旗軍主將劉永福管理，明治天皇命海軍大將樺山資紀為臺灣總督，率艦隊陸軍來臺，五月末，自基隆登陸，六月三日陷基隆，後下臺北，日軍另以艦攻臺南，永福棄守，臺灣為日所據。

馬關條約簽訂後，中外關係有了新的發展，俄國在干涉還遼中的表現，深獲朝野的好感，並貸款給中國，作為對日賠款之用，因此有聯俄制日的論調產生，劉坤一、張之洞均曾上奏主張聯俄，在親俄的氣氛中，李鴻章奉命赴俄祝賀俄皇加冕，並締結了中俄密約。光緒二十二年（一八九六）四月十七日，李鴻章一行抵俄國敖得薩，受到隆重的歡迎，四月三十日抵達聖彼得堡，會晤俄國外相羅拔諾夫，財相微德，討論中俄關係及鐵路經過滿洲的事情，李氏初表反對，微德便以不再幫助中國作為威脅，五月四日，李氏向俄皇遞國書，並由俄皇秘密接見，五月六日，李氏回電報告說：「引坐便殿賜坐暢談。彼謂俄國地廣人稀，斷不侵佔人尺寸土地。中俄交情最密，東省接路，實為將來調兵捷速，中國有事，亦便幫助，非僅利俄。惟華自辦，恐力不足，或令在滬華俄銀行承辦，妥立章程，由華節制，定無流弊。各國多有此事例，勸請酌辦，將來難保英日不再生事，俄可出力援助云云。」五月二十二日，遂訂中俄密約，要款如下：㈠日本如侵佔俄國亞洲東方土地，或中國土地，或朝鮮土地，即有礙此約，如有事，二國軍事同盟，相互援助。㈡二國之中，不可和敵方單獨議和。㈢開戰時，中國沿海港口准俄兵船駛入。㈣中國允許俄國建自黑龍江吉林地方接造鐵路，以連接海參威。中俄所訂的密約，本應保密，而一八九六年十月，上海字林西報竟公佈中俄特別條約（卽喀希尼密約），本約原爲四月間，喀希尼準備向中國提出交涉的草案，不過此約和中俄密約有接近的地方，引起國際間的注意。

德國一直希望能在中國取得貿易和軍事上的根據地，三國干涉還遼後，行動日趨積極，一八九六年十二月，德公使海靖（Heyking）向清廷交涉租借膠州灣之事，清廷恐怕一答應，各國將援例，堅持不允，德國想用武力壓迫，並向俄國探詢態度，俄國不作表示，英國也無意見，同時也承認福建爲日本的勢力範圍，以取得日本同意。一八九七年十二月，德國藉傳教士在山東鉅野縣被殺，派遣艦隊侵佔膠州灣，一八九八年三月六日，由李鴻章、翁同龢和德使海靖簽訂了中德膠州灣租借條約，內容如下：㈠租期九十九年，建砲臺、駐兵。㈡修鐵路，沿線礦產由德商開辦。㈢德國在山東有各項優先承辦、承購之權。德國佔領膠州灣後，清廷欲利用俄國出面，加以監視，但俄國反利用機會要脅清廷，以便取得旅順、大連兩港。一八九八年，雙方在北京簽訂旅大租借條約，內容如下：㈠旅順爲俄軍港，大連則爲商港。㈡租期二十五年。㈢築鐵路，建砲臺，享有沿線開礦權利。㈣中東鐵路的利益，不可讓渡他國。俄國利用中俄密約及旅大租約將南北滿劃入俄國的勢力之下。當中國承認德租膠州灣後，法國也向中國提出三項要求：㈠雲南、兩廣不得割讓與他國。㈡從東京至雲南、昆明的鐵路，由法國承辦。㈢在南海租借儲煤港口。清廷初不接受，但怕法國動武，遂於十一月，訂約如下：㈠中國出租廣州灣與法海軍儲煤，租期九十九年。㈡法國治理租界區得建砲臺，並駐兵。㈢法國可從廣州灣修建鐵路，抵於雷州西岸安鋪。西南地區也成了法國勢力的範圍。俄國取得旅大的租界，英國非常關切，一八九八年，英使也提出租借威海衞，聲稱其目的在防俄，當時，威海衞有日軍駐守，英國便以承認日本在福建的特殊權利爲由，向日交涉，對德則稱，威海衞爲軍港，而且不築鐵路，不妨礙德國在山東利益，在談判同時，中國又承認法國在西南的權益，並租借廣州灣，於是英國又向中國要求擴展香港界址，其後，分別在一八九八年六月九日及七月一日，訂定了中英擴展香港界址專約和威海衞專約。香港界址專約內容爲：㈠租期九十九年。㈡租借地歸英國管轄。㈢大鵬、深州二灣，中國兵船仍可使用。威海衞專約有：㈠租借山東威海衞的羣島及海灣全部。㈡租期二十五年。㈢築砲臺、駐兵。㈣租借區域歸英國管轄。日本在德佔膠州灣，俄佔旅大後，也要求中國不得將福建讓與他國，日本視福建爲其勢力範圍。在瓜分聲中，英國倍感威脅，英國在中國的商業利益受到各國勢力範圍劃分的挑戰，所以傾向門戶開放，而當時美國已取得非律賓，對遠東商業利益，日加關切，眼見各國劃分勢力，有碍美國在中國的商利，遂在英國的慫恿支持下，提出門戶開放政策。一八九九年，九月六日，美國國務卿海約翰（John Hay），對駐英、德、俄三國大使發出訓令，命各大使向駐在國提出對中國門戶開放的政策，其中有二大原則：㈠各國在中國的貿易機會一律均等。㈡統一賦稅，由中國政府徵收。英國表示同意，法日意德也同意，俄國態度曖昧，一九〇〇年三月二十日，海約翰發表通牒，宣佈門戶開放，成爲列強共同的對華政策，可惜的是，並不能有效維持，只是暫緩列強在中國的侵略。

第八章　變法與義和團

第一節　變法的背景

自南京條約訂定之後，中國的士大夫尚未澈底的覺悟，夷夏之防的觀念仍舊瀰漫，從不虛心考察西方政治制度、社會、經濟的狀況，進而比較中國和西方的差異，做為改革的張本。甚者，更有深信中國固有之政教制度，爲西方各國所不及，夜郎自大的心理，造成對國際事務的不明瞭，阻礙了革新進步的腳步。

太平天國、捻、苗、回等亂事，促成大量人口的傷亡，平衡了人口的壓力。官制漸受外人影響，而有所添設，但是從未認眞考慮其中所遺留的弊端，做適時的改革。各省在經過亂事後，逐漸恢復，官吏和人民的關係，仍然維持在治安的管理、徵稅納銀上，人民對於國家沒有其它的義務，也沒有參政的權利，政治上的痼疾依舊存在。在社會上，秘密會社的活動日趨活躍，長江一帶有長老會，常生事端，並搗毀教堂，山東曹州單縣的大刀會曾起兵叛亂。西北的回亂，範圍更廣，雖爲左宗棠所平定，可是回漢間的仇視並未有所改善，而回人本身也分派系，彼此互鬥。光緒二十三年（一八九七），金沙江上流的德爾格忒土司酋長爭位，川督鹿傳霖設計囚禁其父子，並請設官治理。達賴喇嘛認爲此地區歸他所管轄，欲派番官接任，川督堅持原議，駐藏大臣不願起爭端，於是朝廷讓步。凡此不過證明國內情況的不安，面對列強競爭的時代，內則治安不易維持，外則喪失權利。

變法圖強是中國急切需要的，曾國藩、左宗棠諸氏皆有感於外國槍砲的威力，輪船的便利，認爲我國若有這些設備，便足以和列強相抗。李鴻章久辦外交，洞悉國際局勢，主張變法，任官其間，先後擴充機器局，購置軍火兵艦，設輪船局，鋪設電線，謀築鐵路等；可惜計畫常受阻於守舊勢力，而無明顯的成績。究其原因，乃士大夫的無知，政府財政的窮困，而朝中的言官，不時妄發議論諫阻，朝廷之中沒有人主持此事，也是一大癥結。慈禧太后對於改革之事，往往交吏議。疆吏欲有所爲者，又多爲部議所阻，劉銘傳在臺灣頗多建設，後竟受到指責，遂托病乞退。郭嵩燾提出改革，出使德國的大臣劉錫鴻認爲「蔑視國家制度，而取笑洋人，是爲無君」，改革的主張爲淸議所不容。曾紀澤久任駐外公使，英人問他，中國爲何要拆毀在上海的鐵路時，竟無辭以對。回國後，欲有所作爲，但是建議往往不被採行，壯志難伸。

中國政治的弊病，在中日戰爭以後，陸續暴露出來，外交上受到列強的壓迫，爲免於受亡國滅種的威脅，唯有變法以圖強。國內一些學者，開始虛心和外國傳教士接觸，而由教會創設的廣學會對當時影響頗大，其刊行的文字，傳播科學知識，記載世界各國的消息，建議中國改革的事宜，主持此事者，爲教士李提摩太。李提摩太久在華北傳教，救濟災民，主張輸入西方科學知識，要有士大夫的信仰，然後傳教，以便改進中國。美國教士林樂知（Young John Allen）嘗受聘於上海機器局，翻譯書籍。光緒元年（一八七五），創辦《萬國公報》，刊載世界重要消息，以幫助中國人瞭解國際大勢，十五年後，由廣學會續辦。中日甲午戰後，林樂知編纂《中東戰紀》，內容則譯錄了戰爭期間的公文，節錄西方報紙的紀載等。《萬國公報》的讀者頗多，李提摩太的著作也受時人歡迎，學者鄭觀應的《盛世危言》，張之洞的《勸學篇》均受其影響。馬關條約成立當時，李提摩太入京，上奏民敎相安之法，謁見王公大臣，陳說改革事宜，康有爲前往謁見，並贈送書籍，自稱深信上帝之慈愛，世界大同之說，希望能一起合作，復興中國。李提摩太在讀完康氏上奏朝廷的疏文後表示：「余甚驚異，凡余從前所有之建議幾盡歸納晶結，若驚奇之小指南針焉。吾人之目的相同，宜其親來訪談，其書缺少者，則大同主義也。」此刻李提摩太在京需要一位秘書，康氏弟子梁啓超聞之，自請充任。

朝中學者有許多傾向改革的人，但多數士大夫仍以中國政敎之美，舉世無匹，歷史上只有用夏變夷，未有用夷變夏的，採用夷法，非聖人之道，而變祖宗之法，是爲不孝。這種保守的心理，以非聖不孝爲大罪的前提，根本就是一種心理障礙。張之洞時傾向改革，但是主張則以中國固有的標準做爲評斷外國政敎的標準，極端保守者則如《盛世危言》中所說：「今之自命正人者，動以不談洋務爲高，見有講求西學者，則斥之曰，名敎罪人，士林敗類。」強調夷夏之別，對於主張變法者，全以感情用事，妄發議論，造謠詆毀，無所不用其極。這些自稱清流的人物，在政治上的勢力強大，如徐桐，以道學自命，奉倭仁爲師，官至內閣大學士，疾惡外人。他所住的地方近公使館，但不願見洋樓，於是另開一新門出入，他謂「甯可亡國，不可變法」。對於主張改革變法的人而言，這些保守分子是固執的，康有爲曾指出：「今論治者皆知其弊，（指舊法而言，）然以祖宗之法，莫之敢言變，豈不誠恭順哉？未深思國家治敗之故也。今之法例雖云承祖宗之舊，實皆六朝唐宋元明之弊政也。我之先帝撫有天下，不用滿州之法典，而制前明之遺制，不過因其俗而已。……當今世而主守舊法者，不獨不通古今之治法，亦失列聖治世之意也。」此外如陳熾，著有《庸書》，認爲：「中國大亂（秦時），抱器者無所容，轉徙而之西域，彼羅馬列國，漢書之所謂大秦者，乃於秦漢之際，崛興於葱嶺之西，得先王之緒餘，而已足縱橫四海矣。」梁啟超則以十九世紀歐洲盛行之制度，牽強合於中國古代之政教，認爲三代的庠序學校，近於近代的大學，太王之咨問耆老，在今則爲議會，以上這些解釋，多欲緩和反對者的言論，但有甚者，如王闓運，以耶穌教之十字架爲矩，矩即墨家之巨子，斷定墨子爲耶穌，亦有以周代共和之名，認爲共和政體先於中國。少數主張改革的志士，其用心良苦的動機，令人敬佩。

但在眾多的主張變法中能堅持不屈者，要數康有爲。康有爲生於咸豐八年（一八五八），世居廣東的南海縣。康有爲初受教於大父，及長就學於粵中名儒朱次琦，光緒五年（一八七九），以論學與之不合，獨學於白雲洞。光緒八年（一八八二），康氏入京赴順天鄉試，途經香港、上海，羨慕市政的清明，建築宏偉，街道整潔，而中國首善之區，尚不如外國海外經營之地，乃信外人並非野蠻之國，購買廣學會和上海機器局刊行之書甚多，對世界大勢有進一步的瞭解。光緒十二年（一八八八），再赴順天鄉試，時皇陵山谷地坍，於是發憤上書，詳論天災示驚，國勢危蹙，及時變法，建議三事：「變成法、通下情、愼左右而已。」康氏時爲生員，以詩文干謁陳說，爲同鄉京官許應騤所惡。其後在廣州長興學舍教授弟子，梁啟超等追隨學習，並著《新學僞經考》、《孔子改制考》，一八九五年和弟子梁啟超入京應試，時馬關條約訂立，聞而大憤，與梁啟超等集合十八省應試舉人一千餘人，上疏拒和、遷都、練兵和變法。康氏取變法一項加以引申，並投都察院。書言富國、養民、教士、練兵。爲光緒帝得之，後詔朝臣疆吏奏覆。康有爲、梁啟超在京會試曾創行公報，分送朝士，會員數十人，並有英美人士加入，朝廷爲避免朋黨產生，以強學書局稱之。會員每十日開會一次，主要工作有：㈠譯東西文書籍。㈡刊布新報。㈢開大圖書館。㈣設博物儀器院。㈤建立政治學校。御史楊崇伊奏稱私立會黨將開處士橫議之風，請旨查封，光緒下詔查禁。但是御史胡孚宸奏請解禁，總署並請官辦書局。黃遵憲並創辦時務報館，由梁啟超主撰，梁氏之文暢達明白，自爲一體。康有爲弟子更辦知新報於澳門。一八九七年，黃遵憲爲湖南按察使，巡撫陳寶箴熱心於改革，創辦時務學堂，招收學生一百二十人，延請梁啟超爲總教習。中國戰敗屈服之後，有爲之士受康梁鼓舞，政府開辦強學書局，風氣爲之一變，文人組織的會社，風起雲湧。

雖然改革變法的聲浪很大，但是朝廷所顧慮的有二項——財政和軍政。財政上，在中日戰前一年收入有八千餘萬兩，但賠償日本軍費，已感不足。光緒帝要大臣共體時艱，而戶部擬定籌餉辦法，有八項：㈠裁兵；㈡考核錢糧；㈢整頓釐金；㈣核扣養廉；㈤鹽斤加價；㈥茶糖加釐；㈦當商捐銀；㈧土藥行店捐銀，並促各省速辦。盛宣懷則請仿行印花稅，創立銀行，發行公債，時國內幣制紊亂，一八八七年，赫德向總署建議，統一幣制，但是不易成功。中日戰後，軍隊腐敗，而且冗兵很多，軍餉積欠許久。朝廷的政策爲裁綠營，招募新兵，新兵的器械多購自外國，餉糈優厚，需要龐大經費。一八九五年，兩江總督張之洞奏請練新軍兩千餘人，一軍有十三營，名曰自強軍。仿照德國，半年之後擴充，預定五千人，用德國軍人爲統帶，營官以洋將充任，副哨官始用武備學堂的學生，直隸有提督聶士成所部的武毅軍，編制仍照舊例，袁世凱則練新軍於天津。財政、練兵爲中日戰後的要政，其它改革則有：㈠交通。一八九六年，張氏與直隸總督王文韶奏請設立鐵路公司，由盛宣懷爲督辦，辦理蘆漢鐵路。郵局亦積極辦理，將總稅務司署中的寄信局改爲郵政總局，各口所設之寄信局爲郵政局，並設立分局，除郵件外，兼營匯兌、包裹的寄送。㈡教育。強學書局爲官學局，派工部尚書孫家鼐管理，請教習、譯書、購置儀器。侍郎李端棻受其妹夫梁啟超影響，奏請自京師以及各省府州縣設學堂，府縣學堂教授中西學程，以三年爲期。京師大學選貢監生入學，並設藏書樓、儀器院、譯書局。可惜並未實行。㈢籌民生計。實業的發展，各省設立商務局，開放農民移民墾殖，東北、內蒙漸次開禁。一八九七年，德國強佔膠州灣後，各國相繼劃定勢力範圍，爭奪利益，中國危殆，年富力強的光緒帝，面對列強的無理要求，遂有變法圖強的心意，但是受慈禧的控制，往往無法完全作主，曾云：「朕敬奉皇太后，宮闈侍養，夙夜無違。仰蒙慈訓殷拳，大而軍國機宜，細而起居服御，凡所以裨益朕躬者，無微不至，此天下臣民所共知者也。」而在朝廷中的大臣，多爲慈禧親信，光緒之親臣獨其師傅翁同龢一人而已。而翁氏也亟欲富國強民，但爲滿人所嫉，皇族親王大臣也都偏向太后，光緒孤立。

列強的侵略，光緒深受刺激，光緒二十四年（一八九八）一月十六日，詢問樞臣變法事宜，並向翁同龢索閱黃遵憲所著的《日本國志》，欲有所改革。此時，朝廷大臣中新舊兩派的暗鬪日益激烈，六月十一日，光緒詔定國是。十五日，翁同龢奉硃諭免職，恐非光緒本意。同一天，又命榮祿爲直隸總督，節制董福祥甘軍，聶士成武毅軍、袁世凱新建陸軍，以防改革派。促成光緒帝決心變法的人是康有爲。康有爲上書雖受阻，但爲翁同龢所注意，後經此關係，康氏才有機會將他變法的思想傳達至光緒帝，並陳述效法日本維新，進呈《明治變政考》、《俄大彼得變政記》及李提摩太譯編之《泰西新史攬要》，《時事新論》，《列國變通興盛記》諸書。光緒將其奏疏交總署覆議，讀所進之書，遂決定變法。

第二節　百日維新

一八九八年六月十一日，光緒下詔變法：「數年以來，中外臣工講求時務，多主變法自強。邇者詔書數下，如開特科。汰冗兵，改武科制度，立大小學堂，皆經一再審定，籌之至熟，妥議施行。惟是風氣尚未大開，論說莫衷一是，或狃於老成憂國，以爲舊章必應墨守，新法必當擯除，眾喙嘵嘵，空言無補。試問時局如此，國勢如此，若仍以不練之兵，有限之餉，士無實學，工無良師，強弱相形，貧富懸絕，豈眞能挺以撻堅甲利兵乎？朕維國是不定，則號令不行，極其流弊，必至門戶紛爭，互相水火，徒蹈宋明積習，於國政毫無補益，即中國大經大法而論，五帝三王不相沿襲，譬之冬裘夏葛，勢不兩存。用特明白宣示中外大小諸臣，自王公以及士庶，各宜努力向上，發憤爲雄，以聖賢義理之學，規其根本，又須博採西學之切於時務者，實力講求，以救空疏迂謬之弊，專心致志，精益求精，毋徒襲其皮毛，毋競騰其口說，務求化無用爲有用，以成通經濟變之才。京師大學堂爲各省之倡，尤應首先舉辦，著軍機大臣總理各國事務王大臣會同妥速議奏，所有翰林院編檢各部院司員，各門侍衛，候補候選道府州縣以下各官，大員子弟，八旗世職，各武職後裔，其願入學堂者，均准入學肄習，以期人才輩出，共濟時艱；不得敷衍因循，徇私援引，致負朝廷諄諄誥誡之至意，特此通諭知之！」

詔文昭示朝廷的堅決變法，臣下當一致進行，然而朝臣多所忌諱，對於國是，多不願公開討論。翰林院侍讀學士徐致靖奏薦康有爲、張元濟、黃遵憲、譚嗣同、梁啟超五人，希望光緒帝能不次拔擢。十六日，光緒帝召見康有爲等於頤和園仁壽殿，本欲重用之，但被阻，遂命康氏爲總理衙門章京，許其專摺奏事。康氏政治主張，仍爲「統籌全局以圖變法，御門誓眾以定國是，開局親臨以定制度三者而已。」從此精神多耗於著書，議論政事，曾奏請廢八股，改用策論；武舉停辦馬步弓刀石，改設軍校；設學堂，繙譯日書，廣派留學生，政治則君臣合治，滿漢不分，定立憲法，召開國會，改定法制；軍制則裁汰綠營，改設巡警，仿照外制，大練新兵；交通則以漕款廣築鐵路；實業則勸勵工藝，獎募創新，提倡農商；宗教則尊孔聖爲國教，風俗則禁婦女纏足。朝臣贊助變法者有李端棻、徐致靖、張蔭桓、孫家鼐等。此外康梁黨人多爲小臣，梁啟超只有六品，辦理譯書局事務。康氏變法頗得英人、日人的同情和贊助，朝臣之中進行康氏計畫者有譚嗣同、劉光第、楊銳、林旭、楊深秀等。譚氏爲湖南瀏陽縣人，游歷四方，負有大志，精通哲理，著有《仁學》。劉氏爲蜀人，初成進士，授官刑部主事。楊銳亦爲蜀人。林氏爲閩人，曾在榮祿幕下做事。楊深秀，山西人，爲御史。在這些人的合作下，從六月十一日，光緒帝詔定國是到九月二十日政變爲止，改革詔書不斷，其重要內容如下：

六月十一日，詔軍機大臣總署王大臣會同妥速議奏籌辦京師大學堂。

六月十二日，詔送宗室王公游歷各國。

六月二十日，總署奉旨妥議提倡學藝農業事宜。

六月二十三日，詔自下科爲始，鄉試會試及生童歲科各試，一律改試策論。

六月二十六日，諭各部院於奉旨交議事件，剋相議覆，逾期卽嚴懲治。

七月四日，詔地方官振興農業，著劉坤一咨送上海農學會章程於總署，並令各省學堂廣譯外洋農務諸書。

七月九日，詔八旗改習洋槍。

七月十日，諭改各地書院爲兼習中西學之學校、省會之大書院爲高等學堂，郡城之書院爲中等學堂，州縣之書院爲小學。

七月十九日，公佈科舉章程，鄉試會試仍爲三場，一試歷史政治，二試時務，三試四書五經。

七月二十九日，命各部院衙門刪去舊例，另定簡明則例。

八月九日，京師大學堂成立。

八月二十八日，諭告諸臣除去蒙蔽錮習，不得無故請假，議奏事件不准延擱。

八月三十日，詔裁參事府通政司、光祿寺、鴻臚寺、太常寺、太僕寺、大理寺等衙門，外省裁撤湖北、廣東、雲南三省巡撫、東海總督。

九月五日，詔開西法練軍，逐漸實行徵兵，裁減綠營。

九月九日，詔准孫家鼐另設醫學堂，歸大學堂兼轄。

九月十二日，詔變武舉。

九月十三日，官民一律得應詔言事，各省藩縣道府，凡有條陳，均得自行專摺具奏。

九月十六日，詔編預算。

以上的改革、許多是針對中國積弊，但長久以來的積習，不是一下子可以改變的，大多數人對新法都持消極畏事的心理。康梁等人變法的急切，忽略了環境和人心，也是失敗的一因。

第三節　變法的失敗

由於多數人對新法並不瞭解，而其中如廢八股，使得許多文人失去升遷的管道，裁冗官，官吏恐懼，種種和現實利益既得者相衝突的新法，不斷受到抵制，而士大夫對變法領袖的攻擊也不遺餘力，許應騤奏曰：「康有為與臣同鄉，稔知其少即無行，迨通籍旋里，屢次搆訟，為眾論所不容，始行晉京，意圖倖進。今康有為逞厥橫議，廣通聲氣，襲西報之陳說，輕中朝之典章；其建言既不可行，其居心尤不可測，若非罷斥驅逐回籍，將久居總署，必刺探機密，漏言生事，長住京邸必勾結朋黨，快意排擠，搖惑人心，混淆國事，關繫非淺。」在這樣一個環境下，多如雪片的變法詔書，所能實行的，實在有限，更何況數百年的積弊，又怎麼是短期間所能成功的呢？如練新軍，設學堂，非有相當的經費、領袖的人才、充分的時間不可，而新法的執行者多為守舊大臣，不足以領導以開風氣。康有為曾奏請設十二局辦理新政，光緒帝交總署議覆，但延到六月，仍未覆奏，後才又再召樞臣會議，仍然不允。百日之內，光緒帝不斷嚴諭覈奏事件，不要遲延，可見朝臣辦事的怠慢，疆吏對於新政，亦多推諉。惟有湖南一地，新政的推行頗有成效。湖南初仇外甚為烈害，巡撫陳寶箴和地方鄉紳互相合作推行新政，及新政被廢，湖南鄉紳仍以己力繼續辦理各項實務。

光緒變法失敗最大的原因爲政權不在皇帝，而在慈禧太后之手，太后久掌朝政，朝中大臣多不肯違逆，加上光緒帝用的新臣多爲漢人，爲滿州權貴所忌。此外禮部主事王照上奏請光緒游歷日本，爲尚書懷塔布、許應騤所阻，光緒帝大怒，將尚書撤職，並提升執行新政諸人的官銜，此一舉動爲慈禧太后所不滿，造成光緒帝和慈禧的衝突，光緒帝恐帝位不保，密諭康梁諸人，速謀對策，於是找到袁世凱，希望袁氏能以武力保護光緒帝，不料爲袁氏出賣，九月二十一日，步軍衙門奉旨密拿康有爲及其弟康有溥。梁啟超、譚嗣同往見李提摩太共同商討對策，決定由李提摩太往見英使，梁啟超往見日使，容閎往見美使，可惜未有結果。其實康氏在二十日已離京乘船南下香港，受英國保護，梁啟超則避禍日本使館，二十五日東渡日本。二十四日，步軍統領衙門奉旨捉拿張蔭桓、徐致靖、楊深秀、楊銳、林旭、劉光第、譚嗣同，二十五日解送刑部，並舉行會審，張、徐二人被看管，其餘六人則在二十八日正法，是爲六君子。其中譚嗣同寧死不逃，並說：「中國數千年未聞有因變法而流血者，有之，請自嗣同始。」而慈禧因爲未能逮住康有爲，甚爲不悅，下詔焚其書籍，沒收財產，捕其家人，毀其祀墓等，一些贊助變法之大臣如張蔭桓、李端棻被革職，發往新疆。翁同龢、黃遵憲、張元濟、宋伯魯均遭革職。

慈禧再次聽政，詔復舊制，二十六日諭曰：「朝廷振興商務，籌辦一切新政，原爲當此時局，冀爲國家圖富強，爲吾民籌生計，……乃體察近日民情頗覺惶惑，總緣有司奉行不善，未能仰體朕意。……即如裁併官缺一事，本爲沙汰冗員，而外間不察，遂有以大更制度爲請者，舉此類推，將以訛傳訛，伊於胡底。……詹事府、通政使司、大理寺、光祿寺、太僕寺、鴻臚寺等衙門照常設立，毋庸裁併。其各省應行裁併局所冗員，仍著各該督撫等認眞裁汰。……凡有言責之員，自當各抒讜論，以達民隱，而宣國事。其餘不應奏事人員，概不准擅遞封章，以符定制。……大學堂為培植人才之地，除京師及各省會業已次第興辦外，其各府州縣議設之小學堂，著該地方官察酌情形，聽民自便；其各省祠廟不在祀典者，苟非淫祀，著一仍其舊，毋庸改為學堂，致於民情不便。」光緒改革的要政，全被停辦。太后詔飭各省裁員，不過是虛名；湖北、廣東、雲南巡撫等官且奉旨恢復。光緒帝被囚於瀛臺，太后陰謀廢之。各國駐京公使對光緒深表同情，並發表聲明，支持皇帝，至於朝臣疆吏也有不同的意見，劉坤一時為兩江總督，反對廢立，一時無法做成決定。光緒二十六年（一九〇〇）一月二十四日，慈禧太后召集王公大臣會議，諭立皇子，硃諭曰：「朕沖齡入承大統，……自上年以來，氣體違和，庶政殷繁；時虞叢脞，惟念宗社至重，前已籲懇皇太后訓政，一年有餘，朕躬總未康復，郊壇宗廟諸大祀，不克親行。……入繼之初，曾奉皇太后懿旨，俟朕生有皇子，即承繼穆宗毅皇帝（同治）為嗣，以為將來大統之畀。再四懇求，始蒙俯允，以多羅端郡王載儁繼承穆宗毅皇帝為子，欽承懿旨，欣幸莫名！仰遵慈訓，封載漪之子溥儁為皇子。」

維新變法主要是受外患的刺激，醞釀多時，而倡言改革者多為國內覺悟優秀分子，欲富強中國。光緒帝受到影響，下詔變法，百日之內連下新詔，康梁等人，急切於最短時間內剷除千年的積弊，認為變法之事甚易，不料受到保守勢力的反擊，而外人多表同情，也讓保守人士感到憂心，怕革新派勾結外人。康梁等人的理想色彩很濃，求效太急而招忌，事變之後，許多人被革職、戍邊，或歸隱，聰明才智之士落到如此下場，誠為國家最大的損失，而朝中昏庸大臣，仇視外國，釀成日後的大禍。

第四節　義和團的興起

中日甲午戰後，列強在中國的侵略，更甚於昔日，相繼要求承辦鐵路、租借軍港，劃分勢力範圍，藉此以鞏固他們在中國政治、商業上的地位，中國被迫應允，瓜分之勢幾至。有識之士，有感於此，便謀求學習西方的長處，以補中國的不足，於是主張變法。不幸的是，由於保守分子的勢力太大，反對採行西法，而列強對中國的侵略，有增無減，激起一般人的厭惡，造成了偏見，而形成意氣之爭。此外，人民的迷信，對西方傳教的目的，並不瞭解，引起許多誤會，產生民教的衝突。對朝廷而言，慈禧太后在戊戌政變之後，掌握了政權，變法的大臣，或誅或逃，逃往外國的康梁，在英日的保護下阻礙慈禧太后的行動，更令慈禧不滿。董福祥的甘軍，仇視外人，導致外人受傷，形成外交事件，慈禧的親信大臣載漪、徐桐也痛恨外人，甚至要尋求報復。

引起仇外的的原因很多，其中以教案最多。自開放通商訂約以來，教士東來中國者，人數漸多，有三派：天主教、基督教、希臘正教。天主教在中國的歷史最久，如利瑪竇、湯若望等人，他們輸入了科學知識，雍正時天主教被禁。基督教則於嘉慶十二年（一八〇七）由英國教士馬禮遜傳入，但是因爲禁教的因素，並不能自由傳教，馬氏學習中文，受僱於東印度公司，並翻譯聖經。希臘正教則經俄國來中國，學習中文，影響不大。中美望厦條約訂定後，美國人可以在通商口岸建教堂醫院，後法使要求開教禁，清廷才同意。十九世紀以來，工業發展迅速，資本財富集中，社會上捐助教堂的款目很大，配合世界交通以及科學的進步，教士向外傳教的人數大增。教士間彼此的派別不同，因此教義及傳教的方式也不同，而教會和政府間的關係也不相同，在中國，以法英美俄人最多，法人信奉天主教，英美多信基督教，俄則信奉希臘正教。天主教的神父往往利用宗教勢力，干涉政治。咸豐八年（一八五八），天津條約中允許教士傳教，一八六〇年，中法北京條約准許教會置產於內地。基督教的教士也不願放棄機會，紛紛倣行。教士在內地，不受中國官吏管理，中國官吏也不願切實保護教士，於是產生許多問題。

中國對於傳教事業，是抱持著懷疑態度，慈禧太后在拳匪亂後，仍相信教士挖眼取心配藥的事。由此觀之，一般人民的想法更是荒唐，教會收養嬰兒，育嬰堂中夭折的嬰兒，也通常被視爲遭謀殺。而男女信徒同在一室內做禮拜，往往被視爲傷風敗俗，所以謠言四起。教會開辦醫院學校和慈善事業，經費多由教徒樂捐，和政治並無太大關係，而其中的誤會，主要是因爲天主教在東方，爲法國保護，法利用天主教做爲侵略的工具。教士在中國傳教，教義的解釋往往依據聖經，而和中國傳統的文化有不相同之處，雙方的環境也不同，因此容易造成衝突。反對的人常是士大夫，由於厭惡教士，又嚴辨夷夏之防，加上教士反對祭祀祖先，和中國傳統禮教不相容，而民間的敬神拜佛，教士和教民多不參加，更引起一般人的不滿。教民的素質也不好，許多無賴，往往避官府於教士之處，以免受罪，一些教士往往爲偏袒教民而干涉司法，官府爲息事，通常草草收場，造成民教的仇視。有了這些問題，因此，基督教士李提摩太曾入京上奏教民相安之策，但是朝廷未接受。光緒帝在變法時曾要求地方官切實保護教士，一方面要開導百姓，以避免教案再生。

就當時社會而言，人民仍以耕種爲主，而輔以紡織，國際貿易日盛，輸入的紡織品源源進入內地，造成對農村經濟的嚴重打擊，人民的生計較從前更糟，失業人口增加。此外，天災，如黃河改道，也造成人民很大的損害。貧困的人民，根本無法負擔國家的稅收，國家也貧困不堪，清自中葉以來，財政便拮据，鴉片戰後的對外賠款、內亂、軍費的花費很大，國用根本不足。光緒二十五年（一八九九）戶部奏曰：「近今大費有三：曰軍餉、曰洋務、曰息債。息債歲約需兩千餘萬、洋務亦約需兩千餘萬、軍餉約需三千餘萬，此三項已七千餘萬矣。此外，國用常經京餉旗兵餉需，及內務府經費，又各直省地方經費，亦幾二千萬。收入約八千萬，短少一千數百萬兩。」收入的主要財源爲田賦、關稅、鹽課、釐金等項。因此，朝廷積極籌餉，力謀練兵自強，以禦外侮。列強的侵略，上自慈禧，下至胥吏，莫不心存報復。戊戌政變後，太后詔諭各省統帶兵勇大臣曰：「督率將弁汰弱留強，激勵兵丁，認眞訓練。……一旦疆場有事，士卒用命，咸曉然以國恥爲恥，同仇敵愾，成節制之師。」當時中國的精銳爲北洋軍，分爲四軍，聶士成爲前軍，駐蘆臺，扼守北洋門戶。董福祥爲後軍，駐薊州，兼顧通州。宋慶爲左軍，駐山海關，防東路。袁世凱爲右軍，駐小站，扼天津。榮祿另募萬人爲中軍，而能戰的只有聶士成、袁世凱的軍隊，人數不多，無法對外。清廷想以保甲團練做爲輔助，太后詔曰：「保甲則常年認眞，自堪弭盜；團練則更番訓練，久之民盡知兵，自足爲緩急之恃。」可惜成效不大。

社會的動盪不安，自然容易造成暴民，一八九九年，全國除湖南省外，均有擾亂，浙江、紹興、寧波、臺州均遭荒年，飢民無糧食可吃，遂被迫暴動搶掠，福建也有搶米的事情，加上當地秘密會社乘機活動，彼此互通聲息，官吏置之不問，社會風氣日益敗壞。河南山東受黃河危害甚大，百姓人民流離失所。當此時，沿海諸省以意大利將租借三門灣，官府調兵防守，人民頗受困擾。上海人民反對租界擴展，厦門反對日本要求租界，人心異常不安。雲南則是法人自安南擴張勢力，並經營鐵路，滇人大為恐慌，反法的運動，時有所聞。山東則有德人建築膠濟鐵路和莊民發生衝突，莊民死二十餘名，山東巡撫毓賢則賠償三千四百餘兩，卻置死傷莊民不顧，人民仇外的心理更加強了。此外，也有因宗教而引發的事端，人民受到迷信傳說的影響，焚燬教堂，加上教民仗勢欺人，魚肉鄉里，民眾遂起而報復，也有因官吏處置不善，而導致人民生怨而生事。在這些大小不斷的問題中，要以山東、直隸的拳匪為最。一八九八年，山東拳匪暴動，蔓延到直隸南部，直督裕祿早先派兵鎮壓，一八九九年，大刀會闖入閩州滋擾，為官兵所破，直隸情勢稍為安定，但是山東的拳匪，隨後便蔓延到直隸，造成不安的現象。

山東成為拳匪發難之所，主要是，此區民風強悍，又碰巧遇上凶年，人民生活困難。此外，又受德國的侵略刺激，於是社會呈現不安的情景，但是對付外國人，武器又不如人。因此，只有求助於神，於是義和拳便產生了。義和拳本為白蓮教的一支，其黨有祖師，召收徒弟，練習拳棍，十八世紀末葉，勢力大盛在山東、河南。乾隆曾下令嚴禁。一八〇八年，安徽的穎州、亳州，江蘇的徐州，河南的歸德，山東的曹州、沂州、兗州均有出現如大刀會、虎尾鞭、義和拳、八卦教等曾欺壓百姓的組織。一八九八年，江蘇、山東的大刀會擾亂，其徒眾稱神靈附身，咒語可以刀槍不入，更提出「扶中朝滅洋教」的口號，任何人曾受教民欺侮者，入教後，便可一同報復，受到不少人的歡迎。光緒二十五年(一八九九)，山東義和拳大亂，反對教士教民，強迫他們燒香敬神，並掠奪財物，官府置之不理，許多百姓加入，而巡撫毓賢暗中支持，更助長了他們的氣焰。於是逐漸蔓延到直隸邊境，英美德意各國教士均感不安，反映各國公使，並要求毓賢下臺，清廷在各國壓力下召毓賢回京，命袁世凱代理巡撫，袁氏認眞辦理，義和團頓時受挫。可是朝廷之中，有許多大臣，認爲義和團可以做爲對抗外人的武力，因爲各國公使一再要求嚴辦義和團，顯然是懼怕義和團。回京的毓賢，不但沒被斥責，反而受賞賜，令各國公使不滿，一再向總署抗議。而此時，主政的大臣，如端王載漪，極恨外人，敢於行動，受太后的喜愛，其子溥儁原要接替光緒帥位，但爲各國公使反對。因此，載漪亟思報復。其後，載漪代恭親王奕訢主持對外事務，但是載漪對外交並不內行，更不明瞭世界局勢和國際公法，反而深信義和團有神助，足以殺盡洋人。和載漪持相同看法的有徐桐、剛毅等，榮祿反對利用拳匪，但太后心意傾向利用拳匪，因此載漪等的主張占了優勢。

朝議傾向利用拳民，直隸漸成義和團集會的地方，尤以天津、保定府的通州爲中心，共分四派，坎字、乾字、坤字、震字四拳，其中以坎字的勢力最大。此外，坎字拳尙紅，學習時，焚香叩首，跳躍起仆，持械而舞。乾字拳尙黃，持械而舞時，口吐白沫，體力異於常人，而他們所信的神，多爲民間流傳的英雄或小說中的神怪，如托塔天王、梨山老母、孫悟空、猪八戒、趙子龍等。首領時稱，老師祖大師兄。天津有張德成、曹福田，團中有所謂紅燈照，多爲少女，身著紅衣，手持紅燈，還有黑燈照、靑燈照等。亂事繼續擴大，擴及教民及外人僕役，他們統稱爲二毛子、外人則爲大毛子，凡商人販賣洋貨，學生家藏有洋書，或戴眼鏡者，均是二毛子。燒殺不分老幼，情形甚慘。拳匪的行動日益激烈，焚燬電線，拆除鐵路，殺害武官，朝廷於是要直督捕捉滋擾地方的拳匪，但是載漪、剛毅，仍舊堅信拳民可用，一再保護，而各國也組成援軍，向天津進發，欲保護僑民。疆吏之中如李鴻章、劉坤一、張之洞、袁世凱對拳匪，都持否定的態度，認爲太過危險。亂事持續，其後日本使館書記官杉山彬被殺，德國公使克林德也遇害，引起各國嚴重的抗議，決定以武力干涉，並攻陷大沽砲臺。

第五節　慈禧下詔宣戰

一九〇〇年，六月十六日，慈禧召開會議，侍讀學士劉永亨，請旨令董福祥驅逐亂民，太常寺卿袁昶詳言：「拳實亂民，萬不可恃；就令其有邪術，自古及今，斷無仗邪術成事者。」慈禧駁斥說：「法術不足恃，豈人心亦不足恃乎！今日中國積弱已極，所仗者人心耳！若併人心而失之，何以立國。」吏部侍郎許景澄說：「中國與外國結約數十年，民教相仇事，無歲無之，然不過賠償而止。惟攻殺外國使臣，必召各國之兵，合而謀我，何以禦之？主攻使館，將置宗社生靈於何地？」載漪、載瀾均言，義和團是義民，人心不可失，光緒表示反對。十七日，再度集會，光緒主和，認爲我國積弱，兵不足戰，用亂民以僥倖求勝，實不可恃。載漪爲激怒慈禧，假造洋人照會四條：「一、指明一地，令中國皇帝居住。二、勒令皇太后歸政。三、代收各省錢糧。四、代掌天下兵權。」慈禧宣讀假照會後，激怒異常，堅決主戰，載漪、溥良等激昂陳辭，極力主戰。十八日又召大臣，仍商和戰，會議時，聯元、王文韶反對圍攻使館，均被慈禧、載漪斥爲夷人進言，光緒泣爭無效。十九日，慈禧決定宣戰，派許景澄等往各國使館通知，限二十四小時內離京，派兵護行。六月二十一日，發佈宣戰詔諭：「上諭：我朝二百數十年，深仁厚澤，凡遠人來中國者，列祖列宗，罔不待以懷柔。迨道光咸豐年間，俯准彼等互市，並乞在我國傳教，勉允所請。初亦就我範圍，遵我約束。詎三十年來……朝廷稍加遷就，彼等負其兇橫，日甚一日，無所不至；小則欺壓人民，大則侮慢神聖。我國赤子仇怨鬱結，人人欲得而甘心，此義勇焚燬教堂屠殺教民所由來也。朝廷仍不肯開釁如前保護者，恐傷吾人民耳！故再降旨申禁，保護使節，加卹教民。……彼等不知感激，反肆要挾。昨日公然有杜士蘭照會，令我退出大沽口砲臺，歸彼看管，否則以力襲取，危詞恫嚇，意在肆其披倡，震動畿輔。朕今涕泣以告先廟，慷慨以誓師徒，與其苟且圖存，貽羞萬古，孰若大張撻伐，一決雌雄。連日召見大小臣工，詢謀僉同。近畿及山東義兵，同日不期而集者不下數十萬人；下至五尺童子，亦能執干戈以衞社稷。……地廣有二十餘省，人民多至四百餘兆，何難剪彼兇燄，張國之威！……爾普天臣庶，其各懷忠義之心，共洩神人之憤，朕實有厚望焉！欽此。」

北京城內，自攻使館以來，卽進入混戰，物價上揚，生活困難，貧民加入拳匪的人增加，宣戰後，被招撫爲兵，以禦外侮。載勛懸賞收購外人之頭，男子五十兩，女子四十兩，孩童三十兩。此外，拳匪對於官吏，則加以侮辱，官員多南逃，軍隊的紀律敗壞，榮祿之武衞軍大掠東城，甘軍在市中任意放槍。山西巡撫毓賢，也乘機大殺外人，二十七日，太原暴民攻擊醫院，放火燒之，並陸續收捕教士、外人殺之，少數教士西逃至陝西，由陝西署理巡撫端方派兵護送至漢口，北逃至蒙古者，則多死亡。此外，河南南陽府光州、浙江衢州府、陝西寧美州、湖南衡州均有慘殺教士的事。在一片混亂之中，榮祿表現出不合作的態度，但因他位高，爲太后所信任，不致有禍，官品低者，如袁昶、許景澄也反對宣戰，後因擅改諭旨，將「盡殺」外人，改爲「保護」外人，被斬。此外，立山、徐用儀、聯元也因反對而被斬。

使館久攻不下，太后甚爲焦慮，七月三日，頒發俄英日國書，要他們排解，但無結果。此時，天津情勢危急。十四日，城失守。十六日，太后知各國使的館照會乃載漪命人假造，於是態度轉變。十七日，太后嚴飭義和團民恪守戒規，其尋釁焚殺者，依土匪懲處，更停止攻擊使館，二十日，總署送來西瓜兩車，二十七日送白麵二千觔，瓜果菜蔬數車，休戰至二十八日，期間朝廷頒發法美德國書，請言和議之事。李鴻章時在上海，聞外兵將至，一方面要求駐外公使勸說列強勿添兵前來，一方面與劉坤一會奏，請派軍隊護送各使赴津。在圍攻使館期間，榮祿曾在宣戰前力謀保護公使，但是德公使遭殺害後，各國認爲中國沒有能力保護，於是尋求自保，紛紛派兵，榮祿也無可奈何。中國其他各省，反對拳匪者以兩江總督劉坤一爲最，此外張之洞也是，二人飭上海道余聯沅與各領事妥議章程，以上海租界歸各國保護，長江內地歸督撫保護，嚴辦拳匪，以保中外人民生命財產。兩廣總督李鴻章也不理會朝廷之令，山東則在袁世凱治理下，治安良好。

大沽砲臺失陷後，清廷下詔宣戰，而列強對於北京的情況不太明瞭，中國駐外公使多不願回國，李鴻章要他們對外說明，如果列強不對中國宣戰，他將北上，解決事端。但是列強爲救困在北京的外人，還是決定派軍前去增援，約一萬二千人，清軍和他們相互攻擊。六月十七日至七月十四日，惡戰二十七天，爲中國自訂約通商以來最大的戰爭，參與戰事者，多爲北洋軍隊時稱武衞軍，約三萬餘人，由聶士成、宋慶、馬玉崑統率，聶部最精，及其戰死，由宋慶等繼續圍堵，而拳匪則趁火打刼，危害甚大。天津陷落後，北京危殆，朝廷詔催各省勤王之師。聯軍在佔領天津後，認爲中國軍隊尚可一戰，不敢貿然進兵北京，七月下旬，各國大多相信北京的外人已死亡，但中國駐美公使伍廷芳請和，並傳遞美國公使乞援的電文，始相信人仍活著，於是決定儘快出兵救援，八月四日，各國會議，決定進兵北京，日本最多，俄國次之，英國又次之，美國與法國較少，奧意各有代表，約一萬八千人，德國大將瓦德西（Von Waldersee）正在途中，因此未到。八月五日，日軍右翼開始攻擊，雙方激戰，裕祿退守楊村，再敗，裕祿自殺，各國統將會議，進取通州，途中和李秉衡的軍隊戰於河西務，當時各省的勤王之師及新募的軍隊約有十萬人，但是訓練不精，而武衞軍又傷亡泰半，情勢危急。聯軍繼續向北京前進，京人恐慌，十二日，通州失守，李秉衡兵敗自盡，太后軍機大臣相視而哭，太后言將殉國，並令皇帝自盡。十四日，外兵逼臨城下，開砲攻城，於是太后決定出京避禍。十五日，動身出京，派榮祿、徐桐、崇綺留京辦事，城中人民混亂異常，而日俄軍隊焚殺極爲凶惡，許多大臣爲免受辱，自殺者極多，徐桐謂遭國難當死，懸樑自盡，家中婦女，自經者有十八人，崇綺爲同治皇后之父，時爲大阿哥的師傅，城破後，隻身到保定，其子和母親妻幼均自殺，崇綺聞後亦自縊。景善在外兵掠刼奸淫之際，命家中所有子女服毒。聯軍入城，無惡不作。十六日，列強主將會議，決定劃分防地，總稅務司赫德對各國軍隊入京的行爲感到失望。諸軍恢復紀律後較好的爲日、美兩國。

官軍拳匪戰敗後，潰散到鄉間，四處搶掠，而太后皇帝出京，沿途供養困難，兵士搶刼很多，北出長城而往宣化，入山西南行至太原，途中得岑春煊的兵護衞，岑爲甘肅布政使，率兵勤王，及抵昌平，正巧遇上太后出京，奉諭保駕。太后在山西太原半個月內，深恐外兵攻入，於是更走陝西。八月二十二日，李鴻章得保定來電，說明散兵拳匪擾亂地方，地方頗感不安，各國政府也以保護爲名，調兵入防，於是印軍奉命調至上海保護租界，日軍奉命駐進厦門，德軍駐進高密，俄軍進駐滿州。進入北京的聯軍，互相爭功，初由俄英日三國將校統理大局，後瓦德西要求加派德軍，美法意也先後提出要求，他們管轄的地區有天津全縣，東至北河入海口，原有租界及聯軍所佔的鐵路等，徵收捐稅，保護治安，審判犯人，聯軍控制了津京，對李鴻章求和之事，置之不理。德國遠征軍有七千人，故聯軍以其將瓦德西爲統帥，但是各國軍隊，並不受其指揮。尤其俄軍，積極南侵，趁機佔據牛莊、遼陽奉天府等地，於是英國爲防俄人南下，遣兵艦在海上警告俄國，瓦德西則命聯軍北上駐防山海關，以防俄人南下。俄國對中國領土有野心，英國不滿，和美國聯合，重新提出門戶開放政策的履行。於是遂有和議的召開。

第六節　辛丑和約

和議久久不能召開，主要是各國的利益不能調和，聯軍攻陷北京之初，李鴻章曾要求俄國出面商談和議之事，要俄先撤兵，以爲各國榜樣，但是並無結果，九月十八日，德國要求中國必須先懲辦禍首，始可言和，李鴻章乃以懲治禍首爲言，在二十五日，上諭莊親王載勛、怡親王溥靜、貝勒載濂、載瀅均革去爵職，端郡王載漪撤去一切差使，交宗人府嚴議，載瀾、英年交都察院嚴議，剛毅、趙舒翹交都察院吏部議處。但公使認爲大臣革職事小，慘殺教士的毓賢，及圍攻使館的董福祥罪大，而不處置，表示不滿。十月，駐外公使奏稱各國非懲治禍首不可，如不同意，則和議難開。十九日，太后詔禁革職大臣，罷免毓賢，外使仍不滿意，要求中國將載漪等正法，但是沒有太大作用。十月四日，法國致通牒給各國，提出六點，作爲和議根據：㈠中國懲辦北京使團提出的罪魁。㈡禁止軍火運往中國。㈢賠償各國及個人損失。㈣駐兵保衞北京使館。㈤毀大沽口砲臺。㈥佔據北京至大沽間的要區。列強對此建議，大致接受。和議進行初甚緩慢，主要還是懲辦禍首之事，一九〇一年，二月，太后允許嚴辦趙舒翹，問題才有轉機，但是中俄之間因滿州問題，懸而未解，亦影響和議進行，而盛京將軍增祺擅派委員周冕訂約，喪失主權，遭朝廷議處，駐俄公使楊儒與俄財相微德續議，微德提出十二款要求：㈠軍費在京核算。㈡東省簡放將軍及常設兵警，須先與俄商明。㈢每將軍處，俄派文武二員協助。㈣滿蒙及北省各項利益不得讓與他國。㈤中國不得造鐵路於滿蒙。㈥金州歸租借地。㈦俄國代辦滿州稅關。㈧陸路進口貨納稅後，不再收稅。㈨中俄借款改爲每年付息。㈩軍費未清，中國無權贖回東省鐵路。(十一)俄國收購山海關至營口鐵路，其價在軍費賠款內扣算。(十二)俄國保路之兵分期撤退。日德美義奧聞知後，先後抗議。日本說明，若允俄約，他國將有相同要求，英美各國勸俄，以大局著想，駐日公使李盛鐸、會辦商務大臣盛宣懷、山東巡撫袁世凱均言俄約不可應允，朝廷於是向俄商減條款，期保自主之權。

和議前後，以日本對中國最爲親善，當初圍攻使館時，日外務省曾多次提出忠告。聯軍進逼北京，日本通知東南督撫，申言日兵將力保太后皇帝。北京失守，禁門由日兵保護，並派兵保護慶親王奕劻入京。八月和約議成，公使要求清廷明令停止仇教，嚴辦仇外的官吏和禁軍火，始簽字，到了九月七日，雙方簽字，是爲辛丑公約。中國代表爲奕劻、李鴻章，外國則有英美日德奧比西俄法意荷十一國公使，共有十二款，內容如下：

一、德國公使克林德被害，派醇親王載灃代表向德道歉。日本書記杉山彬被害，派戶部侍郎代表向日本道歉。

二、懲辦傷害各國國家及人民的禍首，端郡王載漪、輔國公載瀾，均定斬監侯罪名。莊親王載勛、左都御史英年、刑部尚書趙舒翹，均定爲賜令自盡。山西巡撫毓賢、禮部尚書啟秀、刑部左侍郎徐承煜，均定爲行正法。吏部尚書剛毅、大學士徐桐、前四川總督李秉衡，均已身故，追奪原官，又兵部尚書立山、吏部左侍郎許景澄、內閣學士聯元、太常侍卿袁昶，因上年反對拳亂被害，開復原官，以示昭雪。

三、將各國人民遇害被虐之城鎮，停止文武各等考試五年。

四、軍火暨製造各種機器，禁止進口兩年。

五、賠款銀四億五千萬兩，年息四厘，合利息共計銀九億八千二百餘萬兩，分三十九年還清，由關稅、鹽稅支付。

六、擴展各國使館界，內設使團管理，並得自由防守，各國得駐軍保護。

七、將大沽砲臺及有礙京師至海道的各砲臺，一律削平，並准許各國在董村、廊坊、楊村、天津、軍糧城、塘沽、豐台、唐山、灤州、昌黎、秦皇島及山海關駐兵。

八、廢除總理各國事務衙門，改設外務部。

九、各國駐京之軍隊，除防守使館外，在一九〇一年九月十七日撤退。

清廷接受議和的內容，是在各國要求下簽訂的，奕劻、李鴻章曾報告經過說：「去年十一月初一日始據送到和約議總綱十二款，不容改易一字，臣等雖經迭送說帖，於各款應商之處，詳細開說，而各使置若罔聞，且時以派兵西行，多方恫喝。」

第九章　清末之改革

第一節　清廷之改革新政

慈禧扼殺戊戌變法後，又復慫恿義和團之亂，釀成八國聯軍肆虐北京，國幾不存。當其挈光緒自京出逃，初駐太原，後至西安，時值大旱，供養困難，途中所受之苦，飲食起居之不便，深受刺激，爲掩飾自己的頑固之罪，及收拾人心，於光緒二十六年（一九〇〇）十二月一日，下詔求直言，命內外大臣督撫條陳改革朝章、國政、吏治、民生、學校、科舉與兵政諸事宜。次年一月二十九日再以光緒名義，正式頒布變法。三月，諭設督辦政務處，議商變法條陳，派奕劻、李鴻章、榮祿、崑岡、王文韶、鹿傳霖爲督辦政務大臣，劉坤一、張之洞等爲參預大臣，負責新政的籌辦。

光緒二十七年（一九〇一）七月，劉坤一與張之洞會奏變法三摺，做爲最初實際變法之動議。第一摺論育才興學，主張參考古今，會通文武。其辦法凡四：㈠設文武學堂。㈡酌改文科。㈢停罷武科。㈣獎勵游學。第二摺論立國之道凡三，曰：治、富、強。中國之必應整頓變通者，共十二端：㈠崇節儉。㈡破常格以取人才。㈢停納捐。㈣課官重祿。㈤去書吏。㈥去差役，推行警察。㈦恤刑獄。㈧改選法。

(九)籌八旗生計。(十)裁屯衞。(十一)裁綠營。(十二)簡文法，省虛文無用之册籍。第三摺陳說採行西法，建議凡十三端，如派遊歷、練外國操、廣軍實、修農政、勸工藝、定礦律、路律、商律、交涉、刑律，用銀元，行印花稅，推行郵政、官收洋藥、譯書等。綜觀此三摺內容，不無可議之點，大體上則深切中國積弊，迎合時人之希望，故疏上之後，太后頒令「責成中外臣工，將應行變通興革諸事，力任其難，破除積習，以期補救時艱，並將劉坤一、張之洞會奏整頓中法，以行西法各條隨時摘要舉辦。」

根據劉坤一、張之洞的「整頓中法，以行西法」綱領，清末之改革，主要自政治、軍事、教育選舉、法律、社會風俗等方面著手。關於政治之改革，著重於政治機構之汰冗換新，其主要措施計有：

一、光緒二十七年三月，設立督辦政務處。

二、光緒二十七年四月，裁汰各衙門胥吏差役。

三、光緒二十七年六月，依列強要求，改總理各國事務衙門爲外務部。

四、光緒二十七年七月，停止捐納實官。

五、光緒二十八年正月，歸併詹事府於翰林院，復命裁撤河東河道總督缺。

六、光緒二十九年七月，設立商部，將路礦總局裁併。

七、光緒二十九年十一月，設立練兵處。

八、光緒三十年十一月，裁撤雲南、湖北兩省巡撫缺。

九、光緒三十一年六月，裁撤廣東巡撫缺。

十、光緒三十一年九月，設立巡警部。

十一、光緒三十一年十一月，設立學部。

關於軍事之改革新政措施，則多依循李鴻章先前之建設而繼續發展：

一、光緒二十七年七月，命各省綠營防勇，限於本年內裁去十分之二三。

二、光緒二十七年七月，命各省籌設武備學堂。

三、光緒二十七年七月，復命將各省原有各營嚴行裁汰，精選若干營，分爲常備巡警等軍。

四、光緒二十九年五月，命鐵良會同袁世凱辦理京旗練兵事宜。

五、光緒二十九年十一月，設立練兵處，命奕劻等管理。

六、光緒三十一年九月，在河間舉行秋操，命袁世凱、鐵良爲閱兵大臣。

至於學校敎育及人才之培養與登錄，可以「廢科舉，設學校，派游學」九字言之，開始了中國敎育現代化之第一步。其措施計有：

一、光緒二十七年四月，復開經濟特科。

二、光緒二十七年四月，命整頓翰林院，課編檢以上各官以政治之學。

三、光緒二十七年五月，命出使大臣訪察游學生咨送回華聽候錄用。

四、光緒二十七年七月，命自光緒二十八年爲始，鄉試、會試等均試策論，不准用八股文程式，並停止武生童及武科鄉會試。

五、光緒二十七年八月，復命各省所有書院，於省城改設大學堂，各府及直隸州改設中學堂，各縣改設小學堂。

六、光緒二十七年八月，命各省選派學生出洋肄業。

七、光緒二十七年十月，定學堂選舉鼓勵章程，凡由學堂畢業考取合格者，給予貢生、舉人、進士等名稱。

八、光緒二十八年九月，復命各省選擇學生，派往西洋各國，講求專門學業。

九、光緒二十八年十一月，命自光緒二十九年會試爲始，凡授職修撰編修及改庶吉士用部屬中書者，皆令入京師大學堂分門肄業。

十、光緒二十九年十一月，頒布學堂章程。

十一、光緒三十一年六月，考試出洋歸國學生，自是每歲考試留學以爲常。

十二、光緒三十一年七月，停止鄉會試及各省歲科考試。

十三、光緒三十二年，定女子學堂章程，但僅限於師範及小學。

教育之改革，短期間雖未能收預期之效，然有其劃時代意義存在。中國二千餘年之私家教育與一千餘年之科舉制度，從此告終；五百餘年之八股考試，自此取消。今後，教育成國之要政，學科內容與種類大爲擴張，啟發更多之時代觀念，增進更多人之愛國思想，認爲現狀必須改造，方能圖中國之富強，因而嚮往於革命或立憲運動，此自非提倡新教育當局之所望，然亦爲其始料之所不及。

另一項具有新時代意義之改革，則爲法律之改良。中國人民之法律觀念，異於歐美先進國家，對於司法制度之惡劣、監獄之黑暗、胥吏之惡狠，無權改革，置而不問，乃以息訟爲事。領事裁判權成立後，識者知其損失重大，而謀將其取消。光緒二十八年（一九〇二），中英商約載明中國改良律例，英國允許協助，並可放棄治外法權。中美、中日商約，亦有相同規定，其取消之條件，端視中國法律之改良而定。於是當年三月，命出使大臣查取各國律例，責成袁世凱、張之洞，保薦專家，以備開館編纂。五月，詔派沈家本、伍廷芳爲修訂法律大臣，將國內現行律例，按照交涉情形，參酌各國法律，悉心考訂。沈嘗任按察使，精通歷朝律例，伍留學於英，曾爲律師，派任可謂得人。其主要工作有三，一曰修改舊律，二曰更改刑名，三曰另編新律，採西方制度，減輕重刑。光緒三十一年（一九〇五）四月，宣布刪除凌遲、梟首、戮屍三項，死刑至斬決止，並禁止刑訊拖累，變通笞杖辦法，清查監獄、羈所。光緒三十三年（一九〇七）新式審判廳創設於東三省，並試辦於直隸、江蘇、湖北，是爲中國行政、司法分立之始，而開法官獨立之先聲。

社會風俗方面，有光緒二十八年（一九〇二）之詔許滿漢通婚，勸漢人婦女除纏足積習。三十三年（一九〇七）詔諭化除滿漢成見，使滿漢平等，然此主要在緩和革命排滿情緒，並無實效。社會風俗之改革，成效最佳者，當推嚴禁鴉片一事。光緒年間，每年進口鴉片多達十餘萬擔，內地所產則倍之，最多至四十萬擔。鄉村嗜食者十之六，城市十之九，吏役兵丁幾乎無人不吸。國內有爲之士，久以其爲貧弱主因，時值變法自強，大臣主張不宜再有此弱國害民之鴉片毒害，光緒三十二年（一九〇六）九月，詔定十年禁絕，擬定十條章程，澈底推行：㈠限種罌粟，以絕根株。㈡分給牌照，以杜新吸。㈢勒限戒癮，以蘇痼疾。㈣禁止煙館，以清淵藪。㈤清查煙店，以資稽查。㈥官制方藥，以便醫治。㈦准設戒煙會，以宏善舉。㈧責成地方官督率紳董，以期實行。㈨嚴禁官員吸食，以端表率。㈩商禁洋藥進口，以遏來源。爲達成效，令所有吸食官員，限時斷癮，違令者則遭革職嚴懲。各省奉旨後，設立戒煙所，售

pany）承築粵漢鐵路利權。此後數年，自光緒三十一年至宣統三年（一九〇五至一九一一），因受日俄戰爭中黃種人之日本，戰勝白種人俄國之精神上鼓舞，此種收回利權運動，迅速蔓延全國，並同時展開積極性之自築鐵路與自辦礦業、工商業之活動，以加強國家經濟的發展與動力。

在清廷從容變法改革期間，帝國主義者的進展，並未放緩腳步，正當清廷在從容不迫地「整頓中法以行西法」之際，帝國主義者卻因爭奪中國利益，而於中國領土之東北，爆發震動一時之日俄戰爭。日俄戰爭之第一個遠因，即由於中日甲午之戰，第二個遠因，即由於庚子事變時之八國聯軍之役；中日馬關條約，本已將遼東半島割讓予日本，因李鴻章利用俄國協同德法壓迫日本退還，日本於此早已蓄報復之心；及至庚子事變，俄借八國聯軍之勢，乘隙出兵進佔東三省。辛丑和約後，俄國悍然拒絕退兵，且欲擴張勢力至華北、蒙古、新疆，甚至朝鮮，此事引起英、日大爲震動，尤其日本更是難以下嚥，寢食不安。光緒二十八年（一九〇二），英日同盟成立，聯手對付俄國。帝俄對撤兵談判，反覆無常，意圖拖延，日本遂決定於西伯利亞鐵路完成前，對俄一擊。三十年（一九〇四）二月，日俄間即以東三省及朝鮮問題之談判破裂，正式宣戰。前此之中俄同盟，本爲對日，然多年來中國怨憤所集，已非對日本而爲對帝俄，雖爲時勢所限，不能公開表示，且明知日本非爲中國而戰，然上下一致同情於日本，於是宣布劃分遼河以東爲戰區，無可奈何任日俄於中國領土廝殺。

日本之戰略乃戰而後宣。二月八日，日海軍突襲旅順，翌日捷於仁川，然後控制朝鮮，封鎖旅順港口。五月，日陸軍兵分二路，一支西渡鴨綠江，一支登陸遼東半島。至十月，兩敗俄軍於遼陽及其以北之沙河。次年一月，攻下旅順，三月，佔領瀋陽，陸戰結束。五月，日本海軍名將東鄉平八郎殲滅歐洲東來之俄國波羅的海艦隊於對馬海峽，結束此一戰爭。八月，在美國調停下，兩國簽訂樸資茅斯條約，俄國被迫讓出一部分在華既得的利權，將旅順、大連、南滿鐵路及庫頁島南路，讓予日本，並承認朝鮮歸日本保護。

日俄戰爭中，日本勝利之事實，為近代黃種人首次於決定性戰爭上擊敗白種人，對於中國所發生的心理影響，至為深刻，且普遍及於全國官、紳、士、民等各個階層，各省民氣為之發揚蹈厲，民族自覺思想，油然而生。光緒三十年三月初十日(一九〇四年四月二十五日)上海發刊《東方雜誌》，其第一期中有〈論中國民氣之可用〉一文，其中云：「自日俄交戰，俄羅斯以四十餘倍之地，三倍之人，歷數年之經營，據形勝之要地，竟為區區日本所大困，種族強弱之說，因之以破。凡我黃人，其亦可以自奮矣。」《外交報》第七十九期〈論日本沿唐人文化〉文中說：「今日俄國開戰，日勝俄敗，天然種界之說，不攻而自破。此後吾人卽欲以白優黃劣一語為護身之固，吾亦知其不能矣。……近茲此論，在證明日本風俗之根源，強半自我國而出，既係一因，必無兩果。今日本之所以如彼，而我國之所以如此者，由於我國之自失其國粹，以陵夷衰微，而日本所保者，正我古人之道也。」此後，中國之民心與士氣，卽轉入一種新的方向與境界——模仿日本。在政治上，仿日本立憲政體，各省紳民要求過問國家政治；在經濟上，則欲效日本解除外人對本國經濟發展之羈絆，並進而發展本國之經濟企業。

日俄戰爭，對中國之民族精神，有相當的激勵之效。而光緒三十一年（一九〇五）因為華工被歧視而引起的反美運動，民間自發而有組織地進行抗議與經濟制裁，更是轟動國際，將中國的民族自覺精神，推展至更高峯。

華工之大批赴美，始於道光二十九年（一八四九）。十九世紀六十年代，美國為開發中西部，修築鐵路需勤勞而資廉的華人甚切，不久增至十餘萬人，竟召致美人之敵視，迫害事件達二百六十餘次。光緒八年（一八八二）美國制定限制華工法案，一則整理、限制華工入境，一則對已入境之華工，設法保護。然此並未減少排斥華工運動之勢力，華人所受虐待如故。光緒十一年（一八八五）懷俄明州、加州對華工肆行搶掠燒殺，死者數十人。二十年（一八九四）中美訂立「限禁華工條約」，以十年為期。期滿之時，美國政府不待中國同意，自行禁止華工入境。華人之在美者，仍有無故被擊殺，或受虐待者，連領事館職員且不免，美國人民此種因種族歧視而致之暴行，美國政府非但未加注意改善，又單方面禁止華人入境，使國人非常不滿。三十一年（一九〇五）五月，為抵制美國再訂禁工新約，上海紳商自動提出交涉，要求美國政府於兩個月內改良排華案，公平待遇華僑，否則抵制報復，不用美貨，不用美船，不任美商買辦、通事，不為美人工作，不入美國學堂讀書。此項交涉不為美方接受，反引起更多國人之響應。首起響應者為利害關係特深之廣東、福建商人（因海外移民多為此兩省人民），上海各幫業、各社團、各學校及婦女代表一千四百餘人，一再集會，認為華僑遭受苛虐為奇恥大辱，應效法日本之抗俄精神，起而反美。自七月十八日起，各地實行對美抵制運動，南至杭州、寧波、福州、廈門、廣州，西至蘇州、鎮江、南京、安慶、漢口、長沙、重慶，北至濟南、青島、煙臺、牛莊、開封、鄭州、天津、北京，包括全國各大都市之商、工、學生、婦女以及海外華僑，皆積極參與響應此一運動，美國的對華貿易額頓時大減。美國政府為此多次嚴重抗議，並加派軍艦示威。軟弱之清廷，對本國僑民之受辱，非但不能出面交涉抗議，反在外國政府之武力威脅下，對人民的愛國運動加以鎮壓，此次的反美運動延長一年餘後，方於清廷及地方官開導與禁止下平息。

美國之對華貿易因此次的經濟抵制，減少百分之四十，而中國工業生產量卻爲之提高，廠礦投資均增加二倍，證明中國人民此種有組織之愛國運動，有其正面實效。此後抵制外貨成爲和平反抗外力壓迫之重要手段。此次的反美運動帶來兩種影響，一方面使中國國民肯定其團結自強之救國愛國成效，另方面則對清廷之軟弱誤國漸生不滿之心。

反美運動雖因政府的鎮壓而平息，然代之而起的卻是一更波瀾壯濶之愛國運動——收回利權運動。就收回利權運動之目標而言，雖其範圍頗廣泛，某些官紳士民時提欲收回外人所攫取之海關行政權、內河航行權、郵政權，甚至間或提及收回各國在華租界與治外法權等，但實際著重所在，則欲收回自甲午戰爭後所喪失之鐵路築路權與礦地開採權。其主因在此等外人所控制之路礦利權，實不只包含廣泛之經濟權益，亦有濃厚之政治意義。例如鐵路利權方面，外人不只有鐵路行車管理權、行政權、全路財產抵押權及借款實扣率九扣實付、年息五厘與經理費五厘等經濟性利權；礦權方面，外人不只獲得面積廣大區域內之開礦權、礦場行政權與財務權，礦權期限常長達五、六十年，其礦區面積之廣大，甚至達十二萬方里之廣，而應向中國納稅之數額則僅籠統性之值百抽五；此外，各外人公司經違背原訂合同章程規定，肆意擴大範圍，私下轉移所有權予第三國，不在原訂期限內開工；而且無論路礦權均與加強各該國在華所建立之「勢力範圍」有關；在路權方面限制中國另築平行線路，或於其鐵路之一定區域內另行築路；甚至拒絕中國在其區域內施行主權。在礦權方面，則不遵守中國已頒佈之礦務章程，甚至在開礦權外，同時又有築港、濬河及轉運礦產之廣泛權利。因此，我國官紳士民常於無可忍之下，時思設法予以反擊。

中國紳民對列強經濟侵略之反擊行動，早期多是零星分散之個別行動，但至日俄戰爭後，受到日本以黃種人戰勝白種俄國之精神鼓舞，眞正有組織與相當規模的運動，開始展開。此項行動開始於光緒三十年（一九〇四）九月日俄戰爭期間湖南、湖北、廣東三省官紳發動收回美國合興公司之粵漢鐵路承築利權。此後數年，自光緒三十一年至宣統三年（一九〇五—一九一一），因日本戰勝之鼓舞，此收回路權運動迅速蔓延至涉及德、英兩國公司原訂之津鎮（津浦）路權，英公司原訂之滬寧、蘇杭甬、廣九等路路權，及法、比公司所修築之京漢路權等。其結果，或將路權贖回，或將原訂合同修改新訂，因得以收回部份利權。同時期內，收回礦權運動，亦於直隸、山東、山西、河南、安徽、浙江、四川、雲南、福建等省，分別發動進行，一時各國前於中國所攫之各項礦權，均成爲各省官紳士民「收回自辦」之目標。但運動結果並未如國人所期，某些區域廣大之礦權，雖得無條件收回，但多數較重要礦區，則係由中國官紳出資贖回，如英商倫華公司之安徽銅官山礦權，係由清廷以現款五萬二千英鎊贖回；德商華德採礦公司之山東沂水、諸城等五處礦權與法人在膠濟鐵路沿線礦權除淄川、坊子等部份礦區之外與未築成之津浦鐵路與膠沂濟鐵路沿線礦權，則由山東官民出資二十一萬元贖回。

在從事消極性收回外人所據路、礦利權同時，各省自築鐵路與自辦礦業之活動，亦積極進行，形成收回利權運動中具有積極意義之一環。此等自辦鐵路與礦業公司，部份在消極性預占些鐵路線路與面積廣大之可能礦區，以杜絕外人之可能要索；部分則確想發展吾國自己投資、自己控制之交通線路與礦場基地，以加強國家經濟之發展與動力。以自辦鐵路企業言，有官辦之川漢、滇蜀、京張、湖北川漢、萍株等鐵路；商辦鐵路則有潮汕、新寧、粵漢等線；而各省亦自籌鐵路公司，如安徽、浙江、山西、福建、江西、江蘇、四川、河南、廣西、陝西等省，主持各境內之築路事務。就各省公私所開辦之大型礦務企業言，官辦有上海勘礦總公司，湖南全省礦務總公司，安徽礦務總局等。商辦而具全省或廣大區域壟斷性質者，則有張振勳之秉辦閩、廣農工路礦事宜，山西同濟礦務公司，灤州煤礦公司，漢冶萍煤鐵廠礦公司，湖南華昌公司，胡國廉主辦之瓊崖墾礦等等。與自辦鐵路、礦業同時發展者，則爲民營現代化企業的展開。以棉紡織業而言，日俄戰爭前五年，並無新廠，而戰後五年之內，增加十一廠，生產量增加二分之一。其他繅絲、麵粉、水泥、煙草、造紙、製茶、玻璃、火柴等各類輕工業，均開始發達。重工業方面，有光緒三十二年之江南船塢，專造商船；另有上海求新製造廠、漢口揚子江機器公司，及光緒三十四年改組爲商辦之漢冶萍煤鐵礦公司。

自光緒二十八年至宣統三年（一九〇二－一九一一），中國自行設置之廠礦約三百三十餘，資金七千餘萬兩，如與之前二十餘年相比，廠礦數約增二倍餘，資金約增一倍餘。就比率言，進步可謂迅速。然而這些中國近代企業之成長，無一不困難重重。一因中國關稅不能自主，無法採取保護政策；二因外人有權於中國口岸設廠製造，中國工資又低，又可減少原料及成品運費，中國之技術設備均不足與之相抗；三因資金不足，缺少銀行以吸收內地資金，用於工業投資，民間對新式工業既少投資信心與習慣，而此時政府又無有效保證制度，虛名獎賞，空口倡導，效力畢竟不大。當時之收回利權運動，本是當地士紳不甘心桑梓經濟利權之橫爲外人奪據，進而圖謀挽回之策，但其時之中央政府之清廷，非但不能幫助人民，一致收回利權，反而常向外力低頭，出賣地方權益，甚至藉口國營，剝奪人民權益，正如梁啟超所撰〈對外與對內〉一文所指出：「（對內與對外）目的手段，可以迭爲循環，而要其著手實行者，必先在對內，而後及對外，而苟非對內獲有成功者，則對外之成功，亦決無希望。」梁氏進一步指出，吾國當時之收回利權運動只有在政治民主，行政有效率情況下，始可獲成功，而於腐敗政體下，吾國官紳任何對外強硬性運動，「其運動之無效，則無論矣，苟稍有效，外人亦易摧毀之」，「苟率一時客氣有意能有一二事達其強硬運動之目的，而損失不與之相緣者，又或不可記極，其小者則或因仇教而致賠款，其大者爲數年前贖路贖礦之議盛行，往往甘吃大虧以毀約，反墮他人術中。」在此等狀況下，我國地方士紳對外爭取桑梓權益之運動，最後便演變爲地方紳商與清廷中央之爭，地方紳商爲確保辛苦所爭回的經濟利權，興起政治性參與權之要求，要求與聞國家與地方之政務，要求政治之改良與革新，因而有立憲運動之興起。

第三節　立憲運動

立憲之宗旨在授民以權，讓全國人有共同參與政治之機會。此一運動之發軔醞釀，由來已久。同光年間馮桂芬首先公開指出民權政治之重要，引經據典，論政治宜「善取眾論」。王韜亦歎服英國政治，謂治民之要，宜順民之意。光緒初年，馬建忠受法國影響，認爲立議院而下情上達，是首先指出議會要義者。其後，鄭觀應謂有議院則「君民一體，上下同心」。陳虬認爲開議院爲當務之急。湯壽潛主張兩院制。陳熾、何啟、胡禮垣等不僅言議院之利，進而論及選舉之道。此類言論直、間接於戊戌變法有所影響。

積極主張實現議會理想者乃康有爲，其於變法計劃中有設立議院一項，故中國之立憲運動可論自戊戌始。然康之變法計劃雜遝繁複，終無所成。

清季立憲運動之推進，與西方有根本之異。西方人民反對專制政治，由下而上，逼成立憲；中國則因人民知識之落後，雖有前述諸家之鼓吹，卻難能及時引起全民之反應。立憲之議，始於少數士紳，態度與行動皆較溫和，非有強烈之刺激，難期在上者之接納。光緒三十一年（一九〇五），日本之戰勝俄國，倡導立憲者遂振振有詞，認爲日本之勝與俄國之敗，由於前者有一部憲法，後者無之之故。反觀吾國，歷敗於列強，亦因無憲法所致。因而輿論界與官場中皆以爲，非立憲不足以振民心，非立憲不足以強國家。

在此之前，官吏中已有立憲之請，如駐法使臣孫寶琦改革政體之奏，兩江總督周馥、兩湖總督張之洞議請立憲之奏，兩廣總督岑春煊亦以立憲爲言，二度奏陳。直隸總督袁世凱且建議簡派親貴分赴各國考察政治，於是立憲之議大動。及日俄戰後，外交使節如駐俄之胡惟德，駐英之汪大燮，駐美之梁誠，以及學部尚書張百熙、禮部尚書唐景崇、貴州巡撫林紹年等復先後上奏，報紙雜誌紛論立憲之必要，預備立憲之趨勢大定。

然預備立憲之採行與否，須以朝廷之意爲轉移。慈禧太后自受八國聯軍奇恥大辱，雖年已垂暮，亦不得不修正其一貫之頑固態度，對各方要求，終以半信半疑態度待之，同意先自了解憲政起始。光緒三十一年六月十四日，詔派五大臣出洋考察政治，鎮國公載澤等三人赴日本、英、法、比，湖南巡撫端方等二人赴美、德、義、奧，臨行，革命青年吳樾對其等行刺，雖未成功，益證立憲有利於滿清，而不利於革命。慈禧爲進一步表示立憲姿態，命督辦政務處籌定大綱，設置考察政治館，纂訂合乎中國體制之專書。一年之後，五大臣歸來，連摺敷陳各國憲法，認爲必須立憲。既然大臣皆言立憲有利，慈禧亦以爲有此憲法，清廷江山當可永保，因有「只要辦妥，深宮初無成見」之表示。

自五大臣出洋考察政治後，清廷內外大吏，時有奏請立憲者。至光緒三十二年（一九〇六）夏間五大臣回國亦相率呈請立憲。於是由御前會議決定，自本年七月十三日下詔預備仿行憲政，從改革官制入手。從本年七月至三十四年（一九〇八）八月，光緒、慈禧駕崩爲止，其預備事項之大端，所舉者如下：

光緒三十二年（一九〇六）

七月，下仿行憲政詔，以改革官制爲入手，並將釐定法律，廣興教育，整頓武備，普設巡警，以爲預備立憲基礎；派載澤等編纂官制，並命端方等派員來京參議，又派奕劻、瞿鴻璣等總司核定；

八月，停實官捐，定禁絕鴉片年限；

九月，宣布釐定內官制，設十一部、七院、一府。改前設督辦政務處爲會議政務處。

光緒三十三年（一九〇七）

四月，頒布外官制，令直隸、東三省及江蘇先行試辦；

七月，改考察政治館（光緒三十一年十月因出洋考察政治而設立者）爲憲政編查館。歸併會議政務處於內閣；

八月，再派達壽使日本，汪大燮使英，于式枚使德，考察三國憲政（因該三國爲君主立憲國再派人詳加考察）；命溥倫、孫家鼐爲資政院總裁，預備設立資政院事；命各省籌設諮議局，並準備設立各府州縣議事會；命各省設調查局，各部院設統計局。

光緒三十四年（一九〇八）

六月，定諮議局章程及議員選舉章程；

八月，奕劻等奏呈憲法大綱，暨議院法選舉法要綱，並議院未開以前逐年應行籌備事宜。奏諭頒發，依限舉辦，於第九年籌備完竣後召開國會。繼又頒布城鎮鄉自治章程，調查戶口章程，清理財政章程，及設立變通旗制處。

綜觀清廷三年內所預備之大事，若不論其動機如何，則大有只許前進不容後退之勢。然從以後之革命爆發，民國建立，清廷之立憲終歸失敗之史實而言，則與清廷立憲之動機，實有重大關連。清廷預備立憲之動機，可分三方面論之：第一，西太后之動機不外「遷延」二字，她於光緒三十二年，已達七十餘高齡，惟求死前能保大權不旁落，至於九年後之開國會，未必尚存人間，彼時如何立憲，已不相干。故當考察憲政大臣經過法國時，法國報紙便批評之「清太后之欲立憲，實清太后愚民之術也」，可謂洞破其心機也。第二，滿清貴族之動機，在於「排漢之中央集權」。彼等已知立憲潮流之不可遏止，又眼見當時督撫勢力有權傾中央之勢，漢人之政治能力與人數又超過滿人甚遠，若眞行立憲，滿人將全爲漢人所宰制。惟有假立憲之名，行中央集權之實，假中央集權之名以行排漢之實。第三，以漢大臣官僚之動機言，未嘗無效忠皇家者，但究爲極少數；其大多數亦欲藉立憲機會，打破滿人政治之優勢，免除滿人之凌壓，彼等實相信梁啟超所言「國民政治上行自由競爭，其政治能力高度之民族，必能佔政治上勢力。漢人政治能力優於滿人，故誠能得正當之立憲政治，則滿漢兩族，孰佔優勢，不成問題也。」此三種動機，完全不相同；慈禧與滿族親貴，雖不相同，尚相接近；至於第二、三種則完全相反。以如此相反之動機，當無眞正施行憲政之可能。其結果，一面表示預備立憲，一面於朝廷中便展開滿漢之相排擠。此期內滿漢大臣暗鬭者，如榮慶與張百熙之爭京師大學堂管學全權，奕劻與瞿鴻璣之爭於軍機處，而其最著者，則爲對掌有新軍之北洋大臣袁世凱之排擠，故當時往遊北京之人傳出，各部員司候補者，每部多至千餘人，滿漢司員，見面不交語，對於政務，滿人專斷處置，一無顧忌，漢人敢怒而不敢言，出則排漢排滿之聲，嘆息盈耳。清廷於其命運最後的掙扎點之上，其所推出之改革新政與預備立憲措施，觀前所述，平心而論不可不謂不善，然其令人惋惜者，滿清皇族未能眞心與民爲善，反欲藉之以行中央集權，皇族集權，徒然造成漢族臣民之離心，使其改革成效大爲折扣，至民間立憲風潮興起，更多地方士紳，主動要求政治參與權，清廷對策之良否，便成爲其帝國命運存續之關鍵所在。

前述一節曾提及，收回利權運動，乃因各地士紳不甘桑梓經濟利權之橫爲外人奪據，而起謀挽回，然清廷於此項運動中，非但不能身爲領導者，甚連紳民爭回之利益，亦無一有效制度與方法以保持之，反往往向外力讓步，出賣地方利權，而使原本對外爭利權之運動，幾成地方士紳與中央政府之內部抗衡，於是早已存在之立憲思想，得到各地紳民之反應，民間爭取或擴大參政權之立憲運動，於焉興起。以晚清立憲運動之實際發展觀之，自光緖三十一年（一九〇五）六月十九日清廷旨派載澤等五大臣分赴東西洋各國考察立憲政治始，可言之爲清廷有意立憲所採行動之第一步；次年七月十三日，更宣佈預備立憲。此後海外與某些沿江沿海省份，得風氣之先者則開始成立一些鼓吹立憲、推動立憲之民間團體。該年十一月，以張謇、鄭孝胥及湯壽潛等爲首之「預備立憲公會」，於上海成立，參加者多爲江、浙、閩三省之名士，或實業界人物，而對憲政有興趣者。三十三年（一九〇七）國內有湖南成立之「憲政公會」，湖北成立之「憲政籌備會」，廣東成立之「粵商自治會」等立憲團體。梁啟超之「政聞社」，亦於該年夏間，與蔣智由、陳景仁等於日本東京著手組織，並發表一政聞社宣言，標舉該社所持主義之四大綱領：

一、實行國會制度，建設責任政府；

二、釐訂法律，鞏固司法權之獨立；

三、確立地方自治，正中央、地方之權限；

四、愼重外交，保持對等權利。

政聞社成立之後，除梁啟超等少數人外，其餘社員，隨即陸續回國，預備於國內從事立憲鼓吹活動。當年九月，有華僑聯名向清政府請願，要求實行立憲；復有湖南人熊範與等聯名向清政府請願，要求設立民選議院；國內此起彼落常有學生開會，作政治演說，漸至北京亦有開會演說之事，此等多爲政聞社社員之活動而來。然滿清朝廷，不論彼等所要求之內容，實際與政府正在進行之立憲預備相同，執意以彼等之「聚眾要挾」行爲，爲威脅其政權穩定之不當行爲，十一月諭旨禁止學生干預政治，又嚴諭禁止京師開會演說等事。其後政聞社旗幟於國內各處揭出，清廷不再容忍，於三十四年（一九〇八）六月二十七日下令，將政聞社員法部主事陳景仁革職看管；七月復嚴諭各省督撫查禁政聞社，將該社社員一律嚴加緝捕，毋任漏網，至此政聞社於國內之活動全然遭扼殺。

立憲派之政聞社，雖遭消滅，然國內要求立憲之風潮已起，實再難壓抑。同年六月，預備立憲公會之鄭孝胥領銜聯名，向政府請願開國會；同時以預備立憲公會之名義，移書湖南憲政公會、湖北憲政籌備會、廣東粵商自治會，及河南、安徽、直隸、山東、四川、貴州等省之同志，約於是年七月，各派代表齊集北京，向都察院遞呈請願速開國會書，要求都察院代爲上奏；八旗士民，亦有加入行列者。清廷此時對於政聞社雖採嚴厲手段；對此等請願人士，因其爲舊社會中有相當名望之地方士紳，故不曾採取鎭壓手段，但亦不曾理會其要求。恰逢此時憲政編查館將憲法大綱、議院法及選舉法要領編就進呈，因於八月二十七日頒布，並宣布九年爲預備時期，此亦可算立憲派人士請願所得。然此種憲法大綱內容，實爲保障君權之憲法，於國民權益並無好處，反使立憲派人士非常失望，其關於君上大權，略舉如下：

一、君上神聖尊嚴不可侵犯。

二、君上有欽定頒行法律及發交議院之權(凡法律雖經議院議決，而未經詔令批准者不能施行)。

三、君上有設官制祿及黜陟百司之權。

四、君上有召集開閉停展及解散議院之權。

五、君上有統帥海陸軍及編定軍制之權。

六、君上總攬司法權，惟委任審判衙門，須遵欽定法律行之，不以詔令隨時更改。

七、皇室經費，應由君上制定常額，自國庫提支，議院不得置議。

八、皇室大典，應由君上督率皇族及特派大臣議定，議院不得干與。

關於臣民權利義務，則爲：

一、臣民中有合於法律命令所定資格者，得爲文武官吏及議員。

二、臣民非按照法律所定，不加以逮捕監禁處罰。

三、臣民之財產及居住，無故不加侵害。

四、臣民規定之賦稅，非經新定法律更改，悉仍照舊輸納。

五、臣民皆有遵守國家法律之義務。

六、臣民按照法律所定，有納稅當兵之義務。

此種憲法大綱，於臣民部份而觀，處處受法律保護，似頗合於立憲精神；然於君上部份言之，君權不受議院、法律之限制，則法律隨時可依君上所須而改，若此則臣民所受之法律保障，則徒托空言，隨時可被剝奪權益也。

自光緒三十一年清廷開始籌設立憲，至三十四年慈禧太后與光緒帝相繼駕崩止，此四年中之立憲運動發展，其主動權原本操自清廷，藉立憲以撫人心制革命，所謂「憲法一旦頒行，則皇室鞏固，不可動搖」，而以一連串自上而下式之擴大政治參與權措施爲基本。但因光緒三十四年秋，清廷宣布之憲法大綱，及定九年後召集國會，大使各省熱心君主立憲、積極想參與國家與地方政治之士紳失望，因而自宣統元年後，在各省諮議局聯合會等組織倡導下，各省推派代表前往北京，連續三次發動請願國會運動，請求清廷提早召開國會，最後清廷雖被迫將召開國會之期縮短爲六年，但對各省紳民要求立憲之活動，改採嚴厲壓制政策，迅速形成各省士紳與清廷對立態勢。加之清廷實行一極短視政策，藉推行立憲之名，而厲行中央集權政策，不只將軍權、財權、各省大吏用人權、司法權與外交權等均集中於中央；復對各省有實力之漢人疆吏，採防範疑忌手段，或予內調（如張之洞、袁世凱），或予罷免（如岑春煊、袁世凱），而將滿人中之新進者擢爲方面要員之督撫，藉以縮小各省督撫權力，防制民權。宣統三年（一九一一）四月，執掌國政而昏庸糊塗之攝政王載灃甚至以「責任內閣」爲名，成立實際上之「皇族內閣」，不只使熱心憲政之紳民失望，亦使各省督撫中之漢人，甚至滿人非皇族者，爲之寒心。支持滿清政權之社會基礎，愈來愈窄，而各省立憲派人士請願國會之歷次行動，以及地方紳民反清廷之其他各項活動，實際均受到某些督撫之暗中支持。清廷錯失其最後改革之挽回機會，中央政府之威信，愈益低落，未至辛亥革命之爆發，已形成一缺乏實力支持之空架子，惟待一場風雨之捲掃而去。

第十章　辛亥革命

從甲午之戰到辛亥革命的十多年間，中國內部已隱約分成兩個大的政治動力。激烈的革命派，早已表明他們推翻滿清政府的決心，並一再發動革命的攻勢，不斷地在各地從事軍事冒險，企圖摧毀滿人的統治。較爲溫和的改良派，則以中國民眾的政治意識尚未臻建立共和政體，而主張以漸進方式，就現存的滿清政府加以改良，他們在光緒二十四年（一八九八）的「百日維新」中，扮演過重要的角色，百日維新的失敗，雖激起他們對慈禧太后的憎惡，卻未動搖他們對現存政權的信心。

第一節　興中會之成立及其發展

清季革命團體甚多，就成立之時間先後秩序而言，孫中山先生所領導的興中會爲第一個主張推翻滿清政府之革命組織。光緒二十年（一八九四）十一月，孫中山先生創立興中會於檀香山，次年，利用甲午戰爭所造成的動盪局勢，在香港成立興中會總部。入會會員手按聖經表其入會意願，其誓詞爲「驅逐韃虜，恢復中華，創立共和」。

由於孫中山先生先後就讀於夏威夷及香港，此兩處地屬外國卻擁有許多中國居民，而孫本身在此兩地亦有不少親朋同學及同鄉。主客觀的條件，促成興中會在檀香山的誕生及在香港的發展。從成立之初的會員名單記載上，興中會於光緒二十一年（一八九五）九月之廣州之役前，只有一百五十三名會員，其中一百十二名於夏威夷入會，香港及廣州一帶入會者計四十名，在一百五十三名會員中，約有半數爲孫中山先生之同鄉，其團體成員之職業，可粗分爲傳統社會之低下階層，例如秘密會黨成員及工人、商人，以及受過現代西化教育者，例如西醫、外國企業之職員及技術人員，以及新軍中之低層軍官。

光緒二十一年（一八九五），興中會成員利用甲午戰後之不安情勢，發動第一次起義，雖然他們以推翻滿清政權爲鵠的，但以先佔據兩廣地區作爲首要目標。廣州爲兩廣地區之政治及經濟中心，又爲興中會多數成員之家鄉，人地兩熟，且從其香港根據地容易進入，因而成爲革命黨人必然目標。廣州地區在甲午戰爭前後的客觀環境，亦加強了革命黨人選擇廣州爲其起義地點之決心，甲午戰爭期間，廣州地區曾有日軍入侵之謠傳，廣州人民曾因而表示，他們寧願接受英國統治而不要日本之佔領，廣州地區之人民，顯然對滿清政府擊敗日軍缺乏信心，而李瀚章在廣州擔任五年之兩廣總督，更引起兩廣人民因其貪污腐化而對滿清政府的不滿。然而，原定十月杪發動的起義，卻因事機不密，軍火無法及時運抵廣州而宣告失敗，中山先生脫險前往日本，開始其與贊助中國革命之日本人士交往，而橫濱成爲興中會之重要分部所在地。遇有華僑，中山先生便向其宣傳挽救祖國存活之道，雖然勸者諄諄，聽者藐藐，經數年之努力，至光緒二十四年（一八九八）時，已有會員百餘人，多屬著名僑商。

廣州初役次年，中山先生由美抵英，爲清駐英公使館人員誘捕，擬遞送返中國處決，幸賴其師康德黎（Cartlie）之營救，始免於難，是爲著名之「倫敦蒙難」。自從廣州初役以後，清廷已相當注意中山先生之行動，爲消除海外華僑之參與革命，清廷在香港、澳門、西貢及新加坡等地張貼懸賞緝拿中山先生之布告，並在各華僑社區醜化中山先生，警告本來就對政治甚爲冷淡的僑社社會，以致中山先生在舊金山及紐約等地，甚少人參加興中會，清廷之駐外使館亦奉令提高警覺，監視中山先生之活動，所以當中山先先生到達倫敦後，清廷駐英公使龔照瑗便在其英籍參贊馬格里之策劃下，誘騙中山先生進入使館，他們認爲「華人若自願進入清使館，則因使館可視爲大清帝國領土之延伸，因而對中山先生之扣留，英國無權干涉」。然而，英國外交部依國際法之慣例，認爲清駐英公使濫用外交特權，因爲拘留之行爲，爲不合法之行爲。因此，當康德黎獲悉中山先生被清駐英公使拘捕後，除通知《泰晤士報》及英外交部外，並向蘇格蘭警場報案，由於倫敦各報對此誘捕案件的爭相報導，形成一股強烈同情壓力，促使英外交部向清使館採取強硬態度，並警告馬格里，鑒於中國使館之濫用外交特權，英國政府將採必要步驟，要求清駐英使館立卽釋放中山先生。龔照瑗最後只好釋放中山先生。

在光緒二十二年（一八九六）年十月二十五日，亦卽獲釋之次日——中山先生致信《泰晤士報》及其他報社，表示其謝意及對英國民眾主持公義的信任。此後，並撰寫下令人感動之《倫敦蒙難記》。此篇英文著作，使中山先生名揚四海，並吸引不少同情中國革命之日本志士，一向傾向中國，日後成爲中山先生好友之日人平山周，便是閱讀《倫敦蒙難記》而深受感動，因而積極參與中國的革命活動，宮崎寅藏也因而受感，日後支持中山先生。同時，這件引人注目之誘捕事件，不但未嚇阻中山先生之革命行動，反而加增其自信，並激發其以宗教精神支持革命運動，而清政府之行動，暴露其弱點，並在世人心目中，成爲奸詐、凶殘之代表。

倫敦蒙難後，中山先生繼續留在歐洲數月，潛心考察各國政治情況與風土民情，並勸說各地華僑參加他的革命運動。然而，信服者甚少，中山先生曾在其自傳中云：「自乙未初敗（光緒二十一年，即一八九五年之廣州初役），以至於庚子，光緒二十六（一九〇〇）此五年之間，實爲革命最艱難困苦之時代也。適於其時有保皇黨發生，爲虎作倀，其反對革命、反對共和，比清廷尤甚。」中山先生甚至嘗說：「當此之時，革命前途黑黯無似，希望幾絕。」因此在光緒二十六年（一九〇〇），當義和團事件發生時，中山先生認爲是起事之良好時機，積極策劃廣東地區及長江流域之活動，命同志鄭士良起兵於惠州，並聯絡漢口與大通之會黨。長江方面之起事，因保皇黨之匯款未至，再三展期，導致機關被破，被清政府逮捕殉難之會黨人士二十餘人，此爲革命黨與保皇黨在武力上合作的第一次，也是最後一次。惠州之役由當地客家人鄭士良爲總指揮，鄭爲三合會會員，其他戰士亦多半爲客家三合會會員，由於起義後，獲得不少農民的熱烈響應，革命隊伍曾一度超過兩萬人，後因武器接濟計畫的失敗，在彈盡援絕情形下，鄭士良下令解散部隊，大多數士兵返回其家鄉，少數首領則由海路潛往香港。由於當時香港總督之同情革命，抵達香港之革命志士並未受到刁難。

當鄭士良起義於惠州之時，與中會志士史堅如亦擬在廣州響應，史以爲，在兩廣地區的行政中心作一突然的攻擊，將大大有助於革命情勢之發展，史選擇當時之代理總督德壽作爲目標，以甘油炸藥謀炸德壽，惜因雷管過小，只引爆部分炸藥而未擊中目標，史因而被捕，從容就義。惠州之役及史堅如之謀炸兩廣總督，雖未成功，但卻改變了不少國人對革命黨之看法。署粵督德壽在其對惠州之役及史案之告示及奏摺中，一再宣稱上述事件爲，「無非因康、梁、孫各逆從中煽惑。」及「康、孫各逆勾結土匪。」由於康、梁在當時之知識份子中，有相當的份量，亦有不少支持者，因而，在某種程度上，德壽之佈告以及保皇黨與興中會在武裝起事上之配合，提升中山先生在國人心目中之地位。中山先生曾云：「當初次之失敗也（指廣州初役），舉國輿論，莫不目予爲亂臣賊子，大逆不道，惟庚子失敗之後，則鮮聞一般人以惡聲相加。」

第二節　中國同盟會的成立

從創立興中會到同盟會成立，整整經過了十年，在此十年中，中山先生之革命勢力與一般青年知識份子的聯繫不算密切，而各地反清之行動也無一中心組織，光復會及廣東獨立協會等自發性之革命團體與中山先生間之聯繫亦不够密切，而華僑之傾向革命者，亦爲數甚少。義和團之亂後，人心一變，不少華僑深表同情革命，各省派遣前往外國留學之知識份子更有多人加入革命組織，由於我國東渡日本留學之學生人數甚多，日本遂成爲排滿運動之重要基地。

庚子拳亂之後，一些比較開明的疆吏，紛紛派遣青年知識份子出國留學，他們終於領悟到學習西方知識的必要，由於日本地鄰我國，又與我國文化有深厚之關係，而其在推行現代化時，繼續維護並尊重傳統之文化價值，因而成爲派遣留學生前往就讀之主要地方，或許這些總督巡撫認爲，經過日本過濾之後的西方知識，已安全可靠，可符合我國的政風民情。在日本的中國留學生，光緒二十六年（一九〇

○）時，只有一百名左右。次年，增至一千名，到光緒三十一年（一九〇五），已有八千名左右，到光緒三十二年（一九〇六），便已達到一萬五千名。雖然，絕大部分人只為接受短期訓練以便返國後謀取職位，但也有些人以國事為重，企圖學習新知以便救國救民。然而，不管他們的動機如何，在國外所學習到的新知，以及耳濡目染所接觸到的新事物，多少削弱他們對清政權及傳統儒家文化的忠誠。其中有些人成為政治覺悟性頗強的反滿革命份子，先後加入各個革命團體。

起初，在日本的中國留學生，其活動範圍多半局限於「同鄉」的圈子，由於政治意識的逐日提高，以及中山先生及其支持者之努力，「鄉土」的屏障逐漸失去其效力，不同方言羣之中國留學生以文字進行書面交通。光緒二十八年（一九〇二）時，在東京的中國留學生會館已成為一個擁有各省留學生的社會服務及政治活動的組織，因而導致留學生與中國駐日公使間之衝突。在中國公使堅持下，日本政府驅逐學生首領吳稚暉出境，吳離開時，曾跳河自殺以示抗議，自殺雖未成卻提高了吳的聲望，也帶來一些留日學生對清廷駐日使館的更加不滿。次年，當日本的民族主義者在英日同盟光緒二十八年（一九〇二）二月成立後，鼓吹抗俄政治主張時，留日學生深受激動，亦發動抵抗俄國侵略的行動。由於俄國於義和團事件發生期間占領我國東北地區一大片土地，一直不肯撤兵，留日學生在東京成立學生軍，由在日本陸軍士官學校上學之湖北學生藍天蔚擔任隊長，共有一百多位留學生參加這支隊伍，雖然學生軍聲稱為驅俄先鋒隊，但其領導者並未將對清廷之擁護視作愛國行動。中國駐日公使在獲得一位湖北學生之密告後，將歸國學生可能與會黨合作顛覆滿清政權之消息，報告清政府，北京當局因而通告全國地方官吏，令其嚴防歸國留學生之各種活動。同時，清駐日公使亦說服日本政府，強行解散學生軍，並禁止留日學生進行軍事訓練。

當留日學生醞釀「抗俄」運動時，上海地區亦正滋生著反滿之民族主義，新式學校培養出來之知識份子，以及新近出現之買辦、洋行職員以及工商業人士，都有不少人因對「百日維新」的失敗而對改良主義感到失望。其中還有人在義和團之亂後更因對清廷絕望而參加革命的行列。光緒二十九年（一九〇三），上海之新知識份子曾召集多次大會，討論當時之政局，廣西旅滬商人，因聽說廣西巡撫擬借調法軍去鎮壓該省之三合會暴動，與學生聯合，向北京政府提出強烈抗議。爲抵抗俄國在東北地區之侵略，上海學生界響應留日學生之行動，於上海組織一支義勇軍，同時電告各國政府，請求協助抗俄。

在上海，知識份子與新興的商業界在政治活動上，具有密切之合作關係。同時，這批在政治主張上相當激烈之知識份子，非常注意宣傳工作，藉著各種大眾傳播工具，例如《蘇報》，將革命思想灌輸到其他知識份子，在傑出之撰稿人中，包括熟讀古書的章炳麟以及天資過人而年輕之鄒容。鄒容曾手著一篇充滿反滿詞句之革命頌詞，稱爲《革命軍》。章炳麟在《蘇報》對《革命軍》之稱讚，引起人們對鄒容所著《革命軍》之注意也引起清政府對鄒容之注意，由於清政府千方百計要求上海外國租界引渡鄒容及其他革命者，使鄒容及其所著《革命軍》獲得更大之聲譽。雖然法、美、俄等國領事都表示同意中國之引渡要求，在公共租界之工務局在英國左右之下，拒絕移交已被囚於公共租界監獄內之章炳麟及鄒容等人。光緒三十二年（一九〇六）六月，章炳麟獲釋，並繼續在日本展開革命活動，鄒容卻於前一年之四月死於獄中，但因其所引起之中外引渡爭執，促使英國及歐洲報紙先後摘要地登載《革命軍》之內容。光緒三十年（一九〇四），中山先生更在美國重印這本小冊，黃興亦在湖北地區秘密分發《革命軍》與學生及新軍之官兵。

光緒三十年（一九〇四），中山先生再度由夏威夷前往美國，尋求更多華僑之支助，夏威夷自光緒二十四年（一八九八）歸入美國版圖後，美國之排華法令限制夏威夷華僑之經濟發展，中山先生之兄長孫眉，因受新土地條例之限制，不再是富有之「茂宜王」，無法在經濟上繼續大力支持革命運動，因而中山先生決定再度前往美國大陸，爭取僑胞在人力及財力上之支持。當中山先生於光緒三十年（一九〇四）四月抵達舊金山時，因保皇黨人士之陷害，遭到美國移民局官員之刁難與拘留，幸賴當地支持革命之致公堂領袖黃三德等之協助，始順利登岸。在致公堂支持下，中山先生曾印刷並郵寄一萬册之《革命軍》予美洲及東南亞各地之華僑，並撤換敵視中山先生之《大同日報》主編歐榘甲，改命中山先生之支持者劉成禺爲主編。由於中山先生發現美洲華僑擔心清政府之報復，不願參加革命組織，因而採取下列兩項政策：一爲推銷不記名之革命債券，此種面額十元之公債券，可在革命成功後兌換一百元。在舊金山地區，中山先生曾以此法籌得近三千元之經費。第二項則爲改組原有會黨組織，著手修訂致公堂之章程，以便加強致公堂總部對各地分會之控制，俾使整個組織成爲籌集革命經費之機構。然而，山先生之第二項計畫，因致公堂本爲一散漫之組織，而各地會員又無法接受中山先生之革命論調，無法達中到預期之效果。經近一年之奔波，中山先生與黃三德，不但未能籌措革命經費，反而花盡舊金山地區用債券籌來之資金。光緒三十年（一九〇四）底，中山先生再度由紐約前往倫敦。

正當中山先生之革命運動在美國華僑社會遭遇不順時，留日歸國學生在中國大陸之革命活動，亦一再遭到挫折。曾在日本受過軍事訓練之留學生，雖在各省之軍隊中產生影響，但他們之起義行動，卻一再失敗，在長江流域已建立不少網狀系統聯繫之黃興，在一次失敗之起義後，逃之上海。而一些計畫以暗殺滿清官吏爲反滿手段之學生，在暗殺嘗試歸於失敗後，也以東京或上海之外國租界爲藏身之地，他們之處境與興中會之領袖甚爲相似。而光緒三十年（一九〇四）清廷爲慶祝慈禧大壽之特赦，竟特別宣告中山先生與康有爲及梁起超三人，不在大赦之內，由於知識份子已逐漸對保皇黨之改良主義失去信心，但又無法在他們自己之中產生具有足够聲望之領導人物，因而將希望寄託在淸廷視爲十惡不赦之造反領袖孫中山先生身上，正如一位留德學生所回憶，「我輩至今羣龍無首……正可乘機尋求孫中山之領導。」光緒三十一年（一九〇五）七月，中山先生將許多革命團體聯合起來，創立一個新的革命團體，起名爲同盟會，中山先生提出四條簡潔之政綱作爲革命之目標。

當同盟會成立時，留日學生對中山先生之革命主張：「驅逐韃虜，恢復中華，創立民國」三項都一致贊同，但對「平均地權」則有不少異議，幾經中山先生說明其重要性，始肯接受。以往由於缺乏知識份子支持，中山先生之革命活動無法在當時之社會產生深遠之影響。但他不願留學生自視過高，故於成立同盟會之時，仍強調會黨之重要性，甚至以三合會之秘密手式與暗號作爲同盟會之聯絡方式，並採用三合會慣用之「天運」年號紀錄盟書日期。

中山先生之革命主張，以及團結所有反滿力量之看法，提供反滿留學生一崇高目標，並滿足留學生傳統上以天下爲己任之責任感，以往各自爲政之革命小團體，終於融合成一具有共同政治目標之大組織，至光緒三十二年（一九〇六），光復會、華興會之成員，都先後加入同盟會，使其成員達一千人以上。黃興、宋教仁、章炳麟、陳天華等重要知識份子之領袖，都先後入盟，中山先生之革命運動因大批知識份子之加入而有重大之改變。在知識份子眼中，中山先生不再是清廷所醜化之不學無術之江洋大盜，而是深具革命理想與策略之革命家。

第三節　同盟會初期之革命活動

同盟會正式成立後，決定在日發行《民報》爲同盟會之機關報，光緒三十一年（一九〇五）十月二十一日，《民報》第一號出刊，中山先生於發刊詞中，明白宣布同盟會之革命宗旨爲民族、民權、民生等三大主義，這是中山先生以文字明白宣告三民主義爲其革命主張之第一次。由於《民報》之創刊，革命黨與立憲派之間的筆戰，日趨激烈，以往由立憲派之《新民叢報》在言論界獨執牛耳的局面於是消失。《民報》之主要負責人包括汪精衞、陳天華、胡漢民、章炳麟等。胡漢民與汪精衞兩人，被國內知識青年所認識，卽自《民報》發刊開始，陳天華於《民報》出刊後不及一月，因日本文都省頒布取締留學生規則，而我國留日學生，又多不知自檢，憤激而投海自殺，遺書勸留學生自愛。章炳麟於《民報》出版時，尙在滬獄。光緒三十二年（一九〇六）六月出獄後，才由同盟會派員迎赴東京，主持《民報》編纂事務。革命黨與立憲派各抒主張，每期之《民報》與《新民叢報》皆刊載長篇之敵對文章，互相抨擊對方之政見。《民報》出版至第二十四期時，便因日本受清政府之運動而遭封禁。汪精衞於宣統六年（一九〇九），以法國巴黎爲《民報》發行所，繼續出版兩期。後因革命黨人將革命運動著重實際行動而暫時中止。

《民報》所標榜之革命，相當符合當時青年知識份子之口味，而在革命理論上，強調三民主義，前後相連，梁啟超之《新民叢報》則因其政治立場之改變，而有前後矛盾之處，梁啟超對革命運動之批評及對革命行動將造成中國內部分裂之警告，雖與辛亥革命發生後之情形相似，然而，在當時僅爲一種推測而已。而《民報》所描述清廷之腐敗，對改革之敷衍，排漢之政策，確爲當時之弊端，不惟革命黨人以此攻擊清政府，梁啟超本身亦曾多次對清政府，作出類似之指謫。因而，當革命黨力陳滿清之腐敗而主張以革命行動推翻清廷時，其革命主張自較立憲派以溫和漸進手段實行改良工作之見解，更易獲得知識青年之贊同，立憲派之聲勢便逐漸不如革命黨之浩大。

然而，革命黨自成立同盟會以後，雖已有一號稱統一革命勢力之中心組織，但其革命活動仍較立憲派艱辛。革命需有武力，而武力革命所需之人力、物力皆不易取得，故立憲派從旁觀察，認定革命不能成功，革命黨人亦仍以聯絡會黨與運動軍隊爲手段。在同盟會成立之前，中山先生卽已與法軍軍官聯絡，尋求援助，並派同志運動各省之清軍。光緒三十三到光緒三十四年間（一九〇七—〇八），革命黨人曾發動五次革命事件：潮州、黃岡之役，惠州之役，欽廉、防城之役，鎮南關之役以及河口之役，光緒三十二年（一九〇六）之萍鄉、瀏陽之役，雖非由同盟會所發動，但與同盟會之一些會員有密切關係。此外，徐錫麟與秋瑾於光緒三十三年（一九〇七）曾單獨發動安慶之役，事敗之後，徐、秋二人皆慷慨就義。萍瀏之役，發生於湘贛接壤之萍鄉、醴陵、瀏陽一帶，會黨利用饑荒而發動反滿事件，同盟會會員蔡紹南及劉道一等乘機接洽會黨，由於軍械不良而失敗，同盟會因此役之牽連，失去長江中、下游之基礎，東京總部方面，因清政府由萍瀏之役破獲同盟會之組織，證實革命黨之策源地於日本東京，一再向日本政府交涉，要求日驅逐革命黨在日之重要人物，中山先生因而被迫離日，此時，同盟會同志對中山先生，是否該接受日本政府餽贈之贐儀而引起不和。

潮州、惠州兩役，於光緒三十三年（一九〇七）四月間發生，潮州府饒平縣黃崗之會黨，與革命黨有聯絡，適值會黨與當地衙門發生衝突，曾占領城寨，後被清兵擊敗，中山先生派人於惠州七女湖策動會黨響應，亦爲清軍所敗。同年七月間，廉州發生抗納糧捐事件，欽州亦有會黨響應，中山先生派人往約欽廉抗捐會黨及各地團紳共同一致行動，又派日本同志萱野長知前往日本購運軍械，後因購械計畫失敗，革命黨人雖攻占防城，欽廉之會黨見革命黨人數少而軍械不至，因而未響應，在眾寡不敵之下，黨軍敗退十萬大山，是爲欽廉防城之役。

欽廉防城之役後，中山先生率黃興、胡漢民及所聘之法國退伍軍官多人，招募廣西鎮南關附近之兵勇，攻取鎮南關之三座砲臺，中山先生與黃興所率之百餘人，據守三砲臺，與陸榮廷、龍濟光所統之清軍數千人激戰七晝夜，終因退入十萬大山之革命黨眾無法及時趕往支援而失敗。後黃興退往安南與黃明堂所率之義軍於河口力抗清軍，滇督錫良調重兵力攻，眾寡不敵情形下，革命軍復失河口，黃等率餘眾六百餘人再退入安南，是爲河口之役。河口失敗後，退往安南之黨眾，不容於安南政府，法殖民政府仍將他們送往星加坡，星督以中國亂民不許登岸，後經法國政府表示，革命黨人於河口與清軍交戰時，法曾表中立，因此革命黨眾乃交戰團體而非亂民，星督始許入境。

安慶之役發生於光緒三十三年（一九〇七），即徐錫麟刺殺皖撫恩銘，牽連秋瑾被捕遇難之事件。徐錫麟浙江山陰人，久有反清思想，曾於浙江紹興辦大通學校，後赴日習警察，歸國後與陶成章、秋瑾等組織光復會。徐納捐爲道員，往安徽候補，皖撫恩銘任徐爲巡警處會辦兼巡警學堂堂長，徐於巡警學堂暗中佈置同志，謀於安徽起義，陶成章則於浙江聯絡武義、東陽等處會黨，秋瑾則任紹興大通學校校長。後因一黨員於長江下游地區被捕，江督知有革命黨人集於皖境，電告皖撫恩銘防範，恩銘因徐辦事認眞，甚賞識徐，乃命徐密査，徐恐爲恩銘發覺，遂謀先發制人，於五月下旬，乘巡警學校畢業典禮時起事，擬將皖省各大吏一網打盡，結果僅槍殺恩銘，餘皆逃脫，徐率巡警學生據軍械庫，後因戰敗被擒遇害。浙撫得皖電，搜索黨人，秋瑾被捕，受刑不屈而被害。此役事雖未成，影響卻甚大，滿漢間之相互猜忌，日趨惡化。秋瑾被捕時，並未搜得謀反證據，亦無確切供詞，秋瑾僅書「秋風秋雨愁煞人」七字。由於主審紹興知府爲滿人貴福，雖無證據，卻羅織成獄，株連許多無辜，激發漢人公憤，貴福之刑幕與會審之山陰知縣均爲漢人，均以爭此案不平被撤，及省派道員陳某至，查閱案卷，亦有責言。浙撫因而不安於位，求他調，移撫江蘇，蘇人拒之，更調山西，晉人又拒之，乃乞病而退休，貴福亦不自安求調，乃移守安徽寧國，當地人拒之，亦罷仕。此役後，滿人官吏故人人自危，排漢念頭更深，漢人亦深感受壓，不滿滿人統治。

第四節　清末之改革

光緒三十四年（一九〇八）十月，光緒帝與慈禧太后先後於數日內去世，慈禧遺命醇親王載灃子溥儀繼位，載灃監國，可能由於袁世凱於百日維新時期，未積極支持光緒皇帝，甚至有袁「賣主求榮」完全倒向慈禧太后之傳說，醇親王於宣統嗣位不到一月，諭令袁世凱「開缺回籍養疴」，解除袁之所有職務。載灃監國與袁世凱被逐，對立憲派與革命黨皆產生重大影響，立憲派以載灃爲光緒之弟，必能承繼乃兄改革之計畫，敢放逐袁世凱，必爲一果斷之人，逐袁之後將重新起用創言維新之人士，憲政之施行將指日可待，革命黨人則恐康梁之復出，加重革命前途之障礙，但以袁之被逐，北洋軍隊將對滿清政權產生強烈之反感，可促成軍隊之參與革命。

醇親王載灃監國後，深覺滿人地位危險，將受制於漢人而無以自存，故積極籌備憲政，以保全皇族之大權，光緒三十四年（一九〇八）十一月定諭旨由軍機大臣署名之制，意仿西方立憲國之政令由國務總理副署負責之意。次年十月，各省諮議局先後成立，各省諮議局議員之名額，並非取決於該省人口之多寡，而以科舉所取學額之百分之五爲標準，由於各省教育水準不一，邊遠地區學額向來較少，故其諮議局議員之名額亦隨而較少，全國二十一省諮議局之議員總數爲一千六百四十三人，直隸最多，計爲一百四十人，吉林及黑龍江兩省最少，各爲三十人，選舉係採直接與間接民權之混合制，初選時，凡具選民資格者，均參加投票，選出若干候選人，再由候選人互選，產生規定額數之議員。選民資格規定甚嚴，除婦女無選舉權外，尚有財產、教育等規定，大約每千人中，只有四人有選舉權，各省公佈有選舉權之人數，多者如直隸，有十六萬人，少者如黑龍江，只有四千餘人。

載灃於八國聯軍之役後，奉派前往德國謝罪，眼見德國皇室之威勢，曾就教於德皇，德皇教以整頓武備、掌握兵權爲君主之第一要件，故擔任攝政王後，積極推行皇族集權之計畫，成立各省諮議局乃至全國性之國會，不過爲滿清政權備一收攬民心之備詢機關，絕非如立憲派人士之希望成立一有實權之議會。爲能更加攬握兵權，載灃於光緒三十四年或宣統元年(一九〇八)十二月另編禁衞軍，由攝政王親統，派載濤（載灃之弟）、毓朗及鐵良爲專司訓練大臣，次年，派肅親王耆善，振國公載澤籌備海軍並遣載洵（載灃之弟）、薩鎭冰巡視長江沿海各省武備，旋又往歐洲各國考察海軍。宣統二年（一九一〇），命近畿陸軍均歸陸軍部管轄，設海軍部，以載洵爲海軍大臣，宣統三年（一九一一），比照日本之參謀本部設立軍諮府，以載濤、毓朗爲軍諮大臣。以上種種措施，皆欲集兵權於皇族之手：載灃以監國攝政王親率禁衞軍，載洵辦海軍，載濤則任軍諮大臣總攬一切軍務。

立憲派於各省諮議局及北京資政院成立後，已有法定之機關可供活動，梁啟超更撰寫多篇論文，爲實施憲政作政治原則之指導，其他立憲派亦紛紛爲憲政之推動作出建言，宣統元年(一九〇九)十一月，在各省諮議局成立後約一月，江蘇省諮議局議長張謇，便以「外侮益劇……，國勢日危，民不聊生，救之要舉，惟在速開國會，組織責任內閣」，通電各省諮議局，不久便有蘇、浙、皖、粵、桂、閩等十六省諮議局，各派三人集於上海，組織一「國會請願同志會」，約定俟國會正式成立始行解散，十二月各代表相約前往北京，託都察院代奏，請求召開國會，但其請求，清廷一再拒絕。宣統二年（一九一〇）九月，資政院成立後，各省諮議局代表再向資政院上書，提議設立責任內閣，召開國會，此時各省督撫，或應諮議局要求，或爲中央集權所苦，亦聯電軍機處，主張內閣、國會皆從速同時設立。

資政院開會後，屢有議員多次質問軍機大臣之責任問題，軍機處公然以不向資政院負責應之。宣統二年（一九一〇）十一月，資政院彈劾軍機大臣，並奏言責任不明，難資輔弼，請立責任內閣。資政院之請求被清廷一口拒絕，上諭明宣：「朕維設官制祿，及黜陟百司之權，爲朝廷大權，載在先朝欽定憲法大綱。軍機大臣負責任與不負責任，暨設立責任內閣事宜，朝廷自有權衡，非該院總裁等所得擅預。所請著毋庸議。」為安撫不滿情緒，宣統三年（一九一一）三月，載灃頒布新內閣官制，設立新內閣，裁撤舊內閣及軍機處，新內閣共有十三位國務大臣，分別擔任內閣總理大臣，協理大臣及外務、民政、度支、學部、陸軍、海軍、法部、農工商、郵傳及理藩等部大臣，由於十三位國務大臣中，滿人占八人，而八人中，皇族又占五名，而漢人僅有四名，故時人稱之為「皇族內閣」。總理大臣奕劻，貪污無能，御史趙啟霖、江春霖曾先後參劾奕劻，皆無效，江且奉旨申飭，令回原衙門行走，御史趙炳麟奏請收回成命，不允，給事中忠廉領銜率各言官上疏「言路無所遵循，請明降諭旨」。六月，各省諮議局代表，請都察院代奏，「以皇族組織內閣，不合君主立憲公例，請另簡大員，組織內閣」。此一以立憲派人士發動之奏文，奉旨斥以「黜陟百司，係君上大權，議員不得妄行干涉。」雖然立憲派為一羣篤信君主憲政之人士，大多受過傳統教育，以儒家思想為正宗且多半家道殷富，為當時社會之中堅，以君主立憲為當前救國之道，但因其早日召開國會，實現君民共治等政治要求，一再受到挫折，而其以往效忠對象之光緒皇帝於光緒三十四年（一九〇八）去世後，攝政王又未能切實推行其兄之改革計畫，故對擁護清廷、實行君主立憲之熱情與支持，逐漸消失，甚至轉而同情革命。

第五節　宣統年間之革命活動

自鎮南關、河口等起義行動失敗後，革命黨深感以往失敗之主因，仍在準備不足，因而黃興、胡漢民等往來香港與南洋之間，擬培養革命基礎於廣州之新軍，俟有更大把握後再發動，汪精衞則懷暗殺計畫，陰謀刺殺滿淸大吏，汪之計畫，爲黃、胡等同志反對，胡漢民以爲「此後非特暗殺之事不可行，卽零星散碎不足制彼虜死命之革命軍，亦斷不可起，蓋此使吾敵之魔力反漲，國民愈生迷夢。」汪精衞則以「僞立憲之劇，日演於舞臺，炫人觀聽，而革命行動寂然無聞……國人將愈信立憲足以弭革命之風潮……愈堅其信仰立憲之志……。」因而主張暗殺行動，犧牲少數同志之性命，激發反淸之情緒，震懾滿人。宣統二年（一九一〇）二月，汪與黃復生等在北京謀炸攝政王府，事敗被捕，原定處死，後因攝政王載灃想藉此事博寬大之名，才改爲無期徒刑，而黃興與胡漢民所經營之新軍計畫，本已運動成熟，擬於宣統二年（一九一〇）初舉事，後因新軍兵士與巡警因細故衝突，引發暴亂，革命黨人倪映典倉卒入營指揮，率部分新軍起義，爲敵截擊，倪中彈而死，餘眾潰散，多時經營，於是消失。

原定「以新軍爲主幹之計畫」，但鑒於從前運動軍隊，難擇一發難，所以決改由同志五百人爲攻擊主力，任發難之責，用以領導軍隊，同時，估量情勢，仍以廣州爲發難地，廣州一得，將以黃興領軍出湖南趨湖北，趙聲另率一軍出江西趨南京，這種計畫，爲中山先生於宣統二年（一九一〇）十一月於馬來亞之檳榔嶼所決定，是爲是年震動全國之「三二九」黃花岡之役之原始方案。決定之後，趙聲、黃興、胡漢民先後返香港，長江各省同志陸續抵達香港，革命同志便於香港組織統籌部，舉黃興爲主持，趙聲爲副，下分出納、秘書、儲備、調度、交通、編制、調查、總務八部門，分由趙聲、胡漢民、陳烱明等執掌。有鑒於以往歷次之失敗，多半由於「機關」部分被破，牽連全局，因而議定各部門由各主事人自行負責，各部間之事務，互不相問，亦不相告，藉以保守秘密，由於革命同志之努力，陸續在廣州秘密分設機關約三十餘處，廣州方面之新軍、防營、警察、民團以及革命黨自身組織之發難主力——選鋒隊——都有相當之準備。

發難日期，初定三月十五日，由革命黨之選鋒隊擔任主攻，人數由五百人增至八百人，分爲十隊。黃興率百人攻督署，趙聲率百人攻水師行臺，徐維揚等率百人攻督練公所，陳炯明等率百人防截旗界，佔領歸德、大北兩城樓，黃俠毅等率百人攻警署協署兼守大南門，姚雨平等率百人佔領飛來廟，攻小北門引新軍入城，另有五十人一隊之四小隊，分攻他所。後因新軍槍械因前次新軍變亂緣故，被政府收去，需由革命黨自身準備，因等候軍械，起事日期延至三月二十日，此時粵督張鳴岐、水師提督李準，已將發難秘密探出，又因三月十日溫生才刺殺廣州將軍孚琦，城中戒嚴，清政府一面調防營布防，一面下令搜索。黃興於三月二十五日入廣州，廣州城內已風聲鶴唳，黨中因有人提議延期，命各部已到選鋒隊員退出，未到者暫勿來，黃興因籌款與集合人員不易，且恐失信於南洋之同志，欲以一死拼李準，卒以衆議，決定下屠期命令。至二十八日，忽有消息傳來，粵督調來之防營，卽革命黨員所運動之隊伍，故復下命令，定二十九日午後十二點舉事，至二十九日下午，黃興住所附近之機關又被破獲，衆恐搜索至總部，紛請立卽發難，同志朱執信且謂，若不發難，卽自殺，因而於下午五時半，由黃興率選鋒隊員百餘人撲攻督署，原定十路人馬同時進攻，因命令數改，或已退出而未能集合，或再集合而未能到齊，與黃興同時發動者只四路，其中延接新軍同志之一路，因計畫變更，接濟新軍之軍械無法送達新軍手中，新軍同志在城外，束手坐觀，無法入城相助。

黃興所率之同志，攻入督署，粵督張鳴岐潛逃往水師行臺，黃率所部出署本擬分途轉攻他所，至雙門底，遇溫帶雄所率防營軍隊數百人，溫本已和革命黨人聯絡，並已得革命黨命令於五時半往攻水師行臺，擒拿李準，會得李準命令入城，溫率隊出發，欲達水師行臺始換革命黨白布臂章，行至雙門底，黃興等見該隊無革命臂章，不知爲同黨人士，黃部先發槍擊斃溫帶雄，雙方因而互相轟擊，黃部被衝散，巡防隊亦因溫死而散潰，黃興本人數日後輾轉逃至香港。溫部未早換臂章，乃恐途中遇阻，而溫未預告統籌部，嚴守各部不相聞問原則，致革命主力，自行衝突，實爲可惜，此次失敗，犧牲慘重，所謂黃花岡七十二烈士爲革命黨精華（實則黨員之遇難者不止七十二人），然此役雖敗，影響卻深，革命行動已將多數國人震醒。

第六節　保路風潮與武昌起義

清末之立憲及革命運動，本與帝國主義的侵略有密切關係，宣統年間，清政府之一再向外舉債，早已引起有識之士之非難。宣統三年（一九一一）四月，清政府與英、美、德、法四國銀行簽訂川漢、粤漢鐵路借款，計畫推行鐵路國有之政策，鐵路國有及川漢、粤漢鐵路借款宣布後，引起反抗大風潮。原來粤漢鐵路曾由美國公司承辦，後由人民力爭收回，並已由商民集股自辦，川漢路亦經批准商辦，但是商民之財力，除廣東一省較爲充裕外，川、湘等省無法招足股本，但亦已有民股數百萬元，現忽然宣布取消商辦，以國有名義而交由外國辦理，與各省商民之經濟利益發生直接衝突，於是反對之聲四起，川、粤、湘、鄂各省商民，紛紛成立保路同志會，一面以各省諮議局爲開會反抗之大本營，一面派代表進京請求收回成命，一面電請各省京官援助，署理川督王卜文因左袒商民被申飭，湘撫楊文鼎、川督趙爾豐起初亦左袒商民而遭申飭，但經辦外國貸款之郵傳大臣盛宣懷，以皇族內閣為後盾，對各地之反抗集會不加理會，清廷對繼續集會之反抗民眾下「格殺勿論」之諭。

此次爭路風潮，川人最為激烈，四川代表劉聲元前往北京，以政府大臣皆與郵傳大臣盛宣懷一氣，想直接向攝政王載灃請願，兩次前往，皆為門役所阻，乃於地安門外攔輿遞呈，被逮交步軍統領衙門訊究，被釋後，再向奕劻上書，於是被解回原藉，旅京川人紛紛集合哭送，四川境內，則由保路同志會議決罷市，商民每家皆供光緒帝牌位，舉哀號哭，各國駐重慶領事，紛紛照會清政府，促其增兵保護，川督趙爾豐恐事件擴大，與將軍王峴聯合奏請川路暫歸商辦，奉旨申飭，不許，清廷命端方自湖北帶兵入川查辦。宣統三年（一九一一）七月十五日，川人因聞端方帶兵入川，代表往督署求阻端方，趙爾豐恐落人口實，將代表蒲殿俊（四川諮議局議長）及顏楷（股東會會長）等拘禁署中，人民相率至督署要求釋放，被衛兵開槍擊殺多人，趙電奏川人以爭路為名，希圖獨立，意在變亂，與鐵路無涉，清廷因而嚴飭新舊各軍，相機剿辦。留日學界，亦極力支持商民，力主路存與存，路亡與亡之說，旅美僑界，更為激烈，並公開宣稱：「粵路股銀，皆人民血汗，當執定成案，有劫奪商路者，格殺勿論。」清政府與四川、廣東、湖南、湖北之保路商民，以及支持保路商民之人士，衝突遂愈演愈烈。

辛亥三月廣州之役前，譚人鳳曾向黃興及趙聲建議：「兩湖居中原中樞，得之可以震動全國，控制虜廷，不得則廣東雖為我有，仍不能以有為，應加以注意，……」自廣州失敗之後，趙聲憂憤成病而死，黃興、胡漢民等，伏居香港，孫中山先生則仍在美洲，宋教仁、陳其美、譚人鳳等，為恐革命勢力因廣州之役而渙散不振，乃於上海組「中國同盟會中部總會」，計畫在長江中、下游再度發動革命行動。組織中部總會之目的，乃在將發動革命運動之指揮中心由南部移往華中地區，而注意焦點則爲武漢地區。

自中部總會成立後，譚、宋兩人經常往來滬、漢之間，與湖南、湖北之共進會及武昌之文學社聯絡，逐漸使共進會及文學社，在事實上成爲中國同盟會中部總會之分機關。四川保路事件，引起武漢革命黨同志注意，原計畫由武漢發動，起事前始派人往上海、香港促黃興等來湖北主持，但黃興尚未到達，鄂督已獲發難消息，加強武漢地區之水陸戒備，發難日期，原定陰曆八月十五日，因準備未充足，乃延期到八月二十五日。不料，十八日上午，漢口俄租界之黨人，因製造炸彈失愼而爆炸，黨人被捕去二人，清吏派人向各處搜捕，破獲武昌、漢口之革命黨人機關數處，搜去革命旗幟、印信、文件及黨員名册。由於清吏所搜去之黨員名册中，多爲軍人，軍中黨員恐清政府按名圍捕，人人自危，工程營之熊秉坤倡議卽時發難，於是於陰曆八月十九日（卽陽曆十月十日）晚糾集軍中同志發難，占領軍械局，輜重營亦由城外響應，會攻督署，鄂督瑞澂、新軍統制張彪及大小文武官吏，皆倉卒棄城逃走，武昌便落入革命黨員手中，不久，漢口及漢陽亦先後爲革命軍所佔，革命軍占領武昌後，由於黃興等尚未到達，而武漢地區之革命軍中又無具有聲望之人爲領袖，原新軍協統黎元洪，爲人謹厚，便被推爲中華民國軍政府鄂軍都督。

武昌軍政府成立後，發出文告，維持治安，駐漢口各國領事，見革命黨之軍紀嚴明，亦無排外行動，便宣告中立。自陰曆八月十九日舉事後，約經月餘，各省紛紛宣告獨立，除直隸、河南、山東及東北三省尚受清廷支配，其餘各省已分別落入革命黨人、立憲派人士或舊有官吏手中。

第十一章　民國之建立

武昌起義後，各省紛紛響應革命，然多倉卒而起，彼此並不相互聯絡，起事者多爲愛國志士，他們相信革命成功以後，人民可以安居樂業，國勢亦可趨於富強。但辛亥革命以後，幾千年的君主政權驟然被推翻，社會秩序不免混亂，起兵首領本多是武人，其中不免有少數野心者，欲謀奪取地盤，而知識分子又多深受外國思想之影響，又有鑑於中國長期受外國之壓迫，認爲除非中國政體有重大之改革，否則難以圖生存，在這種矛盾、理想及求私利的情況下，給予袁世凱得以遂行其野心之機會。另一方面，一些帝國主義國家也趁中國內部尚未穩定的時刻，極力謀求其利益，中華民國就在此內外不定的局勢下建立了。

第一節　袁世凱的起用及清廷的降服

當清廷接到武漢變亂的消息後，即將瑞澂、張彪革職留任，帶罪圖功，一面派陸軍大臣蔭昌率北洋軍隊兩鎭南下。數日後，卻下諭起用袁世凱爲湖廣總督兼辦剿匪事宜，除湖北原有的軍隊歸他節制調遣外，蔭昌及其他水陸各援軍，亦得會同調遣。袁之起用，由於奕劻之建議，此時奕劻任內閣總理大臣，素與袁往來密切，而內閣協理大臣徐世昌又久爲袁的羽翼，加以外國人也極力爲他吹噓，認爲局勢「非袁不能收拾」，載灃無奈才起用他。袁於光緒三十四年冬爲載灃逐退回籍，因此，卽以「足疾未痊」力辭不就，實袁世凱僅是一種表態，欲坐待良機，取得有利之條件。經徐世昌之請，及清廷再三催促，袁卻提出了六個條件，除非清廷允諾，否則不出。其條件爲：㈠明年卽召開國會；㈡組織責任內閣；㈢寬容此次事變的人；㈣解除黨禁；㈤須委以指揮水陸各軍及關於軍隊編制的全權；㈥須給予十分充足的軍費。由此可見袁世凱只是爲自己打算，欲攬實權，並不願意和革命軍打硬仗。

最初載灃不願意接受袁世凱所提出的條件，但南下討伐之北軍，都是袁的舊部，蔭昌無力指揮，戰事不利。陝西、湖南、九江獨立，響應革命，廣州將軍鳳山被炸死，消息傳到北京，載灃不得已，召蔭昌回京，命袁世凱爲欽差大臣，節制陸海軍，並以馮國璋統第一軍，段祺瑞統第二軍。但對於袁的其他條件，仍未有表示。其時資政院正在京開會，立憲派黨人奏請罷親貴內閣，實行責任內閣。滿清皇族正籌思對策時，九月初八日(陽曆十月三十一日)，陸軍第二十鎮統制張紹曾等頓兵灤州，要挾朝廷改革政治，否則聯合山西兩面夾攻北京。載灃於九月九日下諭取消現行內閣章程，改組內閣，命資政院立卽起草憲法，解除黨禁，釋放汪精衛等，並承認革命黨爲正式政黨等。十一日（十一月一日），內閣總理大臣奕劻等辭職，十二日，命袁世凱爲內閣總理大臣，湖北陸海軍仍歸其節制調遣。是日，第六鎮統制吳祿貞頓兵石家莊，扣留運鄂之軍火，並奏劾蔭昌縱兵爲虐於漢口，京師大震，人心惶恐。十三日，資政院擬具憲法信條十九條，奏請宣誓太廟，並立卽頒行。信條載明皇統萬世不廢，皇帝神聖不可侵犯，但無實權，其位如同虛設，憲法由資政院起草，政權歸於國及內閣總理大臣，總理大臣由國會公選，並對之負責，關於憲法起草，議決修正，均非皇帝所能干預。然爲時已晚，終不能挽回頹勢，上海、蘇州、浙江、貴州、廣西、安徽、福建皆相繼獨立。十八日，資政院依據新頒的憲法信條，公選袁世凱爲內閣總理大臣，朝廷依據信條，下詔委任。

二十三日，袁率領衞隊入京，二十六日，組織內閣，閣員大多爲袁之黨羽。袁世凱在組織內閣前，已取得近畿各鎮及各路軍隊并姜桂題所部悉受節制調遣的全權，及內閣成立，淸廷的實權完全落入袁世凱的手中。十月十二日（陽曆十月二日）南京失守，監國攝政王載灃引咎辭職，又使載濤自行解除管轄禁衞軍的職權，調馮國璋爲禁衞軍總統官，又以準備出征之名義，將禁衞軍調出北京城外，而以新編的拱衞軍拱衞宮城，於是淸廷一切自衞的堡壘完全被撤毀。綜觀淸廷之應付革命，並無一定堅決的方略，其逐漸的讓步，完全受環境的支配，可見其張皇失據，毫無主張。而袁世凱亦一步一步地逼迫淸廷降服，終以內閣總理大臣之名，掌握政權和軍權，實與皇帝無異。

第二節　臨時政府的成立

自武昌起義以後，各地獨立漸多，獨立的區域日廣，到了九月下旬，淸廷所轄的領土，只有河北、山東、河南和東三省等地。但自袁內閣成立以後，已有一個大權獨攬的統合機關，而革命軍雖已取得中國領土的三分之二，卻還沒有一個統一的組織，唯一的革命領導者孫中山先生還在海外，而黃興則到九月十三日才到武昌。到了武昌後，有人欲推舉他爲鄂省都督，但鄂省將領不支持，遂由黎元洪推爲湖北革命軍總司令。

是時，北軍與革命軍正衝突於漢口。先是北軍不敵，退於灄口，而民軍進攻，亦不能勝，雙方相持不下，後來北軍方面援兵大增，極力反攻，又得海軍之助，民軍遂敗守漢口，藏匿於市間，狙擊北軍，北軍因此縱火焚毀房屋，民軍死傷頗重，只得退守漢陽，北軍遂得漢口。黃興至鄂後，即召編湘人爲敢死隊，反攻漢口，結果不勝，北軍反而又佔漢陽，並得以俯瞰武昌，聲勢大振，黃興不勝，只得前往上海。當時長江下游之南京尚爲清軍所頑守。初，江蘇境內之重要城市都相繼獨立，唯南京守將忠於清室，其地有新軍第九鎭及江防營十二營、新防營十營駐守。先是，第九鎭統制徐紹楨獨立，江防營統制張勳、新防營統領王有宏敗之，幸江蘇、浙江諸省出兵來援，並公推徐紹楨爲總司令。蘇州都督程德全等又督師進攻，分兵繞道，南京要塞次第失守，張勳待援兵不至，知不可爲，即率殘卒渡江至浦口，民軍終得南京。由於湖北方面戰事不利，漢口、漢陽先後失守，黨人多集結於長江下流，民軍的主力轉移至寧滬。

辛亥革命後，南方諸省相繼響應革命，其反清的目的是相同的，卻各自爲謀，不相統屬，因此形勢渙散，實力薄弱，因此有識之士憂懼在對抗北洋精兵時，難以取勝，於是長江上下游兩方，同時動議組織聯合機關。九月十九日(陽曆十一月九日)，湖北都督黎元洪通電各省，請派全權委員赴鄂組織臨時政府。武昌雖爲軍事中心，辛亥革命首先起於武昌，但上海實爲此次革命的最初策源地，交通又極爲便利，武昌起義以來，各地的革命同志和由立憲派變化而來的革命同志大多聚集於上海，因此計畫的中心、輿論的中心、交通的中心，實際上都在上海。因此，當武昌通電各省請派代表赴鄂組織政府時，上海方面亦有在上海組織聯合機關的成議。九月二十一日，以蘇、浙兩省都督之名義，聯電滬督陳其美，請各省公推代表赴滬。次日，蘇、浙都督府再通電各省，請派代表來滬，並請各省公認伍廷芳、溫宗堯兩人爲臨時外交代表。二十五日，在上海召開第一次會議，定名爲「各省都督府代表聯合會」，會員多是資政院議員，在革命軍興時，或返回原籍，或不願北上者。會議中，湖北代表堅持武昌爲首先起義之地，宜爲首都，並推舉黎元洪爲大都督，其他各省代表無法，只好通過以武昌爲中央政府所在地，黎元洪爲大都督執行中央政務，並以中央軍政府之名義委任伍廷芳、溫宗堯爲臨時外交代表。但亦議決以上海交通較爲便利，宜爲開會地點，並電武昌請派代表參加會議。十月三日，湖北都督代表居正、陶鳳集到上海參加會議，提出鄂督希望各省派全權委員赴鄂組織臨時政府之意。因此在滬之各省代表決定赴鄂，並議決各省仍留一人在滬，以便通訊。於是各省代表共二十三人，陸續抵湖北。

當各省代表抵湖北時，是時，漢陽已爲清軍所奪，武昌全城之情勢也十分危急，十月十日（陽曆十一月二十七日），各省代表在漢口租界順昌洋行開第一次會議，推譚人鳳爲議長，選舉雷奮、馬君武、王正廷爲「臨時政府組織大綱」起草員，又議決如袁世凱反正，則公舉爲大總統。十三日，議決臨時政府組織大綱二十一條，大綱共分三章：第一章，規定臨時大總統由各省都督府代表選舉之，每省一票，總統統治全國，統率陸海軍，經參議院同意，有宣戰、媾和、締約之權，並得以遺派外交專使，任用各部長，設立臨時中央審判所，唯皆須得參議院之同意。第二章，載明參議院之組織與職權。議員由各省都督府遺派，每省以三人爲限，其選派方法由各省都督府自定。參議員職權頗大，除了可以議決第一章中所規定總統之權外，尚有議決臨時政府之預算，檢查臨時政府之出納，議決全國統一之稅法、幣制、及發行公債事件，議決法律，議決臨時大總統交議之事件，答覆臨時大總統諮詢事件。第三章，關於行政事務，共設外交、內務、財政、軍務、交通五部，各部設部長一人，爲國務員，總理各部事務，各部所屬職員之編制及其權限由部長規定，經臨時大總統批准施行。最後並規定臨時政府成立後六個月以內，由臨時大總統召集國民會議，以及臨時政府組織大綱施行期限以中華民國憲法成立之日爲止。就大綱條款而言，臨時政府之政治大權係操在參議院，而參議院之議員非由選舉而來，不是人民的代表，又非資政院或諮議局議員，係由各省都督遣派，其性質如同都督的私人代表。更甚者，一省的都督，有在一個月之內多至五六人者，有先獨立而後取消名義者，但在大綱中皆沒有規定究竟應由何人代表出席參議院，因此，臨時政府初成立，代表團卽是參議院，此實由於大綱之擬定，時間倉促，並無充分之考慮與討論，故後又有爲了解決困難，而添設副總統，五部改爲九部。當時到會簽名的代表共有湖南、湖北、廣西、江蘇、浙江、福建、河南、河北、山東、安徽十省。十四日，代表會接到南京克復的消息，再議決以南京爲臨時政府所在地，各代表定於七日內齊集於南京，等到十省以上的代表到後，便開臨時大總統選舉會。

當各省代表集會於漢口時，是時由於湖北方面戰況不利，留在上海的代表以爲武昌在危急中，赴鄂的代表未必能達到組織臨時政府的目的，而臨時政府又不能不儘速組織。是時，黃興因湖北戰事不利而前往上海，留滬代表遂議決以南京爲臨時政府所在地，並推舉黃興爲大元帥，黎元洪爲副元帥，並議決由大元帥主持組織臨時政府。在湖北之各省代表得到消息後，認爲留滬之代表並無權選舉，其議決是不合法的，表示反對，並用黎大都督之名義電請取消。到了十月二十二、三日，各代表陸續回到了南京，由於浙江代表陳毅到後，報告袁世凱所派議和代表唐紹儀到漢時，表示袁內閣主張共和，因此通過暫緩推舉臨時大總統，並且追認上海代表原先所推舉之大元帥與副元帥，並修改組織大綱，決定臨時大總統在未舉定以前，其職權暫由大元帥代行。

克復南京者爲蘇浙之軍人，當時正挾戰勝之餘威，竟聲言不願隸屬於漢陽敗將（黃興）之下，而屬意於大都督黎元洪。正好黃興也來電力辭大元帥之職，並推黎元洪爲元帥，因此代表乃改選黎元洪爲大元帥，黃興爲副元帥。此事引起同盟會會員的不滿，認爲代表會易置大元帥、副元帥如奕棋，過於兒戲，而黃興也極力辭謝不受，黎元洪也不肯至南京就職。後來代表會力勸之下，黎元洪終於接受了大元帥的名義，但鎭守於武昌，委任副元帥代行職權，然黃興仍然堅持不就，因此到了十一月初旬，臨時政府尚無人負責。

十一月六日，孫中山先生到了上海，問題終於獲得結果。十一月十日（陽曆十二月二十九日），代表團公舉孫中山先生爲臨時大總統，並選黎元洪爲副總統。十一月十三日爲陽曆一月一日，代表會議決爲中華民國紀元，改用陽曆，並派人前往上海，歡迎孫總統於民國紀元日在南京就職。西元一九一二年一月一日，中山先生於南京就職，是爲中華民國元年。臨時大總統提出陸軍、海軍、外交、司法、財政、內務、教育、實業、交通九部總長，參議院予以同意，臨時政府成立。

第三節　南北議和與清帝的退位

自袁世凱起用後，始終按兵不動，認爲此次事變，非用武力可以平定，主張與民軍議和，因此和民軍採取妥協政策，彼此之間存在一個默契，卽只要袁世凱承認共和，將來必推舉他爲總統，而另一方面，他又迫使清廷一步步地接受他的條件，終於掌握了實際之大權。雖然如此，和議的過程並非容易的，因爲袁世凱與民軍方面雙方之根本精神，實在有很大的差異。在民軍方面，雖然默許袁世凱爲將來共和政府的總統，不過，共和的基礎是要建立在民權上的；而對袁世凱而言，其內心所希望的共和，卻是總統大權獨攬的共和，因此他除了要取得總統的地位外，同時還要把共和政府的一切大權攬入總統手中，要作一個與皇帝相似的總統。因此，民軍所希望和議的結果，是由清帝將一切大權交還給國民，而袁世凱所希望的，則是由清帝將一切大權轉讓給他個人，由於有這些根本的歧見存在，因此和議的過程十分困難。

九月十一日，袁世凱南下，及漢口收復，得到清廷停止進攻的諭旨，卽派遣道員劉承恩兩次致書黎元洪罷兵議和，其理由是朝廷已下詔罪己，並宣誓太廟，然黎元洪置之不答。二十一日，再派蔡廷幹與劉承恩一同赴武昌會晤黎元洪請和，此時適宋教仁也到了武昌，遂與黎元洪共同接見蔡、劉二人，拒絕和議，反力勸袁世凱倒戈北伐，並擔任革命軍之汴冀都督。因此，此次之嘗試仍無結果。到了十月七日，北軍攻下了漢陽，此時清軍若乘勝繼續猛撲武昌，武昌亦將難以固守，卻因漢陽失守，黃興東下上海，黎元洪通電全國主張議和，袁世凱認爲此時是提出和議的最好機會，遂由英國駐北京公使朱爾典(Sir John Jordon)的協助，雙方議和。清廷下詔准許袁世凱委託唐紹儀等代表南下討論大局。並電召馮國璋回京，改以段祺瑞代之，蓋馮國璋原爲清軍司令官，並不明瞭袁世凱之意旨，又因爲打了勝仗，態度十分驕傲，在提出議和條件時，竟稱民軍爲匪軍，引起民軍之不滿，雖敗亦不肯屈服。而段祺瑞與袁世凱關係密切，深知袁世凱之心意，主張和議，同時其部下也有暗中與民軍往來者，謀奉袁世凱爲總統。至十月十一日，雙方無條件停戰，十五日，袁世凱提出交涉條件，言明雙方停戰及派唐紹儀爲議和代表與民軍方面代表討論大局。最後雙方決定自十月十九日至十一月初五日爲停戰期間，民軍代表爲伍廷芳，議和地點爲漢口，和議得以開始。

唐紹儀於十月二十一日抵漢口，伍廷芳因在上海任外交代表，無法前往漢口，乃改上海爲議和地點。唐紹儀抵上海後，二十八日，雙方開始展開議和。伍廷芳要求清帝退位，改建共和，才有開議的餘地。事實上，唐紹儀之心裏也早已傾向共和，但是與他同行的隨員二十多人，大都是君憲派的人物，主張虛君共和，而唐紹儀在由漢口赴上海的途中，看到長江一帶都瀰漫著共和說的思想，因此，不敢在議席上有所主張，也不敢立刻在議席上承認共和。遂答覆以變更國體茲事體大，必須電詢袁內閣後再議。唐紹儀乃電袁世凱，謂：「……查民軍宗旨，以改建共和爲目的，若我不承認，即不允再行會議，默察東南各省民情，主張共和，已成一往莫遏之勢。……聲勢愈大，正議組織臨時政府爲鞏固根本之計。……」極言和議之艱難，並盛稱民軍軍勢浩大，北軍難以取勝。袁世凱遂會同國務大臣，上奏言武昌之事起，勢如燎原，奉旨以唐紹儀爲代表，南下討論大局，各國都冀望能和平解決，而伍廷芳代表堅持共和，主張速開國民大會，公決君主共和，若拒絕，則和議必然決裂，而清軍方面餉械皆困難，恐難以取勝，懇求太后召集近支王公，速開會議，早定大計。奏文中極盡恫嚇和勸說之技能。太后毫無主張，開王公御前會議，商討大計。會中，載濤、毓朗反對，最後終依奕劻之主張，允許召集臨時國會，公決國體問題，並命內閣速妥議選舉法以便施行。袁世凱於是電覆唐紹儀代表。唐紹儀再與伍廷芳會議，議決「開國民會議，解決國體問題，從多數處決，決定之後，兩方均須依從。」關於國體問題，決定付之國民會議解決。

國體問題解決之後，雙方又再次會議，決定國民會議產生的辦法，「由各處代表組織，每一省為一處，內外蒙古為一處，前後藏為一處。每處各選派代表三人，每一人一票，若有某處到會代表不及三人者，仍有投三票之權。開會日期，如各處到會之數有四分之三，即可開議。」依此條款，國民會議產生的方法，及進行程序，大抵是決定了。然此條款對於袁世凱卻是相當不利，因為當時他所能控制的地區，僅東三省、河北、山東、河南、甘肅、新疆八省，而民軍所控制者，則有十四省，約佔三分之二，同時，南京的臨時政府已經選舉了總統，也即將就職。此時正好許鼎霖回到北方，報告民軍方面實係烏合之眾，餉械皆困難，易於平定，完全是因為唐紹儀至上海後，出賣清室。親貴大臣聽後，就勸說張懷芝通電各鎮聯名請戰，而馮國璋亦以未能乘勢進攻為恨，力主戰議，資政院一部分議員也主戰。在此情況下，袁世凱遂電唐紹儀，認為他已越權，不肯承認他所簽訂之條款，唐紹儀因此電請辭職，袁世凱也電告伍廷芳，表示唐紹儀辭職的理由，所簽訂各款，事前並未經呈明，有礙難實行之處，此後當和伍代表直接再電商。而伍廷芳則以電商不便，請袁世凱親至上海會議，袁世凱則反請伍廷芳至北京，雙方往返電爭，皆無結果，和議遂暫時停頓。

當初伍廷芳和唐紹儀進行和議時，暗中彼此已有了妥協，即只要袁世凱共同盡力消滅滿清皇位，則必推舉袁世凱爲總統，而在孫中山先生和袁世凱方面也都默許了。不料十一月初十日，南京之代表團竟推舉中山先生爲臨時大總統，並於十三日就職，同時臨時政府宣告成立。袁世凱以爲民軍方面在欺騙他，而且臨時政府已經成立，將來的國民會議，他又只能操縱少數，難以控制大權。因此計畫要使清帝退位，直接授權給他組織臨時政府，所謂唐代表越權簽訂條約，根本只不過是一種藉口而已，目的要取消國民會議。民軍方面，只要共和基礎是建立在「民權」上，總統的位置是可以相讓的。當參議院推舉孫中山先生爲臨時大總統時，段祺瑞懷疑事情有變，遣人往謁黃興，黃興答覆必然如約，而中山先生爲使袁世凱安心，於就職是日，即電袁世凱，願辭職以總統相讓，主要的條件就是袁世凱必須贊成共和。然而，袁世凱爲清室大臣，如何能強逼清帝遜位呢？他即利用部將，一方面威嚇民軍，一方面脅迫親貴，恫嚇太后。當初將極力主戰的馮國璋調回北京，即以其親信段祺瑞代爲第一軍軍統，主持以袁世凱爲總統爲和議條件，遣人往說各鎭將校，獨有馮國璋以爲不可，後也因迫於大勢，不再主戰。袁世凱並授意段祺瑞、馮國璋、段芝貴等聯絡大小將校四十多人，電請內閣代奏主張維持君憲，極端反對共和，並將此電傳達伍廷芳，措詞十分激烈，謂如採取共和政體，必誓死抵抗，以此方法威嚇民軍。民軍方面由於不統一，黨人的意志也不堅定，軍費方面也十分困難，加以部分附和之假革命黨人，又十分迷信袁世凱，也就不敢和袁世凱決裂。

朝廷中反對和議者，多是親貴大臣，尤其是宗社黨首領良弼爲甚。初，袁世凱言只要能籌得軍費一千二百萬兩，大局可以粗定。而當時南方獨立各省扣留款項，外使也干涉海關，稅銀暫由外人保管，不肯交給南北政府，清廷軍餉及各項費用皆無來源，財政困絀，遂發行短期公債，並迫令親貴大臣捐輸。同時又恫嚇太后，發內帑黃金八萬兩，合親貴大臣之捐款充作軍餉，但是袁世凱依然不下令進攻。到了民國元年（西元一九一二年）一月，袁世凱和民軍之間的秘密交換條件，卽清帝在優待條件之下，自行退位，退位之後，中山先生辭去臨時大總統，而以袁世凱繼任，彼此的交涉已較接近完成，袁世凱對於和議較有了把握。因此先密以優待條件說服奕劻，表示此實爲清室和滿人謀安全之最好辦法。正月十二日，清室的王公親貴，因和議形勢不佳，召開秘密會議，奕劻果然提出了退位的意見，除了少數少年親貴反對外，其餘皆意氣消沈，毫無結果。而退位的消息傳出之後，親貴中如載濤、毓朗、良弼、鐵良等，對於袁世凱都極端的不滿。十六日，袁世凱會同國務大臣入朝謁見太后，奏言形勢危險，餉源困難，而民軍萬眾一心，莫能抵禦，不如禪讓以順民心。由於事關重大，請太后皇上召集皇族會議解決。袁世凱出朝時，不料遇炸，但未受傷，死衞隊巡警數人，當場捕獲楊雨昌、黃之萌、張光培三人，自認爲革命黨人。此事件對袁世凱相當有利，自此太后相信袁世凱並非偏袒革命黨，而是忠於清室之人，因此親貴大臣的攻擊，都不大相信了。

自一月十七日起，又開數次御前會議。會議中，奕劻主張在優待條件之下，自行退位。而親貴大臣尤其蒙古王公激烈反對，部分親貴或意氣消沈，皆無結果。有所謂宗社黨人士，看見形勢緊迫，乃結合同志三十多人，齊赴慶王府，包圍奕劻，並且詰問載濤兄弟，何以不表示意見。至二十二日，經過數次御前會議，仍是爭議無結果。會議中袁世凱之代表甚至提出同時取消南北政府，另設統一政府，不僅滿蒙王公親貴一致反對，南京臨時政府亦了解袁世凱之目的欲獨攬組織臨時政府之大權。二十二日，孫總統聲明五點辦法，命伍廷芳電達袁世凱，同時送交報館披露。其辦法是：㈠清帝退位，由袁知照駐京各國公使，請轉知民國政府，或轉飭駐滬各國領事轉達。㈡袁宣佈政見，絕對贊成共和主義。㈢孫中山於清帝退位後，卽行辭職。㈣由參議院舉袁爲臨時總統。㈤袁被舉爲臨時總統後，誓守參議院所定之憲法，始能授受事權。此事公開後，不僅宗社黨人越恨他，而外國人也議評他，而良弼也密謀暴動，以傾覆袁世凱，由毓朗、載澤等組閣，以鐵良任清軍總司令，作最後的決鬥。

情勢對袁世凱不利，其地位日危，欲密召親兵入援。不料一月二十七日，主持戰議最力之良弼被刺重傷而死，親貴大臣之氣大沮，所謂宗社黨人爲之嚇破膽，或逃或匿，爲袁世凱去了一大阻力。另一方面，段祺瑞又聯合將士二十八人致電北京政府，要求立採共和政體以安皇室奠大局，以現之內閣及國務大臣等暫時代表政府，擔任條約國債及交涉未完各事，事畢再行召集國會，組織共和政府。袁世凱據以上奏，太后召示親貴大臣，皆莫不悲哀。二月一日，太后再召王公大臣開御前會議，最後決定遜位，四日，詔飭袁世凱與民軍磋商優待條件。經磋商多日，商妥優待條件，二月十二日，清帝正式下詔退位。

關於優待條件共有下列數款，可分爲三部分：

甲、關於清帝——清帝之尊號仍存不廢，民國以外國君主之禮待之。由中華民國歲撥四百萬元，許其暫居宮禁，日後移居頤和園，侍衞照常留用。其宗廟陵寢，永遠奉祀，並由中華民國設兵保護。以前宮內所用各項執事人員，照常留用，原有禁衞軍，歸中華民國之陸軍部編制。清帝原有之私產，由中華民國特別保護。

乙、關於清皇族——王公世爵仍照其舊，私產一律保護，除免兵役之義務外，所享之中華民國之公權及其私權，與國民同等。

丙、關於滿蒙回藏各族——各族與漢人平等。保護其原有之私產，從前營業居住等限制，一律蠲除，原有之宗教許其自由信仰。王公世爵仍照其舊，王公及八旗生計困難者，中華民國設法代籌生計。

以上條件由參議院通過，列於正式公文，並由中華民國照會各國駐北京公使。

第四節　改選臨時總統頒布約法與臨時政府北遷

二月十二日，清帝下詔退位，袁世凱立卽電南京臨時政府，表示絕對贊成共和。中山先生接電後，同日卽向參議院辭臨時總統職權，並推薦袁世凱爲繼任總統，但附有三個條件：㈠臨時政府地點設於南京，不可更改。㈡新總統親到南京就職，臨時總統及國務員始行解職。㈢新總統必須遵守臨時政府約法，頒布之一切法律章程，非經參議院改訂，仍繼續有效。此三條款，實爲嚴防袁世凱，因爲除了一些官僚立憲派之人向來與他十分親密外，康梁所領導之立憲派及中山先生所領導之革命派，對他並不信任，而今爲了假手他推翻滿清皇位，不得不以總統的地位做爲條件，故要他離開北京勢力所在地，同時又以法律來限制他。十四日，參議院開臨時大總統選舉會，出席者共十七省代表，每省一票，袁世凱以全票當選爲臨時大總統，並選舉黎元洪爲副總統。

袁世凱自始卽不肯離開北京前往南京，早在十三日表示政見之電文中說明：「……現在統一組織，至重至繁，世凱極願南行，暢領大敎，共謀進行之法。只因北方秩序，不易維持，軍旅如林，須加部署，而東北人心，未盡一致，稍有動搖，牽涉全國。……」而南京之參議員亦有因地方感情，捨不得那個六百餘年的帝王古都。二月十四日，參議院討論此問題時，谷鍾秀、李肇甫等便提議將臨時政府地點改設北京，討論結果，以二十票對八票之多數，決定臨時政府設於北京。中山先生接到參議院的議決案，異常氣憤，立即依法咨交該院覆議，仍主張臨時政府設於南京。十五日，參議院覆議時，爭論十分激烈，最後投票結果，以十九票對七票多數，再決定臨時政府設於南京。袁世凱之不願意南下，實因北京爲舊軍閥官僚中心，也是外國外交團所在地，可挾此兩勢力以自重。中山先生屢次電催袁世凱南下就職，並明白揭破他的隱衷，勸他不要依清帝委任，若在北方組織臨時政府，必然別生枝節，若考慮北方無人維持，不妨另擇重要人員，委以全權鎮撫北方，然後南下。袁世凱則以南下窒礙難行，並以退居作爲要挾。中山先生不爲威嚇，仍堅持原議，並派蔡元培、汪精衞、宋敎仁等爲專使，往北京歡迎袁世凱南下就職。蔡、汪等人至北京，袁世凱初無拒絕之表示，待之極爲優渥，但暗中使各團體表示反對，而專使卻不爲所動。二十九日夜，北京發生變亂，曹錕所統之第三鎮軍隊變亂，縱火刼掠，商民受禍者數千家，專使所住之處亦被侵入，專使幾及於難。天津、保定駐兵也相繼叛亂。此處變亂，人心大驚，北京外交團更是恐慌，深怕重演庚子拳亂之事件，議決增調軍隊至京來護衞，而日本首先將山海關及南滿的駐屯軍分調一千多人來京，局勢又將緊張。蔡、汪等人不得已，三月二日，電請南京政府及參議院速謀善策，以爲「……北京兵變，外人極爲激昂，日本已派多兵入京，設使再有此等事發生，外人自由行動，恐不可免。培等睹此情形，集議以爲速建統一政府，爲今日最要問題，餘儘可遷就，以定大局。……」

此外，當時日本亦欲造成中國南北對峙的局面，中山先生若仍堅持己意，勢必造成南北分裂的局面，遂不再堅持。到了三月六日，參議院通過議案，允許袁世凱在北京就職。三月十日，袁世凱在北京宣誓就職，並提唐紹儀爲內閣總理，經南京參議院同意，並於三月二十五日至南京組織新內閣，二十九日，唐紹儀到參議院，宣布政見，接受南京臨時政府，孫總統於四月一日正式解職，四月五日，參議院議決臨時政府遷於北京，六日，黎元洪解大元帥職，中華民國第一次南北統一完成。

三月十日，袁世凱在北京宣誓就職，誓詞電達南京參議院，次日，孫總統公布參議院所議決的臨時約法。約法凡五十六條，共分七章，第一章爲總綱，規定：中華民國由中華人民組織之。中華民國之主權屬於國民全體。中華民國領土爲二十二行省、內外蒙古、西藏、青海。中華民國以參議院、臨時大總統、國務員、法院行使其統治權。次則規定人民享受之權利義務，參議院之組織職權，臨時大總統之職權，國務員之責任，法院獨立等。並規定約法施行後十個月內，由臨時大總統召集國會。約法採用內閣制，國務總理及各部總長均稱國務員，凡總統提出法律案、公布之法律命令，均須由國務員副署。國務員之人選，須得參議院之同意，其受彈劾者，總統應免其職，但得交參議院覆議一次。參議院議員各省五人，選派方法由各地方自定。因此依照臨時約法，臨時政府內閣閣員個別向國會負責，並依其所副署命令，對參議院負責，而委任之先，又須得其同意，種種防弊之規定，旨在防止總統之專斷。

第五節　民國建立初期之外交

辛亥革命光復武昌時，中山先生適在美國，得知同志起義的消息後，知道當時外交的重要，遂繞道歐洲，與英法各國接洽。由於外交關鍵在英國，乃先往英國，並取得英國之同意：㈠止絕清廷一切借款；㈡制止日本援助清廷；㈢取消各處英屬之放逐令，以便取道回國。然後再取道法國東歸，過巴黎時，並獲得法國朝野之同情。

庚子之役後，我國已淪爲次殖民地，革命爲一非常事件，外交若不愼，極易引起列強的干涉。一九〇五年同盟會成立後，革命風潮一日千里，外國政府對於革命黨多刮目相看。武昌起義前，兩湖總督瑞澂曾與法國領事有約，請調兵船入武漢，若革命黨起事，則開炮轟擊。及武昌起義，瑞澂逃至漢口，並請德領事如約。法領事因限於辛丑和約，一國不便自由行動，乃開領事團會議。因法國領事係中山先生之舊交，在會議中，力言革命黨的目的在改良政治，非如義和團之暴亂，不可任加干涉。當時駐漢口領事團領袖爲俄領事，又經鄂省軍政府外交代表胡瑛之疏通，亦力主不干涉，最後領事團乃決定宣告中立，並集中力量，保護租界。領事團並正式照會武昌軍政府，聲明嚴守中立，由於漢口領事團首開嚴守中立之例，各地領事團亦相率效尤，終於化解了外國勢力之干涉。而武昌起義後數日，八月二十二日（陽曆十月十三日），鄂省軍政府也正式照會各國領事，宣布承認外人既得權利，負責保護外人之生命財產。各地民軍起事之初，也採取相同的態度，故起義後，未發生與外人衝突的事件，各地領事團也宣告中立態度。

民國元年一月一日，孫中山先生在南京就任臨時大總統，一月三日，向參議院提出國務員名單，以王寵惠爲外交總長。一月五日正式對外宣言，表明民國政府的外交態度：第一，承認滿清政府過去所締結的條約，所借之外債，所承認之賠款，及所讓與之權利。第二，在革命軍興後，淸政府對外一切行動，革命政府絕不承認。第三，表明革命政府的根本主張。革命政府對外宣言發表後，伍廷芳亦致電北京天津外國公使領事，請求嚴守中立，並聲明民軍所至，必極力保護外人。由於革命政府之外交措施適宜，各國遂能採取中立，拒絕淸廷借款，承認民軍爲交戰團體。

武昌起義後，各省相繼宣佈獨立，各國雖不肯承認民軍政府，但爲保護各國之利益，仍與各地民軍領袖交涉。及臨時政府北遷後，各國仍未承認北京政府，但各國駐使續與北京政府交涉，而各國政府也承認北京政府駐外之代表。然各國雖能採取一致行動，不干涉我國內政，卻欲藉承認的問題，達到其企圖之交換條件。英國的目的，在維持門戶開放政策，並欲入侵西藏，取得在西藏之特權；俄國的目的，則欲鞏固在中國的地位，並擴展其在外蒙之利益；日本則不僅欲擴展其在東三省南部及內蒙之利益，並侵略中國內地；至於美、法、德三國，只在保衞其在中國之利益，尤以美國，一方面要維持中國領土完整與門戶開放，並要防止他國乘機漁利。

民國二年，美國威爾遜總統就職，美駐華使館於三月十八日致電美國政府，主張迅速承認北京政府，以免他國藉承認問題，向中國作非分之要求。四月八日，中國國會正式在北京開幕，參議院眾議院先後組織完成，五月二日，美國正式承認中華民國政府。美國承認之前，巴西已首先承認，接著墨西哥、古巴、秘魯、奧大利、葡萄牙、荷蘭、西班牙、德意志、意大利、法蘭西、瑞典、丹麥、比利時、瑞士、挪威等都先後承認。只有俄、英、日三國，則欲藉承認問題，向袁世凱政府提出交換條件。

一九〇五年日俄戰爭後，日本承認俄國在外蒙之利益，俄國對外蒙的侵略日益加遽。俄人對於蒙古，除以通商外，更利用與蒙古人同信仰的布里雅特人，引誘勾結，唆使蒙人叛華親俄，同時對庫倫活佛哲布宗丹巴，常遣使往還並致送珍貴物品以結其心，因此活佛漸有叛清親俄之趨勢。時庫倫辦事大臣三多，昏庸無能，遭致蒙人之不滿。辛亥革命後，俄人即慫恿活佛獨立，並使驅逐三多出境。外蒙乃於一九一一年十一月宣布獨立。自南京臨時政府成立後，孫總統即宣稱「蒙民為中華民國五大民族之一」，對外蒙之獨立，視之與各省獨立相同，並非脫離中華民國，臨時政府北遷後，袁世凱亦屢電哲布宗丹巴，勸其取消獨立，但因俄人作梗，未能成功。

民國元年（一九一一年）七月八日，日俄簽訂第三次日俄密約，劃分兩國在內蒙古的勢力範圍，使俄國更易於侵略外蒙。十月，俄即派使與外蒙簽訂俄蒙協約、通商章程及開礦合同。這些條約中，排斥中國在外蒙之勢力，不准中國軍隊入蒙境，不准華人移殖蒙古，但要中國承認外蒙自治。然俄人可以在蒙古境內自由居住移動，且享有領事裁判權，俄人在蒙古經商，可以享受特權，此外，俄人還有自由採礦之權，外蒙已如同俄國之殖民地。

我國政府得知後，立即向俄駐北京公使提出抗議，並向俄政府聲明外蒙為我國領土，不能與他國訂立條約。而北京俄使則提出要求承認協約有效，為我政府所拒。其後外交總長陸徵祥與俄使多次協商，雙方議訂條文六款，承認外蒙為中國領土，也承認俄人既得之權利，結果遭參議院否決。其時，袁世凱爲取得俄國之承認，以孫寶琦繼任外交總長，與俄人繼續交涉，議定聲明文件五款，承認俄蒙造成的既成事實，使俄人在外蒙享有特權。民國三年九月八日，中、俄、蒙三方在恰克圖會議，於民國四年六月七日訂立中俄蒙協約，中國僅獲得比俄國多五十名衞隊，可册封尊號，改用民國年曆等，俄國則是獲得俄蒙商務專條的實惠，蒙古則得到形式上的自治，而實際上則已受俄國的支配。

英國政府在中國革命時期，大體上嚴守中立，不干涉中國內政，但英國對於西藏仍有侵略的企圖。早於一八七七年英國正式併吞印度，由於西藏鄰近印度，對西藏卽有野心，一九〇三年，派兵入藏，一九〇四年，迫藏人簽訂「英藏條約」十款，英國在西藏享有各種特殊的權益。滿清政府屢向英人交涉，至一九〇六年始訂立中英新訂藏印條約六款，一九〇八年再訂中英修訂藏印通商章程，英國始自西藏撤軍。然達賴受英人之煽動，企圖獨立，侵擾川邊，清政府遂對西藏用兵。宣統二年（一九〇九年）趙爾豐卽派兵入藏，連敗藏軍，次年，入拉薩，達賴出奔印度，西藏秩序漸恢復。

武昌起義後，駐藏清軍先後譁變，藏民乘機叛亂，清軍被驅逐離藏。英人將達賴送回西藏，並宣告獨立。民國元年四月二十一日，民國政府發表聲明，宣稱西藏爲中華民國領土，並派軍入藏，連敗藏人。英國見此，於八月十日由駐北京英使照會北京政府，謂英國只承認中國在西藏之宗主權，不承認中國在西藏之主權，若中國不承認英國對於西藏之要求，則英國不能承認中國新政府。由於當時民國政府尚未獲得他國之承認，對西藏問題不得不採和平辦法，遂令征藏軍停止前進，但亦不願與英國另訂新約。英人遂暗中助西藏之獨立運動，達賴竟於民國二年一月十一日派代表至蒙古，與庫倫政府訂約，相互承認獨立，互相援助以抵抗危險。至民國二年十月十三日，中英藏三方終於在印度之森蒙拉(Simla)

舉行會議，以解決糾紛。會議中，西藏代表要求自主，爲中國代表所駁斥，英代表則提出草案，而中國代表對於草約中內外藏劃界問題，爭持甚烈，北京政府亦以該約損失過鉅，不能承認。後來英藏兩方代表均將該約正式簽押，並加入保障英藏雙方利益之規定，然此後雖仍有交涉，但皆無結果，中英關於西藏交涉，遂行擱置，西藏邊境劃界問題也成爲懸案。

日本對於中國之政策，自始即欲利用中國的混亂局面，以便從中取利。然武昌起義後，革命運動全國響應，清帝遜位，民國建立，爲日本所始料未及，當時各國皆嚴守中立，日本亦不得不退守中立，其欲乘機助長中國混亂之陰謀，也無法實行。日本之計謀既失敗，則擬藉承認問題，乘機獲取南滿、東蒙的特殊權利，以作交換條件。民國元年二月二十三日，日本政府照會各國政府，建議各國要求中國新政府對外人在華權益，無論有無條約的根據，均應給予保障，以爲各國承認新政府的交換條件。英、俄、法、德四國均表同意，各國對承認問題的原則，遂採取一致的行動。

民國元年七月，日本與俄國簽訂第三次密約，日本承認西蒙爲俄國勢力範圍，而俄國則承認東蒙爲日本勢力範圍。民國二年五月國會成立後，袁世凱爲排除國會中國民黨的勢力，深恐日本援助國民黨及阻撓各國的承認，乃派孫寶琦、李盛鐸赴日疏通，而日本則藉機提出建築滿蒙五路案，以相要索，袁世凱爲鞏固一己之地位，竟允日本之要求。民國二年十月五日中日秘密換文，爲「鐵路借款修築預約辦法大綱」，依此約，共修築四平街至洮南、長春至洮南、洮南至承德、開原至海龍城及海龍府至吉林省城間，日本勢力可深入東蒙，以鞏固其在南滿、東蒙之特權，並進一步發展。

英、俄、日皆利用承認問題，自中國獲取更多的利益，另一方面，帝國主義者也極力扶植袁世凱。

袁世凱在民國二年地位能够鞏固，係借得五國銀行團的二千五百萬英磅的大借款。袁世凱爲鞏固其地位，不惜以中國之權利作爲交換。而列強亦認爲袁世凱爲中國唯一強有力的人物，也多願贊助袁世凱。一九一一年四月，滿淸政府曾與英美德法四國銀行團簽訂借款合同。後因革命發生，迄未發行債票。十二月初旬，英法美政府皆同意借款給袁世凱，因革命政府反對在南北和議成立之先，各國借款給北京政府，借款遂未得結果。南北和議成立後，英法德美四國銀行團獲得其政府之同意借款給中國統一臨時政府，北京政府乃進行與四國銀行團交涉借款。是時，四國政府並邀請日俄二國參加，以免相互間衝突，四國銀行團擴大爲六國銀行團。民國元年六月十八日，六國銀行代表簽訂合作契約，決議六國銀行團先墊借中國政府八千零六十萬兩銀，並提出了借款條件，監視並管理借款用途，且要求中國鹽稅應由外人管理，中國政府表示拒絕，而中國人民得悉借款條件後，反對甚力，雙方交涉遂陷於停頓。

六國銀行團爲抵制，停止墊借，並阻止其他公司對中國政府之借款。十一月十一日中國政府因財政困難，又無法向他處借款，致書六國銀行團，願再交涉借款，交涉恢復。在交涉期間，因各國不准中國另行借款，對中國借款條件又甚爲苛刻，美國政府表示反對，遂宣告退出。美國宣告退出後，五國銀行團表示相當讓步，催促中國政府速簽訂善後借款合同，袁世凱也與國民黨發生衝突，希望大借款早日成立，以便剷除異己。四月二十六日，袁世凱政府與五國銀行團簽訂二千五百萬磅之大借款，是爲一九一三年中國政府善後借款合同。雙方並簽訂善後借款墊款合同，由銀行團立卽墊付二百萬金磅，以應中國政府急需。

此項借款以中國鹽稅爲擔保品，中國政府在財政部下，成立鹽務署，鹽務署內設立稽核總所，又在各產鹽地方設立稽核分所，總所及分所均設洋員協同負責，借款期限爲四十七年，此項借款實損害中國甚鉅。而此項大借款由袁世凱獨斷獨行，並未經國會通過。張繼以參議院議長資格通電反對，各省輿論也極力反對，眾議院也以二百十九對一百五十三人否決，但議長湯化龍卻受袁氏之利用，故意擱置否決案。由於袁世凱有此大借款之支持，遂能毀法亂紀，大力剷除異己，爲所欲爲，遂行其野心，終於導致民國四年公然進行帝制，企圖建立新的朝代。

參考書目：

中文部份：

1. 李劍農　《中國近百年政治史》　商務印書館，民國六五年一〇月臺一二版
2. 陳恭祿　《中國近代史》　商務印書館，民國六一年二月臺三版
3. 李守孔　《中國近代史》　學生書局，民國六四年九月八版
4. 郭廷以　《近代中國史綱》　香港中文大學，一九八〇年第二二次印刷
5. 許朗軒　《中國近代史》　世界書局，民國五七年
6. 李方晨　《中國近代史》　三民書局，民國六三年
7. 徐興武　《中國近代史實研究》　帕米爾書店，民國五六年
8. 蔣廷黻　《中國近代史大綱》　啟明書局，民國四八年
9. 蔣廷黻　《中國近代史論集》　大西洋圖書公司，民國五九年
10. 黃大受　《中國近代史大綱》　大中國圖書公司，民國四八年
11. 黃大受　《中國近代史》（十冊）　大中國圖書公司，民國四二—四四年
12. 黎光明　《中國近代史》　黎明出版社，民國六二年
13. 呂士朋　《中國近代史》　世界書局，民國六七年

14. 陳烈甫　《中國近代史》　九龍・人生出版社，民國五三年
15. 方　豪　《中國近代外交史》　中華文化出版事業社，民國四四年
16. 張效乾　《中國近代政治史》　中華文化出版事業社，民國四八年
17. 王曾才　《中國外交史話》　經世書局，民國七七年
18. 中華文化復興運動推行委員會編　《中國近代現代史論文集》（第一册—一八册）　商務印書館，民國七五年
19. 張朋園　《梁啟超與淸季革命》　中研院近史所專刋，民國六四年
20. 張朋園　《立憲派與辛亥革命》　中研院近史所專刋，民國七二年二月再版
21. 張玉法　《淸季的立憲團體》　中研院近史所專刋，民國六〇年
22. 張玉法　《淸季的革命團體》　中研院近史所專刋，民國六四年
23. 王　璽　《李鴻章與中日訂約（一八七一）》　中研院近史所專刋，民國七〇年
24. 傅啟學　《中國外交史》　商務印書館，民國六八年一〇月三版
25. 林崇墉　《林則徐傳》　商務印書館，民國五六年
26. 芮錫瑞著　楊愼之譯　《改良與革命》　華世出版社，民國七五年

英文部份：

1. Hsin-pao Chang, *Commissioner Lin and the Opium War* (New York: W.W. Norton & Co., 1970).
2. O. Edmund Clubb, *Twentieth Century China* (New York: Columbia University Press, 1964).

3. John K. Fairbank, Albert M. Craing, and Edwin O. Reishauer *East Asia: The Modern Transformation* (Boston, 1965).
4. Michael Gasster, *Chinese Intellectuals and the Revolution of 1911* (Seattle: University of Washington Press, 1969).
5. Chun-tu Hsueh, *Huang Hsing and the Chinese Revolution* (California: Stanford University Press, 1961)
6. Immanuel Hsu, *The Rise of Modern China* (New York: Oxford University Press, 1970).
7. Marius B. Jansen, *Japanese and Sun Yat-Sen* (Cambridge: Havard University Press, 1954).
8. Frederic Wakeman Jr., *Stranger at the Gate* (California: University of California Press, 1966).
9. Joseph R. Levenson, *Liang Ch'i-Ch'ao and the Mind of Modern China* (Cambridge: Havard University Press, 1953).
10. Franz Michael, *The Taiping Rebellion* (Seattle: University of Washington Press, 1972).
11. Harold Z. Schiffrin, *Sun Yat-Sen and the Origins of the Chinese Revolution* (Seattle: University of Washington Press, 1968).
12. Chester C. Tan, *The Boxer Catastrophe* (New York: Columbia University Perss, 1967).
13. Mary C. Wright, *The Last Stand of Chinese Conservatism* (New York: Atheneum, 1969).
14. Mary C. Wright, *China in Revolution: The First Phase 1900-1913* (New Haven: Yale University Press, 1968).

大學用書

- 中國通史（上）（下）……林瑞翰著
- 中國現代史……李守孔著
- 中國近代史……李守孔著
- 中國近代史……古鴻廷著
- 隋唐史……王壽南著
- 明清史……陳捷先著
- 黃河文明之光（中國史卷一）……姚大中著
- 古代北西中國（中國史卷二）……姚大中著
- 南方的奮起（中國史卷三）……姚大中著
- 中國世界的全盛（中國史卷四）……姚大中著
- 近代中國的成立（中國史卷五）……姚大中著
- 西洋現代史……李邁先著
- 東歐諸國史……李邁先著
- 英國史綱……許介鱗著
- 印度史……吳俊才著
- 日本史……林明德著
- 近代中日關係史……林明德著
- 美洲地理……林鈞祥著
- 非洲地理……劉鴻喜著
- 自然地理學……劉鴻喜著
- 地形學綱要……劉鴻喜著
- 聚落地理學……胡振洲著
- 海事地理學……胡振洲著
- 經濟地理……陳伯中著
- 都市地理學……陳伯中著